사회복지실천론 【제2판】

김효선 · 김녹현 · 이경희 · 이우언 · 조성욱 · 최영자 · 황동섭

KNOWLEDGE COMMUNITY 공동체

머리말

사회복지실천이란 사회복지사가 사회복지실천현장에서 만나는 도움이 필요한 이들이 조금 더 인간다운 삶을 살 수 있도록 함께하는 모든 활동이라 할 수 있겠다. 우리 사회가 여러 가지로 변화하고 있고, 가치관과 문화도 다양해지면서 사회복지실천현장에서 함께하는 문제들도 세분화되고 구체적이고 전문화되고 있다. 전통적으로 사회복지실천에서는 개별사회사업, 집단사회사업, 지역사회조직이라는 실천방법론을 사용하여 원조를 제공하였다. 이후 현대사회에서는 다양하고 복잡한 문제와 욕구를 가진 클라이언트를 효율적으로 돕기 위해서 환경과의 상호작용을 돕는 데 초점을 둔 통합적 관점의 실천모델이 새로이 등장하여 현재까지 함께 실천되고 있다. 그러나 2020년부터 코로나라는 팬데믹을 겪으며 사회복지실천현장은 훨씬 많은 변화를 경험하게 되어 본 교재를 개정하게 되었다. 재난상황이 만드는 사회의 가장 큰 피해자는 그 사회의 취약계층이며, 전염병은 사람을 가리지 않지만 전염병이 만드는 사회·경제적 위기는 모든 사람에게 공평하지 않기에 복지사회에서 사회복지실천은 더욱 중요하게 여겨지고 있다.

이 책은 사회복지사들이 사회복지 실천현장에서 클라이언트들에게 실질적으로 도움이 되려면 어떠한 지식과 기술과 태도를 교육현장에서 배워야 할 것인가에 초점을 두었다. 일반주의 접근을 강조하는 사회복지학과의 교과과정에서 사회복지실천기술론에서 다루어질 전문기술에 대한 부분은 제외하고 사회복지실천개념과 전체적이고 실제적인 개입과정을 제시하고자 하였다. 사회복지실천이라는 방대한 내용을 학생들이 쉽게 이해할 수 있도록 가능하면 어려운 단어와 문구들을 사용하지 않으려 노력했으며, 실제 현장에서 활용하는 데 도움이 될 수 있도록 많은 사례를 제시하려고 노력하였다. 1장에서는 사회복지실천의 개념 및 목적에 대해 다루었고, 2장에서는 사회복지실천의 역사적 발달과정을, 3장에서는 사회복지전문직의 역할과 정체성에 관하여 기술하였다. 4장, 5장에서는 사회복지실천의 가치와 윤리, 문화적 다양성, 인권에 관하여 다루었고, 6장에서 사회복지실천현장에 대한 이해를 하고, 7, 8장에서 사회복지실천의 관점에서 환경속의 인간관점과 통합적 관점에 대해 기술하였다. 9, 10장에서 사회복지실천과 관계, 사회복지상담을 다루었고, 그리고 11장부터 14장까지는 사회복지실천의 과정을 접수, 자료수집과 사정, 계획과 개입, 종결 및 평가로 나누어 기술하였다. 마지막 15장에서는 사례관리에 대해 알기 쉽게 설명하였다.

이 책을 참고하는 모든 예비 사회복지사들이 원하는 대로 꿈을 이루고, 사회복지사로서의 역할을 열성적으로 성실히 해나간다면 우리의 도움을 필요로 하는 사람들의 삶이 어제보다 더 행복해질 수 있을 것이다. 사회복지사와 함께 하는 행복한 사회가 되길 바라며, 마지막으로 우리의 미진한 원고를 출판해 주신 도서출판 공동체 가족 여러분들께 감사의 마음을 전한다.

2022년 2월

저자 일동

차 례

Contents

차 례

01

사회복지실천의 개념 및 정의

1. 사회복지실천의 정의와 목적
2. 사회복지실천의 이념과 철학적 배경
3. 사회복지와 사회복지실천

01 CHAPTER 사회복지실천의 개념 및 정의

학습목표

- 사회복지실천의 정의와 목적을 이해한다.
- 사회복지이념과 철학적 배경을 알아본다.
- 사회복지와 사회복지실천을 이해한다.

1. 사회복지실천의 정의와 목적

1) 사회복지실천의 정의

사회복지실천에 대한 정의는 1917년 메리 리치몬드(Mary Richmond)의 『사회진단(Social Diagnosis)』이라는 저술에서 "개개인 그리고 사람과 그 사회환경 사이에서 의식적인 조정을 통해 개개인이 인격발달을 이루어 가는 과정들"이라고 최초의 정의를 내렸다.

여기서 사회복지실천이 개인의 욕구충족과 인격발달을 목적으로 한 미시적인 치료과정임을 강조하였다. 이러한 초기 사회복지실천의 경향은 개인의 변화를 강조하였다.

이후 1930년대 대공황의 실업이나 빈곤 등의 사회·경제문제가 심각해지면서 미국 사회복지실천은 개인의 변화를 강조하던 것에서 벗어나 사회문제 해결이나 사회개혁을 강조하면서 사회자원의 균등한 배분과 사회개혁을 목적으로, 환경을 강조하는 경향의 거시적 활동으로 확산되는 변화에 이르렀다.

사회복지실천에 대한 1917년 메리 리치몬드의 정의 이후 많은 학자들이 정의를 내놓았는데, 1949년 보워(Bower)의 정의를 기점으로 기존의 개인이나 개인의 성격을 벗어나 지역사회 자원을 강조하며 지역사회를 포괄적으로 다루었다.

보워는 "사회복지실천은 클라이언트와 환경 사이에 조화를 이루도록 지역사회 내의 자원과 클라이언트 개인의 능력을 최대한 동원하는 지식과 기술"로 보았다. 하지만 지역사회를 사회복지의 대상이 아닌 개인의 기능을 향상시키는 수단으로서 지역사회의 자원만을 강조하고 있어서 포괄적인 정의라고 할 수 없다.

사회복지실천에 대한 포괄적 정의가 내려지게 된 것은 1950년대 후반부터 사회복지방법에서 사회복지사가 수행하는 공통적 역할과 요소가 있다는 점에 착안하여 사회복지통합방법론이 대두되면서부터이다.

1958년 보헨(Bohen)은 사회복지실천으로서 사회복지를 기존의 개인중심 정의에서 보다 포괄적으로 "사회복지는 개인이 단독 또는 집단 내에서 그의 사회적 기능을 강화시켜 주기 위한 하나의 모색이다. 사회적 기능 강화는 인간과 환경과의 상호작용으로 이루어지는 상호관계에 중점을 두는 활동으로서 개인의 능력을 회복시켜 주는 활동, 개인과 사회자원을 보충시켜 주는 일, 개인의 역기능을 예방하는 기능을 한다"고 정의를 내렸다.

보헨은 사회복지를 개인, 집단, 지역사회의 사회적 기능을 향상시키는 도구적 전문직으로 보고 전문적 지식과 기술을 강조하면서 인간과 환경 사이의 상호작용을 구성하고 있는 사회적 관계 형성에 초점을 두고 손상된 능력의 재활, 개인적 또는 사회적 자원의 제공, 사회적 역기능의 예방을 포함하였다.

1958년 미국사회복지사협회(NASW)에서 사회복지실천에 관하여 최초로 공식적인 작업적 정의를 크게 세 가지로 내렸다.

첫째, 개인 또는 집단이 환경과 불균형 상태가 일어났을 때 문제를 정확하게 발견하여 그 정도를 경감시키거나 해결할 수 있도록 도와주는 일이다.

둘째, 개인 또는 집단과 환경 간의 상호작용 과정에서 발생할 수 있는 잠재력 문제를 확인함으로써 양자 간에 불균형 상태가 발생한 것을 사전에 예방한다.

셋째, 개인과 집단, 지역사회 내의 잠재력을 찾아내고 확인하며 이를 강화시켜 준다.

이러한 미국사회복지사협회(NASW)의 정의의 특징은 사회복지실천이 개인이나 집단의 문제예방을 거론하였으며 이후 사회복지실천의 통합적 방법을 활성화시키는 중요한 계기가 되었다.

1973년 미국사회복지사협회(NASW)는 사회복지실천은 "개인, 집단, 지역사회의 사회기능을 향상시킬 수 있는 자신들의 능력을 회복 또는 증진시키고 자신들의 목표 달성을 위한 사회조건을 스스로 만들어 갈 수 있도록 돕는 전문적 활동"이라 정의하며, 개인, 집단, 지역사회의 사회기능 향상과 회복을 돕는 역할을 강조하면서 최초로 사회복지실천이 전문직이라는 것을 강조하였다.

미국사회복지사협회(NASW)는 1977년과 1981년 2차례의 재정을 통하여 "사회복지실천은 인간의 삶의 질 향상을 위해 사람과 사회적 조직체가 심리사회적 기능(psychosocial functioning)이 향상되도록 사람들의 행동을 변화시키는 전문적 활동체계"라고 사회복지실천 정의를 재정립시켰다(Alexander, 1977 : 413, 이재선 외, 2016 : 16 재인용).

1980년대 이후 미국사회복지사협회(NASW)에서는 사회복지실천의 목적을 명료화시키기 시작하며 사회복지실천의 정의 또한 개인의 심리사회적 기능 회복이라는 개인의 변화를 강조하던 미시적 치료과정에서부터 사회복지의 사회문제 해결, 사회개혁의 거시적 활동의 확산을 거쳐 개인과 사회, 환경 간의 상호작용에 초점을 둔 변화발전을 하였다.

미국사회복지사협회(NASW)의 사회복지실천 정의를 종합해 보면 다음과 같다.

첫째, 인간과 사회환경 간의 상호작용을 보는 생태체계적 관점에 기초하여 개인, 집단, 가족이 자신들의 문제해결능력과 대처능력을 향상시키는 것이다.

둘째, 인간이 필요로 하는 사회자원, 서비스, 기회 등의 환경체계가 원활하게 상호작용할 수 있도록 도와주는 것이다.

셋째, 자원과 서비스를 제공하는 다양한 사회복지 기관이나 조직이 클라이언트에게 좋은 서비스를 제공할 수 있도록 효과적이고 효율적인 운영을 추구하는 것이다.

넷째, 새로운 사회정책의 개발과 향상을 목적으로 하는 실천활동이다.

1994년 미국사회복지교육협의회의 사회복지실천의 정의는 "인간의 삶의 질을 향상시키고 빈곤과 억압을 감소시키기 위해 공적인 영역과 사적인 영역으로 권한을 위임받아 다양한 분야에서 사회서비스를 제공하는 전문직"이라고 하였다. 이는 사회복지실천의 인간복지의 향상, 빈곤과 억압의 경감, 그리고 최상의 삶의 질 향상을 위해 업무를 수행하는 사회복지 전문성을 강조한 것이다.

이상에서 살펴보았듯이 사회복지실천에 대한 정의는 매우 다양하게 변화되어 왔으며, 시대적 변화와 사회환경의 변화는 사회복지실천 정의에 많은 영향을 미쳐왔다고 볼 수 있다.

요약하면 사회복지실천은 인간의 삶의 질 향상을 위해 개인과 집단, 가족, 지역사회를 대상으로 사람들의 행동변화와 기능 강화 및 클라이언트의 욕구나 문제를 스스로 해결하도록 지원하는 종합적이고 체계적인 전문적 활동이라 할 수 있다.

사회복지실천 정의의 발달과정 특징을 시대적으로 정리해 보면 〈표 1-1〉과 같다.

〈표 1-1〉 시대별 사회복지실천 정의의 발달과정 특징

시 대	특 징
1917년 Mary Richmond	개인의 욕구충족과 인격발달을 목적으로 한 미시적인 치료과정으로 보며 개인의 변화 강조
1930년대 이후	사회문제 해결을 위한 사회자원을 균등하게 배분하고 사회개혁을 목적으로 환경을 강조
1949년 Bower	기존의 개인이나 개인의 성격을 벗어나 지역사회 자원을 강조
1958년 Bohen	개인중심 정의에서 보다 포괄적인 정의 내려짐 사회복지를 도구적 전문직으로 보고, 전문적 지식과 기술을 강조하면서 인간과 환경 사이의 상호작용을 구성하고 있는 사회적 관계 형성에 초점을 두고 손상된 능력의 재활, 개인적 또는 사회적 자원의 제공, 사회적 역기능의 예방을 포함
1958년 미국사회복지사협회(NASW)	최초로 공식적인 작업적 정의로 환경 간의 상호작용 과정에서 발생할 수 있는 잠재력 문제를 확인함으로써 개인이나 집단의 문제예방을 거론
1973년 미국사회복지사협회(NASW)	개인, 집단, 지역사회의 사회기능 향상과 회복을 돕는 역할을 강조하면서 최초로 사회복지실천이 전문직이라는 것을 강조
1980년대 이후 미국사회복지사협회(NASW)	생태체계적 관점에 기초하여 개인과 사회, 환경 간의 상호작용에 초점을 둔 변화발전
1994년 미국사회복지교육협의회	인간복지의 향상, 빈곤과 억압의 경감, 그리고 최상의 삶의 질 향상을 위해 업무를 수행하는 사회복지 전문성을 강조

우리나라에서의 사회복지실천은 서비스 대상, 실천 방법 및 범위에 따라 개별사회사업, 집단사회사업, 지역사회조직의 세 가지 방법으로 구분되어 발달되어 왔다. 1970년대 이후 미국을 중심으로 사회복지에 있어서 이러한 전통적 3대 방법론이 여러 가지 비판을 받으면서 새로운 방법을 모색하게 되었다. 한편 이 시기 체계론적 관점이 사회복지에 도입되면서 사회복지실천에 있어서 통합적 접근방법이 강조되며 활성화되기 시작하였다.

그로 인하여 전통적 실천방법이 하나의 통합실천방법론으로 대두되었다.

1998년 사회사업법 시행령 및 사회복지사업법 시행규칙 개정 당시 한국사회복지사협회가 사회복지사업법의 개정과 더불어 2000년부터 사회복지실천이라는 말을 공식적으로 사용하였다.

2006년 한국사회복지교육협의회에서는 기존의 전통적 사회복지 3대 방법론인 개별사회사업과 집단사회사업이 없어지고, 사회복지실천론과 사회복지실천기술론으로 통합, 구분하여 실천론은 이론중심이고 실천기술론은 기술중심으로 설명하고 있다.

2) 사회복지실천의 목적과 기능

(1) 사회복지실천의 목적

사회복지실천에 대한 정의가 시대에 따라 달라졌듯이 사회복지실천의 목적도 사회나 문화, 시대의 가치 등에 영향을 받아서 조금씩 달라져 왔다. 그러나 사회복지실천의 궁극적 목적인 '인간의 삶의 질 향상'은 시대나 사회가 변해도 달라지지 않는다.

사회복지실천의 목적은 사회구성원 대다수가 동의하는 내용으로 구성되어야 하며 이러한 목적을 달성하는 데 있어서 구체적인 행동지침을 목표라고 할 수 있다.

사회복지실천의 목적을 정의하고자 하는 노력이 구체화되기 시작한 것은 1929년 밀포드(Milford)회의였다. 그 후 1958년 미국사회복지사협회는 최초로 사회복지실천의 목적에 대하여 인간과 환경 사이의 균형에 초점을 맞추어 개인, 집단, 지역사회를 대상으로 하여 그들을 돕는 역할이 강조되고 있는데 그 내용을 크게 세 가지로 요약하여 설명하였다.

첫째, 개인과 집단이 그들과 환경 간에 불균형 상태가 발생했을 때 문제를 찾아내어 문제의 어려움 정도를 감소시키거나 해결하도록 도와주는 것이다.

둘째, 개인이나 집단이 그들과 환경 간에 불균형 상태가 일어날 수 있는 잠재적 문제를 미리 발견하여 예방하는 것이다.

셋째, 개인과 집단과 그들과 환경 간에 불균형 상태가 일어날 수 있는 잠재력을 발견하여 확인하고, 또 이를 강화시켜 주는 것이다.

그러나 여기에서 열거한 사회복지실천의 목적은 가입대상의 불분명과 궁극적 목적이 없어서 1977과 1981년에 협회 학술지 특집호를 통하여 사회복지실천의 목적을 "모든 개개인의 삶의 질 향상시키기 위해 개인과 사회의 상호 유익한 관계를 증진시키거나 복귀"시키는 것으로 보완하였다. 이러한 사회복지실천의 목적은 인간의 삶의 질의 향상과 개인과 사회 간의 상호 유익한 관계, 즉 사회구성원의 사회적 기능 증진에 초점을 둔 것이 특징이다.

1973년 핀커스와 미나한(Pincus & Minahan)은 사회복지실천의 목적을 네 가지로 정의하였다.

첫째, 개인, 집단, 가족의 문제를 돕고 대처능력을 향상시키는 것이다.

둘째, 인간이 필요로 하는 사회자원, 서비스, 기회 등의 환경체계가 원활하게 상호작용하도록 돕는 것이다.

셋째, 자원과 서비스를 제공하는 다양한 사회복지 기관이나 조직이 클라이언트에게 보다 나은 서비스를 제공할 수 있도록 효과적이고 효율적인 운영을 추구하는 것이다.

넷째, 새로운 사회정책의 개발과 향상에 기여하는 것이다.

이러한 목적의 특징은 클라이언트 문제에 대한 대처능력 향상을 언급하면서 클라이언트를 문제해결의 주체로 보았으며, 체계라는 개념을 사용하여 자원, 서비스, 기회의 개념을 소개하였고, 효과성을 언급하며 평가의 중요성을 대두시켰다. 또한 사회복지정책을 언급하면서 사회복지실천이 사회정책과 접목되었다.

핀커스와 미나한이 정의한 사회복지실천의 목적을 기존 입장과의 차이를 보면, 기존의 개인 심리치료에 초점을 맞춘 미시적 개입에서 벗어나 지역사회와 주변 자원, 개인과 이를 둘러싼 전체 세계를 보는 거시적 개입으로 확장했다는 것이 매우 중요한 의미를 지니고 있는 것으로 평가되고 있다.

1994년 미국사회복지교육협의회에 따르면 사회복지실천의 목적을 다음과 같이 정의하고 있다.

첫째, 개인, 가족, 집단, 지역사회가 목적을 달성하고 고통을 완화시키며, 자원을 활용할 수 있도록 도움으로써 이들의 사회기능을 촉진, 회복, 유지, 향상시키는 것이다.

둘째, 인간의 기본 욕구를 충족시키고 인간이 갖고 있는 잠재력 및 가능성 개발을 돕기 위해 필요한 사회정책, 서비스, 자원, 프로그램을 계획, 공식화, 시행하는 것이다.

셋째, 곤궁에 처한 집단에게 힘을 실어주고, 사회적 · 경제적 정의를 실현하기 위해 조직 · 행정적 옹호와 사회 · 정치적 운동을 통해 정책, 서비스, 자원, 프로그램을 추구하는 것이다.

넷째, 이러한 목적과 관련된 모든 전문적인 지식과 기술을 개발하고 시험하는 것이다.

이 정의의 특징은 1958년 미국사회복지사협회가 정리한 목적에 비해 더 구체적이면서 자원활용과 권한부여 등 다양한 분야를 포함시키고자 하였고 광범위하고 포괄적으로 정의하였다.

헵워스와 라슨(Hepworth & Larsen, 2002)은 사회복지실천의 목표를 다음과 같이 설명하였다.

첫째, 개인, 가족 그리고 지역사회의 삶의 질과 사회적 기능을 향상시키기 위함으로 이러한 활동에는 세 가지 영역이 포함된다.

① **예방의 기능** : 취약성을 가진 개인이 역기능이 발생하기 전에 서비스를 제공함으로써 문제를 예방한다. 이러한 서비스는 가족계획, 육아교육, 부모교육, 결혼 전 상담, 부부상담, 청소년 상담 등이 포함된다.

② **회복의 기능** : 신체적 · 정신적 · 사회적 기능이 손상된 클라이언트가 손상된 기능을 회복하고 향상시키는 것을 돕고자 서비스를 제공한다.

③ **치료의 기능** : 클라이언트의 사회문제를 제거하거나 개선시키고자 하는 것으로 도벽, 학교부적응, 대인기피, 사회적 고립, 아동학대, 약물남용 등을 예로 들 수 있다.

둘째, 개인의 역기능을 치료하기 위함이다.

클라이언트와 환경의 상호작용 속에서 발생하는 다양한 문제는 단지 환경에 의해서는 초래되는 것이 아니라 자원을 적절히 사용하지 못하는 데에서 기인하는 것으로 클라이언트 스스로가 문제해결능력과 대처기술을 습득하고 자신감을 갖도록 돕는 데 있다.

〈표 1-2〉 클라이언트에게 필요한 자원의 목록

인간의 욕구	자 원
긍정적 자아개념 : 정체성, 자존감, 자기확신	돌봄, 수용, 사랑, 중요한 타자로부터 긍정적 환류(부모, 친척, 교사, 친구, 집단)
정서적 욕구 : 타인으로부터의 인정, 동료의식, 소속감	부모, 배우자, 친구, 형제, 기타 사회적 관계망
자기성취 : 교육, 레크리에이션 성취, 심미적 만족, 종교	교육, 취미, 종교, 직업, 기타 사회적 기관
신체적 욕구 : 음식, 의복, 주거, 건강, 안전, 보호	경제, 법률, 신체적 건강, 공식적 기관

출처 : Hepworth & Larsen(2002).

셋째, 사회정의를 향상시키기 위함이다.

이는 사회복지실천의 중요한 목표로 모든 구성원에게 자원과 기회를 동등하게 배분할 수 있도록 법과 제도, 서비스를 마련하는 것이다. 사회복지실천 현장에서의 사회정의 실현은 클라이언트를 대신하여 그들의 권리를 찾아주고 서비스를 제공해야 하며, 클라이언트의 옹호와 전문적 조직을 통한 사회행동으로 한정될 수 있다.

(2) 사회복지실천의 기능

사회복지실천의 목적과 목표가 개인적·사회적으로 어떤 기능을 가지고 있느냐에 따라 실천의 기능이 달라지며 그것은 매우 다양하게 나타나고 있다. 그중에서 대표적 기능으로는 클라이언트의 사회적 기능 증진과 사회정의 향상을 들 수 있다.

① 클라이언트의 사회적 기능 증진

클라이언트의 사회적 기능 증진이란 인간의 기본 욕구를 충족하는 데 필요한 과업과 활동을 완수하고 지역사회에서 요구하는 주요 사회적 역할을 수행하는 개인의 능력, 문제해결능력, 스트레스 관리 능력 등의 사회적 기능을 예방, 재활, 치료 활동을 통해 손상된 능력을 회복하고 충족시키고자 도와주는 것이다. 예를 들면, 가출 청소년 거리상담, 자아존중감 향상을 위한 집단상담, 가족 기능 회복을 위한 가족치료 등이다.

② 사회정의 향상

사회제도가 모든 사람들의 기본적인 인권을 인정하고 지원하는 공정성과 도덕성을 발휘하는 사회정의를 위하여 사회복지사가 클라이언트를 도와 사회정의를 향상시키는 기능이다.

사회복지사는 권리를 찾도록 도와주는 옹호활동을 하며, 공정하고 정의롭게 모든 사람들의 권리가 인정되도록 사람들을 촉구하고, 권리를 박탈당하거나 무시당하는 사람들을 위하여 대변자의 역할을 한다. 그 예로는 임금체불 노동자를 위한 옹호활동, 다문화 가족에 대한 인식개선 활동 등을 들 수 있다.

1981년 전미사회복지사협회(NASW)에서는 사회적 기능 증진과 사회적 정의라는 사회복지실천의 기능을 세분화하여 여섯 가지로 제시하였다.

첫째, 클라이언트의 역량을 확대하고 문제해결능력과 대처능력을 향상시키도록 돕는다.

둘째, 클라이언트가 필요로 하는 자원을 획득할 수 있도록 돕는다. 여기서 자원이란 주거, 음식, 최소한의 생필품 등 유형의 서비스, 의료, 법률 등 무형의 서비스까지 포함된다.

셋째, 조직이 사람에게 반응하도록 한다. 이는 욕구가 있는 클라이언트가 욕구가 충족되고 문제가 해결될 수 있도록 사회복지기관을 비롯한 사회조직이 도와주고 움직여야 한다는 뜻이다.

넷째, 개인과 환경 내의 다른 사람, 다른 조직과의 상호관계를 촉진한다. 예를 들어, 가출 청소년의 문제를 해결하기 위해 청소년과 가족, 부모, 친구들과의 상호작용이 원만하게 이루어질 수 있도록 중개자 역할을 하기도 하고 촉진자 역할을 하기도 한다.

다섯째, 조직과 제도 간의 상호관계에 영향력을 행사하는 것이다. 이는 클라이언트의 복잡한 욕구를 충족시키기 위하여 서비스의 제공 및 조정, 중재의 기능을 한다.

여섯째, 사회정책과 환경정책에 영향을 미친다. 물리적·사회적 환경을 개선하거나 물질적 서비스를 확보하는 데 필요한 정책 수립과 법 제정을 위하여 활동을 한다.

2. 사회복지실천의 이념과 철학적 배경

한 개인이나 집단의 구성원이 공통적으로 소유하는 신념체계이며 사회를 바라보는 관점을 의미하는 것으로 사회복지실천은 그 시대의 사회이념에 따라 영향을 받는다.

사회이념은 역사적 발달과 함께 변화하였으며 그 변화에 따라 사회복지실천의 가치나 방법, 제도 등도 변화되었다.

이러한 사회복지실천에 영향을 미친 이념과 철학을 살펴보면 다음과 같다.

1) 인도주의와 박애사상

인도주의와 박애사상은 사회복지실천의 최초 이념으로 볼 수 있다. 인도주의는 모든 인간은 인간이라는 동등한 자격을 갖추고 있다는 생각을 바탕으로 인류의 공존을 꾀하고 복지를 실현하는 이념이며 박애주의는 모든 사람을 차별 없이 두루 사랑해야 한다는 사상으로 인간을 사랑하고 인종, 종교, 관습, 국적을 초월하여 인간애를 발휘하는 것이다.

이러한 인도주의와 박애사상은 자선조직협회(COS)에서 실시한 우애방문원의 기본 철학이 되었으며, 기독교 사상을 실천하려는 중산층 이상의 사람들이 빈민과 취약계층에게 자선을 베풀고 봉사하는 이타주의로 실천되었고 후에 사회복지 기본 사상으로 자리 잡게 되었다.

2) 사회진화론

사회진화론은 다윈(Darwin)의 1895년『종의 기원』에서 파급된 이념으로 다윈의 자연과학적 개념이 사회과학적 요소에 가미되어 파생된 것이다. 즉, 자연법칙의 진화론을 사회법칙의 진화론에 적용시킨 것이다.

사회진화론은 생물학적 진화론을 사회발전에 적용하여 사회발전을 설명한 이론으로 사회에도 자연적 진화과정이 존재하므로 특별한 개입 없이 그냥 두면 빈민 등 상대적으로 위치가 낮은 사람들의 생활방식은 도태된다는 것으로 사회적합계층인 부자는 우월해서 부유층으로 살아남고 사회부적합계층인 빈민은 열등해서 가난하게 살 수밖에 없다는 것이다(Dolgoff et al., 1997 : 83).

또한 사회진화론을 주장한 사람들은 최소한의 자발적 자선을 정당화하였는데, 이는 도움을 받는 이들에게 기독교적 미덕을 장려하고자 했기 때문이다.

사회복지실천에 있어서 자선조직협회의 우애방문원들의 활동은 사회진화론의 영향을 받아 빈민들이 빈곤과 고통이 생기는 원인은 그들의 도덕성의 결여 때문이니 기독교적 도덕성 향상만이 빈곤에서 벗어나는 길이며, 그들을 따르지 않는 빈민에게는 최소한의 원조만 제공했다. 이는 중간계층의 사상에 적합하지 않은 계층은 최소한의 도움으로 겨우 생존할 수 있는 수준만 유지하도록 하고, 사회적합계층에 방해가 되지 않도록 하는 사회통제적 성격이 강하였다.

3) 민주주의

민주주의는 평등을 표방하는 이념으로 모든 인간의 평등함을 인정하면서 클라이언트도 평등한 대우를 받을 권리가 있음을 말한다.

민주주의는 인도주의와 사회진화론에 입각한 우월한 자인 봉사제공자가 열등자인 클라이언트에게 봉사 및 시혜를 무조건 받도록 강요하던 것에서 주는 자와 받는 자의 평등한 권리를 인정하여 받는 자인 클라이언트가 시혜 여부를 결정하는 데 적극 참여하도록 하는 사회적 움직임이었다.

이러한 민주주의의 이념은 클라이언트에 대한 서비스를 결정하는 데 있어서 자기결정권에 영향을 미쳤고 나아가 클라이언트에 대한 주는 사람 중심에서 서비스를 제공하는 것이 아닌 클라이언트 중심에서 서비스 수혜 여부를 결정할 수 있도록 클라이언트에 대한 선택적 봉사활동이 강조되었다.

평등의 사회변화를 추구하는 사회복지실천은 인보관운동의 활동에서 두드러지게 나타난다. 인보관운동의 이념은 빈곤계층도 나름대로 가치관이 있으며 이를 동등하게 인정해 주는 것에서부터 시작한 것으로 전체 사회가 이를 인정해 주며, 빈민들의 어려움이 그들 개인의 결함이나 문제만이 아닌 사회의 책임도 있다는 인식의 확산과 사회계획으로 이어졌다.

이들은 빈곤이나 장애를 사회책임으로 돌리고 모든 인간이 평등하듯 사회복지의 클라이언트도 동등한 처우를 받을 권리, 빈곤에서 탈피할 동등한 기회를 제공받을 권리를 가지고 있다고 보았다. 그러므로 빈곤에 대한 책임은 이러한 권리를 보장해 주지 못하는 사회에 있으며, 사회변화를 통해 이를 가능하게 해야 한다는 것이다. 스웨덴, 덴마크, 영국 등이 민주주의 이념을 수용한 국가들이다(Whitaker & Federico, 1977 : 138).

4) 개인주의

개인주의는 개인의 존엄, 자유, 가치, 권리 등을 중요시하는 사상으로 국가나 사회보다 개인을 중요시하며, 이는 사회복지를 자유시장에 맡기는 자유방임주의로 나타났다.

빈곤의 책임은 빈곤한 자의 책임이라는 개인의 권리와 의무가 강조되어 '개인 권리 존중'은 '수혜자격 축소'로 나타나게 되었다(Whitaker & Federico, 1977). 즉, 엄격한 자격요건하에 최저임금보다 더 낮은 보조를 받고 최소한의 서비스만 제공하면서 수혜자격을 축소하였다.

개인주의는 개인의 권리와 의무가 강조되면서 빈곤의 문제도 다시 빈곤한 자의 책임으로 돌아갔다. 사회복지실천에서 개인주의 이념은 클라이언트의 개인적 특성을 고려하여 개별화를 중시하는 데 기여하였으며, 미국의 경우 사회진화론과 맞물려 더욱 큰 힘을 발휘하였다.

5) 다원주의

다원주의란 유일한 절대적 관점이나 가치관에 따라 어떤 일을 주장하는 것이 아니라 여러 가지 관점이나 가치관의 병립과 공존을 인정하고 각각의 관점, 가치관에 따른 다양한 주장을 용인하는 입장을 말한다. 윤리, 관심, 문화, 신념, 종교의 다양성을 존중하는 것은 현대 민주주의의 중요한 원칙 중 하나이다.

사회복지실천에서도 이러한 다원주의의 영향으로 클라이언트 개개인의 독특성을 인정하는 개별화를 추구하는 다양성의 경향으로 나타났다.

이는 사회복지실천에 있어서 다양한 계층을 수용하고 클라이언트의 문제나 욕구에 개방적으로 인정하고 접근하는 계기를 마련하였고, 클라이언트에게 스스로 자신들의 삶을 변화시키고 향상시킬 수 있는 힘을 가질 수 있도록 임파워먼트의 논의가 활발히 진행되는 데 영향을 미쳤다. 예를 들어, 결혼이주여성, 외국인 노동자, 새터민(북한이탈주민), 성적 소수자에 대한 관심과 실천을 들 수 있다.

3. 사회복지와 사회복지실천

1) 사회복지와 사회복지실천의 정의

사회복지(social welfare)는 사회사업(social work)보다 더 포괄적인 개념으로 사회복지가 사회사업을 포함한다고 볼 수 있지만 최근에는 이를 구분 없이 사용하고 있는 실정이다.

사회사업은 개인, 집단, 지역사회를 도와 그들의 사회적 기능의 역량 강화 및 회복시키고 그들의 목적에 유리한 사회적 조건을 창출하도록 하는 전문적 활동이라고 정의를 하고 있으며 이러한 정의는 사회복지실천의 정의와 같은 맥락으로 볼 수 있다.

(1) 사회복지의 정의(사전적 의미)

사회복지는 국민의 생활안정과 복리향상을 추구하는 광범위한 사회적 시책의 총체로서 국민의 생활안정 및 교육・직업・의료 등의 보장을 포함하는 복지를 추구하기 위한 사회적 노력이라 할 수 있다. 또한 사회복지는 사회적으로 잘 지내는 행복한 상태 또는 만족스러운 상태와 그것을 지향하는 활동의 의미를 포함하는 것으로 넓은 의미로 볼 때 사회적 방책의 총칭이라 할 수 있다.

(2) 사회복지실천의 정의

과거의 사회복지실천은 개별사회사업, 집단사회사업, 지역사회조직 등의 전통적 방법으로 실천되어 왔는데 최근에는 통합적 실천방법으로 일반 사회복지의 개념으로 많이 사용되고 있다.

사회복지실천(social work practice)의 정의를 종합적으로 살펴보면, 첫째, 사람들에게 실체적 서비스를 획득하도록 도우며, 둘째, 개인, 가족, 집단에 상담 및 정신적 치료를 제공하며, 셋째, 지역사회나 집단에게 사회서비스 및 건강서비스를 제공하거나 개선하도록 돕는다. 넷째, 관련 입법절차나 과정에 사회복지의 가치・원칙・기법을 적용하는 것이다.

2) 잔여적 복지와 제도적 복지

윌레스키와 르보(Wilensky & Lebeaux)에 따르면, 산업화의 진행에 따라 사회복지의 의미가 잔여적 개념에서 제도적 개념으로 변화했으며 각각의 개념은 다음과 같다.

(1) 잔여적 개념

개인적 욕구를 충족하는 기능은 우선적으로 가족과 시장경제이다. 그러나 가족과 시장경제가 개인의 욕구를 충족시키지 못할 경우에 한하여 그들이 제기능을 수행할 수 있을 때까지 국가가 일정한 기간에 개입해서 기본적인 삶을 유지해 주는 보완적 기능이라 할 수 있다. 즉, 잔여적 개념은 개인의 욕구가 가족과 시장경제 등의 사회제도로 충족되지 않을 때에만 공급되어야 한다는 관점으로 사회서비스와 경제적 원조는 개인과 그 환경의 자원을 포함한 다른 모든 수단 또는 노력이 소진될 때까지 공급되어서는 안 된다.

잔여적 개념에서는 사회에서 실패하거나 낙오한 사람들에게 정부의 시혜 의미로 서비스를 제공한다는 의미가 있기 때문에 클라이언트들은 서비스를 받는 것을 수치 또는 낙인으로 생각한다. 잔여적 개념에서의 사회복지는 보충적이고 일시적이며 대체적 성격이라고 할 수 있다.

(2) 제도적 개념

제도적 개념에서는 국가나 사회는 모든 사람들이 그들의 능력을 최고로 발휘할 수 있도록 원조해야 한다는 것을 전제로 하며 개인과 사회의 복지를 국가가 책임진다는 것을 강조하고 있다. 또한 실패한 사람을 지원한다는 뜻보다는 사회문제를 예방하고 완화시키며 문제해결에 기여한다는 의미가 있고 포괄적이고 예방적이며 제도적인 서비스라고 할 수 있다.

제도적 개념에서의 개인이 자신의 능력과 자아를 최대한 개발하고 발전시키기 위하여 사회복지의 혜택을 받는 것은 정상적이며 서비스 수혜자는 비정상 또는 이탈자라는 수치감을 느끼지 않는다. 즉, 제도적 개념에서의 사회복지는 광의적 의미이며 현대 국가의 복지이념을 수립하는 기초가 된다.

3) 사회복지실천방법의 분류

사회복지실천방법의 분류는 크게 클라이언트 체계의 크기(규모)에 따라 미시수준의 사회복지실천, 중간수준의 사회복지실천, 거시수준의 사회복지실천으로 분류시키며, 클라이언트의 접촉방법에 따라 직접실천과 간접실천으로 분류해 볼 수 있다.

(1) 클라이언트 체계의 크기(규모)에 따른 분류

① 미시수준의 사회복지실천

개인의 가장 친밀한 상호작용과정에 개입하는 사회복지실천활동으로 주로 클라이언트와 일대일로 접촉하면서 직접서비스를 전달하는 것으로 개인, 부부, 가족을 포함하는 다양한 클라이언트 체계를 대상으로 한다. 또한 미시적 수준에서의 활동은 일반적으로 사회복지사가 개입하여 클라이언트를 직접 만나는 직접서비스로 이루어진다.

예를 들면, 개인의 심리사회적 상태, 부모와 아동 사이의 관계, 부부관계, 동료관계, 기타 가족구성원들 간의 관계 등의 문제가 있을 경우이다.

미시수준 사회복지실천에서의 사회복지사는 조력자, 중개자, 옹호자, 교사의 역할을 한다.

- **조력자** : 개인, 가족, 소집단을 대상으로 하여 클라이언트의 역량 강화에 주력한다.
- **중개자·옹호자** : 사례관리를 통해 자원과 클라이언트를 연결하고 서비스를 확장하도록 돕는다.
- **교사** : 클라이언트의 사회적 기능 향상을 위해 필요한 정보와 지식, 기술을 제공한다.

② 중간수준의 사회복지실천

미시수준과 거시수준의 중간수준에서 활동하는 것을 말하며 미시수준 환경에 직·간접적으로 영향을 주어 미시수준 환경의 성격과 기능을 결정하는 환경이다. 그 환경은 학교, 직장, 교회 등의 일반적 환경 특성과 일상생활의 필요에 의해 접하게 되는 각종 집단들이 될 수 있으며, 중간수준의 활동이란 중간수준의 영역에서 발생하는 일들에 개입하는 사회복지사의 활동이라 할 수 있다.

예를 들어, 개인이나 가족생활보다는 덜 밀접하게 관련된 대인관계, 조직과 기관의 대표들 사이보다는 더 의미 있는 관계, 자조집단이나 치료집단의 구성원을 포함한 관계, 학교나 직장, 이웃에서의 동료 간의 관계 등이다.

중간수준의 개입에는 클라이언트에게 직접적 영향을 미치는 가족, 또래집단, 학급, 직장과 같은 중간체계를 변화시키는 것이며, 자조집단이나 치료집단의 소집단 활동을 통한 사회복지실천이 해당된다.

중간수준 사회복지실천에서의 사회복지사는 촉진자, 중재자, 훈련자의 역할을 한다.

- **촉진자** : 조직이나 집단의 기능이나 집단과의 상호작용, 정보교환 등을 촉진한다.
- **중재자** : 자원의 개발을 위해 집단이나 조직 간의 네트워크를 구축하고 조직 내의 의사소통이나 장애, 갈등 등을 조정한다.
- **훈련자** : 워크숍, 세미나, 슈퍼비전 등 직원 개발을 위하여 교육하고 훈련한다.

③ 거시수준의 사회복지실천

클라이언트의 삶에 영향을 미치는 전체 사회, 지역사회, 기관이나 조직 혹은 국가의 체계를 바탕으로 하는 사회복지실천활동이다. 따라서 사회복지사는 국가나 사회의 정책 개발, 사회복지정책 개발, 정책분석, 정책대안의 발굴 및 제시, 기관이나 조직의 행정체계 및 프로그램과 관련된 대안 제시, 지역사회 자원의 개발, 취약계층의 권익 옹호 등의 활동을 한다.

거시수준의 사회복지실천은 특정 대상의 클라이언트를 염두에 두고 직접 만나기보다는 간접적인 사회복지서비스를 행하기 때문에 간접실천이라고 한다.

거시수준 사회복지실천에서의 사회복지사는 계획가, 행동가, 현장개입가의 역할을 한다.

- **계획가** : 지역사회 주민의 욕구 충족을 위하여 서비스 개선에 필요한 정책이나 서비스 또는 프로그램을 계획하고 개발한다.
- **행동가** : 복지대상자들의 욕구 충족을 방해하는 사회적 조건들을 바르게 인식하고 사회행동을 통하여 사회변화를 유도하고 유지한다.
- **현장개입가** : 사회복지 대상자들의 욕구를 확인하기 위하여 지역사회로 찾

아 나가서 사회적 이슈와 사회서비스에 대한 정보를 전달하거나 서비스 기관에 의뢰하거나 문제 예방을 위해 개입한다.

(2) 클라이언트의 접촉에 따른 분류

개별 클라이언트의 문제에 대한 전문가의 개입방식은 크게 대면적 접촉을 통해 서비스를 제공하는 직접실천과 자원연계나 환경적 조정과 같은 개입을 하는 간접실천으로 나눌 수 있다.

① 직접실천

클라이언트와 직접적으로 관계를 맺으면서 개입하는 실천방식으로 주로 개인, 집단, 가족 대상으로 클라이언트를 직접 대면하여 개입하는 미시적 실천이다.

경우에 따라서는 지역사회의 집단이나 단체들에게 제공하는 거시적 방법들의 측면을 포함하기도 하며 클라이언트가 환경과 원활한 상호작용을 할 수 있는 능력인 사회적 기능을 향상시키는 것을 목표로 한다.

직접실천에는 개별실천, 집단실천, 가족치료 등이 해당된다.

㉠ 개별실천

개별실천은 개인적 또는 사회적 문제에 직면해 있는 개인을 일대일로 만나 문제해결을 원조하며 클라이언트로 하여금 주변 환경에 적응하도록 도움을 제공하는 것이다. 개별실천의 목적은 개인에게 영향을 미치는 사회・경제적 결핍상태를 완화시키는 것으로 사회복지 전담공무원, 사회복지사, 의료사회복지사, 정신건강사회복지사 등이 해당된다.

㉡ 집단실천

집단사회복지실천을 통하여 개인의 지적・정서적・사회적 발달을 향상시키며 개인의 사회화 촉진, 정보교환, 문제대처 방법의 교환, 비행예방, 잘못된 행동, 가치 등을 교정한다. 그리고 집단치료를 통하여 집단구성원 간의 상호작용과정이나 집단 내의 역동성을 활용해 개인이 가지고 있는 사회적・행동적・정서적 문제를 해결하거나 경감한다.

㉢ 가족치료

가족구성원들 간의 관계나 가족구성원의 행동 또는 정서, 심리상의 문제에 개입하여 문제를 해결 또는 경감시키기 위해 노력하며, 가족을 하나의 역동적인 체계로 간주한다. 가족구성원 개인이 나타내는 문제의 원인을 개인적 요인에게 찾지 않고 가족구성원들 간의 상호작용, 관계양상에서 찾고자 노력한다. 그리고 문제해결도 개인적 변화보다는 가족구성원들의 상호작용 방식의 변화에 초점을 두고 있다.

② 간접실천 및 직접개입

간접실천은 지역사회를 중심으로 클라이언트를 둘러싼 환경체계에 개입하여 지지체계나 자원들을 발굴 또는 연계하는 방법을 활용하는 것이다. 클라이언트에게 직접개입하여 변화를 시키기보다는 클라이언트를 둘러싼 환경을 변화시켜서 클라이언트의 문제를 해결하며 서비스를 제공하는 제도나 기구, 정책 등에 초점을 두는 실천방법이다.

지역사회 조직, 사회복지정책, 사회복지행정이 간접실천이라는 이름으로 사회복지실천에 포함된다. 구체적인 예로, 아동학대 예방을 위한 홍보활동, 학교폭력 예방을 위한 자원봉사자 모집, 희귀질환 아동을 위한 모금활동, 서비스나 자원 연결, 클라이언트 옹호, 프로그램 개발, 공청회 개최, 홍보활동, 프로그램 개발, 모금활동, 자원봉사자 확보, 캠페인 등이다.

02

사회복지실천의 역사적 발달과정

1. 서구 사회복지실천의 역사적 발달과정
2. 한국 사회복지실천의 역사적 발달과정

02 CHAPTER 사회복지실천의 역사적 발달과정

학습목표

- 서구 사회복지실천의 역사적 발달과정을 이해한다.
- 자선조직협회, 인보관운동, 진단주의, 기능주의, 통합론 등에 대해 알아본다.
- 한국 사회복지실천의 역사적 발달과정을 이해한다.
- 영역별 사회복지실천의 발전, 사회복지인력과 자격제도, 외원단체 등에 대해 살펴본다.

1. 서구 사회복지실천의 역사적 발달과정

사회복지실천의 역사적 배경을 살펴보면 1601년에 제정된 영국의 엘리자베스 구빈법에서부터 출발한다고 말할 수 있다. 이 법 이전에는 빈민에 대한 구제가 주로 교회와 민간을 중심으로 이루어졌다.

그러나 구빈법이 제정되면서 지방정부가 원조의 책임을 지게 되었고, 빈민을 일을 할 수 있는 빈민과 일을 할 수 없는 빈민, 요보호 아동으로 분류하고 시설중심의 구호에서 지역사회 중심의 구호로 원조형태를 바꾸었다. 이에 따라 빈민들은 자신의 출생지역으로 보내졌고 그곳에서 수혜자격 검사를 거쳐 원조를 제공받았다. 구빈법은 사회질서를 유지하려는 사회통제적 성격이 강한 법령이었다.

엘리자베스 구빈법 이후 산업혁명을 거치면서 자선조직협회와 인보관운동이 발달하였는데, 이는 오늘날 사회복지실천의 발달에 큰 영향을 미쳤다.

1) 전문적 사회복지실천의 태동기(19세기 중반~20세기 초)

18세기 말에서 19세기 초 영국의 상황을 살펴보면, 산업혁명으로 인한 도시화와 공업화의 영향으로 자본주의가 형성되고 발전하였지만, 그 이면에는 도시빈민이 대량으로 발생하고 빈곤문제 및 새로운 사회문제 등이 크게 대두되었다. 특히 도시빈민의 문제를 해결하기 위해 주로 재력이 있는 신흥 중산계급 기독교인이 주축이 되어 다양한 자선단체들을 만들어 활동하였는데, 이들은 선의에 의하여 활동하였으나 산발적인 활동으로 인해 빈곤문제 해결에는 큰 효과가 없었다. 이들 자선단체나 민간 사회복지기관의 활동들을 분석해 보면 서비스의 중첩, 누락, 비효율적 운영, 타 기관과의 협력 결여, 재원 낭비 등의 한계를 드러냈다. 이는 민간 사회복지기관의 활동들에 대한 조정과 자선활동의 조직화에 대한 필요성을 불러일으켰고 자선조직협회가 탄생하는 배경이 되었다.

한편 미국의 경우 산업혁명을 거치면서 봉건사회의 붕괴와 시민사회의 형성으로 가장 큰 이익을 본 신흥 자본가 계급은 신분제약만 없다면 누구나 자유로운 활동을 통하여 부를 축적할 수 있고 이상사회를 건설할 수 있다고 생각하였다. 국가가 개인들 간의 경제활동에 아무런 간섭을 하지 않는다면 이상사회가 가능하다고 생각한 것이다. 그러나 그러한 기대와는 달리 현실에서는 빈부격차가 심화되고 각종 사회문제가 발생하게 되었다. 이러한 사회적 분위기 속에서 당시 국가부조인 구빈법에 대한 비판이 일었는데 구빈법이 개인의 자유를 침해한다고 생각했기 때문에 민간자선을 더 선호하게 되었다. 이를 통해 자선조직협회와 인보관운동이 시작되고 발전하였다.

(1) 자선조직협회

사회복지실천의 태동은 자선조직협회의 운동과 그 사업에 기반을 두고 있다. 자선조직협회는 1869년 영국 런던에서 최초로 창립되었는데 이는 순수 민간단체로서 국가나 지방자치단체에 의한 구호는 아니었다. 자선조직협회는 우애방문원이 빈곤한 가정을 방문하여 빈민의 상태에서 벗어나도록 원조하는 형태로 이루어졌다. 영국의 경우, 런던을 몇 개의 지구로 나누어 각 지구에 구빈위원회를 두고 우애방문원을 통하여 빈곤자를 지도하였다. 우애방문원은 가정방문, 면담, 기록, 사례연구 등을 수행하였으며 이는 후일 개별사회복지실천의 초석이 되었고, 사회복지조사, 지역사회복지실천에 근간이 되었다.

자선조직협회의 활동은 구빈법에 기초했기 때문에 '가치 있는 빈민'과 '가치 없는 빈민'을 구분하여 원조를 제공하였다. 특히 기독교적 도덕성을 강조하였고 중산층 기독교인의 도덕 및 가치관에 입각한 근면성을 배워 빈곤에서 벗어나고 의존성을 줄이도록 교화하는 데 힘썼다. 이는 사회진화론, 개인주의적 빈곤관 등의 영향을 받은 것으로 빈곤의 원인이 개인의 도덕적 문제 혹은 개인의 나태 등에서 비롯되었다고 생각했기 때문에 빈민을 교화시키는 것을 통해 빈곤문제를 해결할 수 있다고 보았다. 이들은 빈곤문제를 국가보다는 개인 차원으로서 자선에 의해 대처하는 방식을 선호하였다.

자선조직협회는 자선활동을 조정하고 환경을 조사하여 적절한 원조를 제공하고자 하였다. 효율적인 구제활동을 전개하기 위해 구제기관 간에 연락, 조정, 구제 신청자에 대해서는 체계적이고 면밀한 조사를 통한 서비스의 중복과 누락을 방지하는 등 시대상황을 극복하고 구제서비스를 좀 더 효과적으로 제공고자 노력하였다.

우애방문원은 자선조직협회에서 일하는 자원봉사자들로서 주로 중산층 부인들로 구성되었다. 무급으로 일하는 자원봉사의 형태였으며 후일 사회복지사의 효시가 되었다. 주요 활동 내용은 빈곤가정을 방문하여 가정생활 및 아동에 대한 교육, 가계 경제에 대한 조언, 빈민층 교화를 위한 활동, 욕구조사,

문제 원인의 규명, 문제해결 방법 등을 알려주는 일이었다. 나중에 개별사회복지실천으로 대체되어 점차 전문화되었다.

(2) 인보관운동

산업혁명 이후 대량의 빈곤과 빈부격차 현상이 심각해지면서 이를 해결하기 위해 자선조직협회가 조직되었지만 한계에 부딪히게 되고, 이러한 상황 가운데 인보관운동(settlement movement)이 대두되었다. 자선조직협회보다 약 15년 뒤에 시작되었으나 산업화, 도시화, 빈곤, 이민 등의 사회문제에 대처하기 위한 접근 관점은 매우 다르다.

기독교 사회주의 사상에 영향을 받은 인보관운동은 빈곤이 개인의 문제라기보다는 사회문제이며 사회가 주체가 되어 해결해야 한다고 주장하면서, 빈민지역의 개량이나 교육 등을 통해 빈곤문제를 해결하고자 하였다. 빈곤의 해결은 자선의 형태나 개인적 접근보다는 사회적 환경의 변화가 필요하다고 생각하였기 때문에 빈민들과 함께 생활하면서 그들이 스스로 문제를 해결할 수 있도록 힘을 길러주는 것이 필요하다고 주장하였다. 즉, 빈민 개인에 대한 원조보다는 기존의 사회질서를 바꿔야 한다는 사회개혁적인 측면을 강조한 것이다.

대학생과 지식인층이 주축이 되어 활동하였으며 이들은 지역사회 내 빈민들과 함께 거주하면서 주택개선, 공중보건 향상, 고용주들의 노동착취를 방지하기 위한 활동 등 사회문제의 해결에 힘썼다. 그들은 3R, 즉 거주(Residence), 연구조사(Research), 개혁(Reform)을 강조하였는데, 이는 연구와 조사를 통해 사회제도를 개혁해야 하며 함께 살면서 같이 생활하지 않으면 빈민을 제대로 이해할 수 없다는 것이다. 다시 말하면, 사회적 환경의 변화를 위해서는 빈민의 상황과 사회개혁의 절박한 필요성을 빈민에게 알려주고, 그들과 인격적으로 접촉하면서 그들의 욕구가 무엇인가를 이해하는 것이 필요하다는 것이다.

인보관운동은 도덕성의 다양한 관점을 인정하여 중산층의 도덕관념과 중산층 이외에 다른 계층의 도덕관념이 다를 수 있다는 인식하에 계층별 도덕성을 주장하였고, 소외계층의 역량강화를 위해서도 힘썼다. 자신의 문제를 해결할 수 있는 능력이 자신에게 있음을 인정하고 그 능력을 발휘할 수 있도록 힘을 북돋워주었다.

세계 최초의 인보관은 1884년 영국 런던의 토인비 홀(Toynbee Hall)이며, 미국 최초의 인보관은 1886년 코이트가 뉴욕에 세운 근린길드(Neighborhood Guild)이며, 미국의 가장 유명한 인보관은 영국의 토인비 홀을 모델로 한 1889년 제인 아담스가 시카고에 설립한 헐 하우스(Hull House)이다. 인보관운동은 후일 집단사회복지실천의 효시가 되었고, 역량강화모델의 이념적 근원이 되었으며, 지역사회복지의 하나의 모델로 간주된다.

2) 사회복지실천 전문직 확립기(1900~1920년 전후)

플렉스너(Flexner)는 1915년 미국의 자선단체 및 교정대회에서 사회복지실천이 전문직으로서 인정되기에는 미흡한 점이 많다고 지적하였다. 이로 인해 사회복지의 전문성에 대한 논쟁이 시작되었고, 전문직으로서의 윤리와 가치체계 정립에 관심을 가지게 되었으며, 비로소 전문직으로 전환하기 위한 움직임이 시작되었다고 할 수 있다.

사회복지실천이 전문직으로서 인정받기 위한 첫걸음으로 보수체계를 정립한 것을 들 수 있다. 1900년대를 전후로 자선조직협회는 사회복지실천활동에 유료 우애방문원을 고용하였는데, 그동안 무급 자원봉사자였던 이들에게 보수를 제공하여 지속성과 책임성을 높이고 역할을 확대시켰다. 또한 우애방문원의 관리를 전문적으로 담당하는 관리자를 고용하여 우애방문원의 교육 및 슈퍼바이저의 역할도 수행하게 하였다.

둘째, 교육훈련제도의 도입을 들 수 있는데, 자선조직협회는 도제제도 중심의 훈련에서 벗어나 정규교육 과정을 통해 우애방문원을 교육시킬 필요성을 느끼고 정규 교육 프로그램을 만들었다. 1898년에 미국 최초의 사회복지전문인력 훈련과정이 뉴욕자선조직협회에 의해 6주 과정으로 개설되었으며, 뉴욕자선학교는 1904년에 1년 과정의 프로그램을, 1910년에는 2년 과정의 프로그램을 개설하였다. 플렉스너의 비판 이후 1919년까지 이미 존재하고 있던 뉴욕자선학교 외에 2년 과정의 정규교육과정과 17개의 전문 사회복지학교가 계속해서 설립되었고, 이 중 12개가 대학 내에 설립되면서 위상이 높아졌다. 1920년대 들어서면서부터는 석사과정이 개설되기 시작하였다.

셋째, 사회복지실천에 관한 이론을 구축하는 데 힘을 기울였다. 프로이트의 정신분석이론은 사회복지실천의 기초이론에 아주 큰 영향을 미쳤다. 여기에 당시 필라델피아 자선조직협회의 총 책임자인 메리 리치몬드는 자신 및 동료들의 사회복지실천의 내용 및 활동과정을 종합 정리하여 『사회진단』(1917)을 출간하였다. 『사회진단』은 사회복지실천에 관한 이론과 방법을 체계화한 최초의 저서로서, 빈민이 처한 상황을 체계적으로 진단하는 기술이 소개되었다. 정보를 수집하여 사례를 연구조사하는 단계, 진단하는 단계, 문제상황이 어떻게 진행되어 나갈 것인가를 예측하는 단계, 계획단계, 실행단계 등으로 구분되어 있는데, 이러한 구분은 지금의 사회복지실천과정에도 크게 영향을 미쳤다. 또한 1922년에는 『개별사회복지실천이란 무엇인가(What is social case work?)』를 저술했는데, 여기서는 '케이스워크(case work)란 개인과 개인, 인간과 환경 간의 적절한 조화와 조절을 통해서 인격발달을 이루어가는 과정'이라고 정의하였다. 이러한 정의 속에는 사회복지의 실천 관점인 '환경 속의 인간'의 관점이 고스란히 담겨있다.

넷째, 전문가협회의 설립이다. 미국병원사회사업협회(1918)를 비롯하여 미국사회복지사협회(ASSW, 1921), 미국정신의학사회복지사협회(1924) 등 전문가협회들이 설립되었고, 사회복지 관련 단체와 연맹을 전국 규모로 조직하였다. 또한 사회복지 관련 전국 단위의 회의를 개최하였다.

3) 사회복지실천의 전문직 분화기(1920~1950년 전후)

1920년을 기준으로 이전 시기가 사회복지실천이 점차 전문직으로서의 기틀을 다지고, 전문영역으로의 확장, 이론적 기초를 이루기 위한 성장의 시기라면, 이후의 시기는 사회복지실천이 3대 방법론으로 분화 발전하고, 진난수의 학파와 기능주의 학파가 대립 발전하였으며, 사회복지실천의 공통요소를 정리하고자 시도하였던 때라고 말할 수 있다.

(1) 개별사회복지실천의 발달

먼저 개별사회복지실천(case work)의 경우, 개별사회사업방법론을 바탕으로 사회복지실천이 이루어졌다. 사회복지사는 개인적이고 사적인 영역에서, 예를 들면 주로 아동상담소 및 병원 등에서 전문적인 사회복지실천을 하였다.

이 시기는 진단주의 학파와 기능주의 학파가 첨예하게 대립하면서 상호 발전하였는데, 1920년대 전후에는 프로이트(Freud)의 정신분석학에 의존하는 진단주의 학파가 발달하였다. 인간을 기계적·결정론적 관점에서 바라보고, 인간은 무의식의 힘에 의하여 좌우되며 유년기 시절 내면화된 부모의 영향력에서 벗어나지 못한다고 보았다. 초기 아동기에 발견되지 않은 문제와 이해를 기초로 하는 치료와 클라이언트의 생육사를 탐구하는 것을 기반으로 진단이 강조된 정신분석 지향적인 접근에 기초한다.

기본전제로 인간의 성격에 있어서 자아(ego)의 힘이 사회복지 원조에 따라 강화될 수 있다고 보았으며, 클라이언트의 성격구조를 과거에서 현재까지의 생활을 통해 분석하고, 나아가 현재의 자아기능을 해명하여 자아의 강화를 도모함으로써 사회환경에 대한 성격의 적응력을 강화하고자 하였다. 대표적인 학자로는 홀리스(Hollies), 고든 해밀튼(Gordon Hamilton), 메리 리치몬드 등이 있으며, 특히 홀리스는 자아를 심리사회모델로서 발전시키는 역할을 하였다.

이에 반해 1930년대 후반 진단주의 학파에 반기를 들고 등장한 것이 기능주의 학파이다. 펜실베이니아대학교 사회사업대학원에서 발전한 것으로 오토 랭크(Otto Rank), 로빈슨(Robinson), 태프트(Taft), 스몰리(Smalley) 등이 대표적 학자이다. 오토 랭크는 프로이트의 인간관에 이의를 제기하며 인간을 좀 더 창의적, 의지적, 낙관적인 존재로 보아야 한다고 주장하였다.

기능주의 학파는 인간의 성격에 있어서 자아의 창조적 통합력을 인정하고, 어디까지나 클라이언트를 중심으로 클라이언트에게 사회복지사가 소속한 기관의 기능을 자유롭게 활용하게 함으로써 클라이언트 스스로 자아를 전개하도록 원조하는 것을 과제로 삼았다. 클라이언트는 도움을 받는 기관의 제한된 기능 내에서 스스로 선택하고 자신의 내부의 힘을 활용하여 자신의 성장을 위한 과제를 수행하되, 시간적으로도 제한된 범위 내에서 자신의 문제해결과정에 참여하였다. 클라이언트 내부에 성장할 수 있는 힘에 대한 믿음을 가지고 있었으며, 치료의 책임이 사회복지사가 아니라 클라이언트 자신에게 있다고 주장하였다. 클라이언트의 과거가 아닌 현재의 문제에 초점을 두고 사회복지실천을 수행하였다. 치료라는 말을 거부하고 원조과정(helping process)이라는 표현을 사용하였다. 진단주의 학파는 나중에 클라이언트 중심모델 등으로 발전하게 된다.

한편 사회복지실천이 3대 방법론으로 분화 발전하는 가운데, 사회복지실천의 영역이 병원, 학교, 법정 등 다양한 분야로 확대됨에 따라 공통의 지식기반을 갖추자는 움직임이 사회복지계 내부에서 점차 일어나게 되었다. 1929년 밀포드회의에서 개별사회복지실천을 기본으로 하는 8개 영역을 공통요소로 정리하여 발표하였는데, 「사회복지실천을 전문직으로 하는 사회복지사가 갖추어야 할 기본적인 지식 및 방법론에 대한 공통요소」는 다음과 같다.

- 사회에서 받아들여지는 규범적 행동으로부터 벗어난 행동에 관한 지식
- 인간관계 규범의 활용도
- 클라이언트 사회력의 중요성
- 클라이언트 치료를 위한 방법론
- 사회치료(social treatment)에 지역사회 자원 활용
- 개별사회복지실천이 요구하는 과학적 지식과 경험 적용
- 개별사회복지실천의 목적, 윤리, 의무를 결정하는 철학적 배경 이해
- 이상 모든 것을 사회치료에 융합

(2) 집단사회복지실천의 발달

1920년대에 접어들어 지역사회 공공시설과 지역사회센터 건설 등으로 주민

의 자발적 여가활동과 집단활동이 활성화되기 시작하면서 전문적·이론적으로 체계화된 집단지도기술이 요구됨에 따라 집단사회복지실천 전문교육이 시작되었다. 1923년 웨스턴리저브대학교 사회복지대학원에서 처음으로 집단사회복지실천의 강의가 진행되었고, 이후 많은 대학에서 집단사회복지실천 교육과정을 개설하였다. 1936년에는 미국집단사회복지연구협회가 발족되었다. 이후 집단사회복지실천(group work)은 개별사회복지실천과 함께 사회복지실천의 한 방법으로서 인식되기 시작하였다.

집단사회복지실천은 집단구성원 간의 상호작용을 강조하였고 경쟁보다는 협동에 초점을 두었으며, 특히 제2차 세계대전 이후 정신분석에서 집단치료 방법을 활용하여 군대나 사회복지기관에 집단지도자가 고용됨으로써 집단지도가 발달하기 시작했다. 이에 따라 체계화된 전문적·이론적 기술이 필요해지면서 집단사회복지실천에 대한 전문교육이 시작되었고, 1946년 미국사회복지회의에서 집단사회복지실천을 공식적으로 사회복지실천기술로 인정하게 된다.

(3) 지역사회조직의 발달

1920년부터 주 단위로 공공복지기관이 설치되면서 지역사회조직론(community organization)으로 전환하는 계기가 마련되었다. 당시 대공황으로 인해 민간사회사업은 한계를 드러냈고, 국가가 사회사업기관을 설립하면서 공공기관에서 활동하는 사회복지사의 수가 점차 늘어나고 지역사회복지실천이 발달하고 전문화되면서 지역사회조직이 사회복지의 한 방법론으로서 정착하게 되었다.

이때 지역사회조직의 이론화에 크게 공헌한 것이 「레인(R. P. Raine) 보고서」이다. 전미사회사업회의에 제출된 레인보고서는 첫째, 지역사회조직의 개념, 방법, 활동, 분야, 자격, 교육훈련 등을 체계화하는 데 기여하였고, 둘째, 지역사회조직사업의 주된 기능을 욕구와 자원의 조정으로 규정하고 지역사회의 욕구를 중심으로 했다는 점, 셋째, 주민참가의 중요성을 강조하였으며, 넷째, 욕구조사에 대한 기술을 발달시키는 계기가 되었다(양정남 외, 2014).

4) 사회복지실천의 통합기(1950~1970년 전후)

사회는 점점 복잡・다양해지고 이에 따른 각종 사회문제에 대한 대처도 과거 방법론별 접근으로는 대응할 수 없다는 한계가 드러나면서, 3대 방법론 각각의 실천방법 간에 공통적 요소를 찾으려는 움직임이 1929년 밀포드회의에서 시작된 이래, 계속적으로 통합적 방법에 관한 이론 구축을 위한 노력이 전개되었다.

사회복지사가 수행하는 다양한 영역에서의 사회복지실천에는 어떤 공통적인 역할과 요소가 있다는 것을 전제로 통합적 방법론이 연구되기 시작하였는데, 대표적 통합이론으로는 펄만(Perman)의 문제해결모델, 핀커스와 미나한(Pincus & Minahan)의 4체계모델, 콤튼과 갤러웨이(Comton & Galaway)의 6체계모델, 골드스타인(Goldstein)의 단일화모델, 저메인과 기터만(Germain & Gitterman)의 생활모델 등이다.

사회복지실천기술에 있어서는 개별사회복지실천, 집단사회복지실천, 지역사회조직의 세 가지 방법을 절충적으로 사용하면서 사회행동, 조사, 관리행동 계획, 정책론을 포함한 거시적 방향으로의 발전이 요구되었다. 이러한 방향은 클라이언트의 생활에 대한 전체적 이해 위에 필요한 서비스를 조정해 주는 사례관리(case management)나 자조집단활동의 지원을 포함한 사회적 지지망의 형성 등 과거 미시적 수준의 원조와 거시적 수준의 원조를 통합한 새로운 영역으로 넓혀가고 있다.

이와 함께 전문직 단체의 통합도 이루어져 1955년에는 전미사회복지사협회(NASW)가 의료사회사업가협회(1918), 학교사회사업가협회(1919), 정신의료사회사업가협회(1926), 집단사회사업가협회(1946)의 다섯 전문직 단체와 지역사회조직사업과 사회사업조사에 관한 두 연구 단체를 합하여 단일 전문직 단체로 출범하게 되었다(양정남 외, 2014).

그 밖에 전쟁으로 인한 여러 형태의 상실, 가족기능 약화, 가족의 분리 및 붕괴, 청소년 비행 등의 가족문제를 제기하면서 가족의 변화를 통해 개인의 행동과 태도에 변화를 주려는 가족치료에 관심이 모이지기 시작했다. 또한

1960년대에 이르러 개별사회복지사가 가족에 개입하여 가족구성원들의 의사소통기술, 의사결정과정, 사회기술 등을 향상시키기 위해 노력하는 과정에서 가족에 대한 개입을 집단형태로 하기 시작하면서 개별사회복지실천과 집단사회복지실천이 하나로 통합되기 시작하였다.

5) 다양화 · 확장기(1970년대~현재)

1970년대에 들어서면서 개별사회복지실천에 대한 비판이 일어나는데, 소외계층에 대한 원조가 충분하지 못하다는 것과 방법론적·과학적 개입기술이 충분하지 못하다는 것이다. 이러한 비판에 부응하여 대상별 클라이언트에 따라 직접적 기능과 간접적 기능으로 나누어 접근하면서 전통적인 '심리사회모델'과 '기능주의모델', '문제해결모델' 외에도 다양한 이론들이 사회복지실천의 패러다임으로 합류하게 되었다.

사회복지실천모델에 대한 연구가 활발해졌고, 다양한 실천모델들이 출현하기 시작했다. 정신분석이론이나 자아심리학에 추가해서 일반체계이론, 생태체계이론 등이 통합와의 유용한 이론으로 등장하였고, 전통적 방법론으로부터 생태체계론적 관점에 입각한 새로운 방향으로 전환되었다. 특히 병리보다는 개인의 강점에 초점을 두며 클라이언트의 상황에 맞는 역할 및 개입전략의 다양성을 중시한다. 전통적으로 다루어 오던 빈곤문제뿐만 아니라 비행, 장애, 보건, 정신건강 등 다양한 문제를 다루게 되었으며, 과제중심모델, 역량강화모델, 강점관점 등과 같은 새로운 모델과 이론들이 다양하게 등장하였다.

집단사회복지실천에서 있어서 '권한부여(empowerment)'가 중요 요소로 등장하였고, 사회목표모델(social goals model), 치료모델(remedial model), 상호작용모델(reciprocal model) 등으로 성장하게 되었다.

로스만(Rothman)은 지역사회활동을 지역개발모델, 사회계획모델, 사회행동모델의 세 가지로 분류하였다. 이후 근린지역의 지역사회조직, 기능지역의 지역사회조직, 프로그램 개발과 지역사회연계, 사회운동, 연대활동의 다섯 가지 모델이 첨가되었다.

2. 한국 사회복지실천의 역사적 발달과정

1) 한국 사회복지실천의 태동

(1) 한국의 초기 사회복지실천

① 국가주도 구제정책 : 고조선~조선시대

서구의 사회복지실천의 역사적 기원을 고대와 중세 시대에서 찾아볼 수 있듯이, 우리나라는 고조선시대부터 그 기원을 발견할 수 있다. 고조선의 부조활동에서부터 조선시대에 이르기까지 흉년이나 가난 등으로 인해 백성들이 어려움에 처했을 때 국고의 비축양식을 풀어 구제하는 등 국가주도의 구제정책이 존재해 왔다. 이처럼 고대국가에서는 국가의 존립을 위해 사회정책으로써 구제활동을 실시하였으며, 특히 고구려의 진대법은 그 대표적인 예라고 할 수 있다.

조선시대에는 유교사상의 영향 아래 백성의 불행은 왕의 책임으로 여겨졌기 때문에 구제사업을 보다 체계화하는 데 힘을 쏟았다. 특히 민생구휼기관으로 구황청, 혜민국, 재생원, 활인서, 기로소 등을 두었으며, 구제제도로는 창제와 환곡, 비황제도는 의창, 상평창 등이 있었다. 또한 민간조직으로는 계, 두레, 향약 등이 있었다.

② 근대적 사회복지실천 : 개화기~한국전쟁 이후

근대적 개념의 사회복지실천은 개화기에 시작되어 한국전쟁 이후에 본격화되었다고 볼 수 있다. 1888년 프랑스 주교가 설립한 고아원이 최초의 근대적 사회복지사업이었다. 1905년에는 이필화가 경성고아원을 개설하였다. 이 시기에 일본에서는 방면위원제도가 만들어졌는데, 이는 독일의 엘버펠드(Elberfeld)의 구빈위원제도를 모방한 것으로 식민지였던 한국에서도 적용되었으나 주로 일본인을 중심으로 제공되었다(류상열, 2005). 방면위원은 무보수로 일종의 명예직으로서 자기가 살고 있는 지역 내의 빈민의 생활조사, 구제, 지도를 담당하였다.

미군정시대(1945~1948)에는 아놀드(Arnold) 장군이 법령 제18호를 공포하면서 조선총독부 경무국 위생과의 명칭을 보건후생부로 변경하고 사회복지정책을 시행하였으나 적극적이고 획기적인 사업추진은 아니었고 장기적인 계획도 없었다(류상열, 2005).

대한민국 정부 수립과 함께 대한민국 헌법이 공포되었으나 1950년 한국전쟁으로 국토가 폐허로 변하고 외국의 원조에 의존하게 되었다. 서구의 선교단체와 원조단체들이 한국전쟁을 계기로 대거 진출하여 비조직적이고 자선적이며 종교 우선적인 구제활동을 전개하였고, 이때 서구의 근대적 사회복지의 개념이 도입되었다. 또한 외국의 원조단체들의 지원은 시설중심의 사회복지를 발전시켰는데, 기독교 아동복지재단, 홀트아동복지회, 선명회 등 외국의 민간 원조단체를 중심으로 개별사회사업을 하였으며, 외국 민간원조기관 한국연합회(KAVA : Korea Association of Voluntary Agencies)가 1952년 결성되었다.

한편 미국 선교사들이 설립한 병원, 상담소 등에서 사회복지사를 고용하였고, 당시에는 심리치료를 주로 하였다.

(2) 사회복지실천의 시작과 발전

① 교육영역

정식 교육기관으로는 1947년 이화여자대학교에 사회사업학과가 최초로 설립되었다. 1953년에 현재 강남대학교의 전신인 중앙신학교가 최초의 사회복지사 양성을 위한 훈련기관으로 설립되었다. 전문직업보다는 학문을 중시하는 유교 사상적 풍토로 인하여 전문직업학교를 통한 교육보다는 정규대학을 통한 학문적 교육이 중시되었고, 이후 정규대학에서 사회복지학과가 계속 설립되었다. 1965년에는 한국사회사업교육연합회(현 한국사회복지교육협의회)가 태동하였다.

② 지역사회복지 영역

1921년 태화여자관(현 태화기독교사회복지관)이 설립된 것을 시작으로 지역사회복지사업이 시작되었다. 미국의 인보관운동과 같은 형태로 사회계몽과 사회개혁을 실천하였다. 1983년 개정된 사회복지사업법을 토대로 사회복지관의 설립 및 운영을 지원하는 근거가 마련되었으며, 1985년부터는 시・도 단위로 종합사회복지관이 설립되기 시작하였다. 특히 1989년에 개정된 주택건설촉진법에 의해 저소득층 영구임대아파트 건립 시 일정 규모의 사회복지관 건립을 의무화하였다. 2003년에 개정된 사회복지사업법에 따라 '지역사회복지협의체'가 만들어졌고, 여기서 지역 단위의 복지계획을 수립하도록 하고 있다.

③ 의료사회복지 영역

한국의 의료사회복지의 시작은 미군 병원과 미국 기독교 선교사들이 설립한 병원을 통해 소개되면서부터라고 할 수 있다. 1958년 한노병원에서 의료사회사업가가 처음으로 고용되어 일을 하였고, 1959년 국립의료원과 원주기독병원 등에서 의료사회사업이 시작되었다.

1973년에 의료법 시행규칙 시행에 따라 종합병원 단위의 의료기관에서 사회복지사를 의무적으로 고용하게 되었으며, 같은 해 '대한의료사회사업가협회'가 창립되었고 2000년에 '대한의료사회복지사협회'로 명칭이 변경되었다.

④ 학교사회복지 영역

우리나라에서 공식적인 학교사회복지사의 활동은 1997년 교육부에서 '학교사회사업 시범연구사업'을 시작한 것에서 출발한다. 그러나 공식적인 학교사회복지의 제도화가 이루어지지는 않았다.

1997년 한국학교사회복지학회가 만들어졌고, 2000년 한국학교사회사업실천가협회가 창립되었으며, 2005년 제1회 학교사회복지사 자격시험이 실시되었다.

⑤ 공공영역

1987년부터 사회복지전문요원(현 사회복지전담공무원)이 공공영역에 배치되었다. 주로 저소득층 밀집지역을 중심으로 동사무소에 배치되어 활동했으며, 국민기초생활보장법에 의거해 수급대상자를 선정하거나 아동, 노인, 장애인복지 업무 등을 담당했다.

1999년 10월 사회복지전문요원의 일반직 전환 및 신규 채용지침을 승인함으로써 별정직 사회복지전문요원을 일반직 사회복지전담공무원으로 전환하였고, 2000년 1월부터 전직이 시행되었다. 2004년 7월부터 전국 9개 시·군·구에서 사회복지사무소를 시범 운영하면서 공공영역의 사회복지 전문성 강화를 시도하였다.

⑥ 정신건강 영역

정신장애인의 격리·수용보다는 사회복귀와 예방, 인권보호에 초점을 맞춘 정신보건법이 1995년 제정됨에 따라 정신과 병원 및 지역사회에서 정신보건에 관한 양질의 서비스를 제공할 전문인력의 수요가 증가하게 되었다. 이에 따라 정신질환의 예방과 정신질환자의 의료 및 사회복귀 등의 업무를 수행할 전문지식과 기술을 갖춘 인력을 양성하기 위해 정신보건사회복지사 자격을 제정하였다. 현재는 「정신건강증진 및 정신질환자 복지서비스 지원에 관한 법률」(약칭 : 정신건강복지법)에 의거 정신건강사회복지사로 명칭이 변경되었다.

⑦ 전문가협회

1959년 한국개별사회사업가협회가 창설되었고, 1965년 한국사회사업교육연합회가 설립되었다. 1967년에는 한국사회사업가협회가 탄생하였고, 1985년 한국사회복지사협회로 개칭하였다. 1973년 대한의료사회사업가협회가 창립되었고, 2000년 대한의료사회복지사협회로 명칭을 변경하였다.

⑧ 가족복지 영역

2005년 건강가정기본법이 시행되면서 가족복지정책의 주요 전달체계로서 다양한 가족지원정책을 제안 및 실행하기 위해 시·군·구 단위로 건강가정지원센터가 설립되기 시작하였다. 사회복지관과 서비스의 중복 및 기관의 역할 정체성의 문제가 제기되었지만, 2016년 기준 중앙건강가정지원센터(한국건강가정진흥원)를 포함하여 전국에 160개 이상의 건강가정지원센터가 설치, 운영되면서 가족문제 발생을 사전에 예방하고 일반 가족 및 다양한 가족을 대상으로 통합적인 가족지원서비스를 제공하기 위하여 노력하고 있다.

국내에 체류하고 있는 외국인 인구가 증가하고 다문화가족이 증가하면서

2006년 결혼이민자가족지원센터로 운영해 오던 것을 2008년 다문화가족지원법이 제정되면서부터는 다문화가족지원센터가 전국 단위로 설치, 운영되고 있다. 2016년 기준 217개 센터에서 한국어 교육, 가족교육, 상담, 문화 프로그램 등 다양한 서비스를 제공하고 있다. 이후 건강가정지원센터와 다문화가족지원센터가 별도로 운영되던 것을 점차 통합하여 2020년 기준 건강가정・다문화가족지원 통합센터가 203개소(미통합 건강가정지원센터 13개소, 미통합 다문화가족지원센터 25개소) 운영되고 있다.

2) 사회복지인력과 자격제도

(1) 사회복지사

1997년 개정된 사회복지사업법에 따라 2003년부터 국가자격시험을 실시하여 새로운 자격제도를 시행하게 되었다. 이 제도로 말미암아 사회복지사 1급의 경우는 국가시험에 합격하여야 사회복지사의 자격을 얻게 되었다.

사회복지사의 역할을 살펴보면 사회복지사업법 제11조에서 사회복지에 관한 소정의 전문지식과 기술을 가진 자에게 사회복지사 자격을 부여하고 이들에게 복지업무를 담당하도록 함으로써 아동, 청소년, 노인, 장애인 등 보호가 필요한 사람들에게 전문적이고 체계적인 복지서비스를 제공한다고 설명하고 있다.

(2) 학교사회복지사

학교사회복지사 자격은 한국사회복지사협회장의 위임을 받아 한국학교사회복지사협회와 한국학교사회복지학회가 공동 주관하여 학교사회복지사 자격관리위원회에서 발급을 관장하고 있다.

학교사회복지사 자격시험은 2005년부터 실시되었는데, 학교사회복지사 자격시험 응시기준 필수조건은 사회복지사 1급 자격증 소지자로서 학교사회복지론을 이수한 자, 아동복지론 또는 교육학 관련 교과목 중 1과목 이상을 이수한 자여야 한다. 선택조건은 240시간 이상의 학교사회복지 관련 실습을 이수한 자, 혹은 초·중·고등학교에서 학생복지 업무를 전담하는 사회복지사로서 6개월 이상 근무한 자, 혹은 사회복지기관에서 학교사회복지 관련 실무를 1년 이상 담당한 경력이 있는 자여야 한다.

시험은 필기시험과 면접시험으로 구성되는데, 필기시험의 경우 두 과목 합산 140점 이상, 과목당 50점 이상 득점해야 하며, 면접시험은 총 100점 중 70점 이상 득점해야 합격이다. 최종 합격자는 필기시험과 면접시험에 모두 합격한 사람이다.

(3) 정신건강사회복지사

정신건강복지법(구 정신보건법)에 의거한 정신건강전문요원은 정신건강임상심리사, 정신건강간호사, 정신건강사회복지사이다.

정신건강사회복지사 2급의 경우는 사회복지사업법 시행령 제11조 제2항에 따른 사회복지사 1급 자격을 소지한 사람으로서 수련기관에서 1년 이상 수련을 마친 사람이 취득할 수 있으며, 2급 정신건강사회복지사 자격을 취득한 후 정신건강시설 또는 보건소에서 5년 이상 정신건강 분야의 임상실무 경험이 있는 자는 1급을 취득할 수 있다. 1998년부터 2급 정신건강사회복지사 자격시험이 시작되었고, 2002년에 1급 승급시험이 시행되었다.

3) 한국 사회복지와 외원단체

(1) 한국전쟁 이후의 외원단체

한국전쟁 발발 후 유엔(UN)의 요청에 의해 각국의 외원단체들이 구호물품 및 성금을 보내주거나 직접 방문하여 구호사업을 전개하였다.

기독교아동복지회(Christian Children's Fund, 현 어린이재단)는 1948년 내한 이후 한국전쟁 이후에 전쟁 고아들을 후원하는 사업을 주로 펼쳐왔다. 전국 단위의 시설을 통해 아동을 보호 후원하였으며, 1972년에는 '한국어린이재단'으로 법인명을 변경하였다. 1986년에 현 한국복지재단에 사업을 위임한 후 한국을 떠남에 따라 국내 순수 민간단체로 거듭나면서 독자적인 사업을 실시하고 있다. 1994년에 '한국복지재단'으로 명칭 변경 후 2008년 다시 '어린이재단'으로 변경하여 지금에 이르고 있다.

한국전쟁으로 인한 고아와 과부를 돕기 위해 미국인 선교사 피어슨(Piercen)과 한경직 목사에 의해 1953년 설립된 선명회(World Vision)는 현재 월드비전이라는 이름으로 전 세계 100여 개국에서 2억여 명을 대상으로 긴급구호사업, 개발사업, 아동후원사업, 북한사업 등을 펼치고 있다. 1991년 우리나라는 수혜국 위치에서 지원국으로 전환되어 사랑의 빵 저금통 모금을 시작으로 본격적 모금운동을 전개했다. 또한 국내와 해외에서 아동 및 가정결연사업을 실시하고 있으며, 국내에서는 종합사회복지관, 장애인복지관, 청소년수련원, 아동학대예방센터, 음악원 등을 운영하고 있다.

홀트아동복지회는 한국전쟁 후 1955년 미국인 홀트(Holt)가 한국의 전쟁고아와 혼혈아동을 돕기 위해 방한하면서 시작되었다. 그 자신이 12명의 혼혈아동을 입양하는 것을 시작으로 홀트아동복지회의 역사는 출발한다. 1956년 국내에 해외양자회를 설립하고 미국에는 Holt Adoption Program, Inc.를 설립하여 해외입양을 시작하였다. 1957년부터 국내입양도 시작하였다. 1972년 법인 명칭을 홀트아동복지회로 개칭하여 지금까지 사용하고 있으며, 1975년에는 대한기독교개혁선교회(Christian Reformed Korea Mission)를 합병하였다. 홀트아동복지회는 아동상담소, 미혼모시설, 영아원, 사회복지관, 장애인복지관, 어린이집, 학교, 일산복지타운, 요양원 등을 운영하면서 한국의 주요 사회복지기관으로서 자리매김하고 있다.

유니테리언 봉사회(현 한국봉사회)는 1945년 조직된 외원기관으로 1952년 내한해 전쟁고아, 과부, 결식아동 등의 구호를 위해 활동했다. 1958년 우리나라에서 처음으로 전문교육을 받은 전문사회사업가를 채용하여 사회복지사업을 전문화하는 데 공헌하였다. 1977년 명칭을 사회복지법인 한국봉사회를 바꾸고 1979년 캐나다로부터의 원조 중단 이후 독자적으로 복지사업을 전개해 현재 종합사회복지관, 어린이집, 자활후견기관 등 복지사업을 운영하면서 한국 토착화에 성공한 사회복지기관 중의 하나이다.

양친회(Foster Parents' Plan, 현 양친사회복지회) 국제 본부는 종교, 정치, 인종을 초월하여 전 세계에 걸쳐 복지사업을 수행하는 단체로서 한국전쟁을 계기로 1953년 부산에 한국지부를 두고 사업을 시작하였다. 외국의 후원자와 한국 아동 사이에 외원단체 사무실을 통해 후원금이 전달되는 형태로 사업을 시작하였으며, 시설아동뿐 아니라 일반 가정의 방치된 아동도 지원하였다. 일종의 거택구호사업이었으며 후일 가족복지사업의 선구적인 형태였다고 할 수 있겠다.

(2) 한국외원단체협의회(KAVA : Korea Association of Voluntary Agencies)

많은 외원단체들이 난립되고 비조직적·비체계적으로 서비스가 제공되어 수혜자의 중복이나 누락 등이 많이 발생하였다. 이러한 혼선을 예방하고 서비스 제공자 간의 협력과 조정, 정보교환, 협력체계를 구축하기 위해 여러 외원단체들이 개별적으로 운영해 오던 사업형태를 통일하고 좀 더 효과적인 원조를 실시하기 위하여 1952년 7개 기관이 모여 카바(KAVA : Korea Association of Voluntary Agencies)를 결성하였다. 카바는 의결기관으로서 기관대표로 구성된 자문위원회, 사회복지분과위원회, 교육분과위원회, 지역사회분과위원회, 구호분과위원회, 보건분과위원회, 소분과위원회로 구성되었다. 1954년에는 33개의 외원단체가 가입하였고 1955년에는 사무국을 두어 연합회로서의 기능을 갖추었다. 1962년에는 62개, 1964년에는 70개, 1970년에는 76개의 단체가 카바에 가입하였다.

카바는 1970년대 초반까지 활발히 활동하였는데, 고아문제, 장애문제, 혼혈아문제, 아동유기 등의 문제에 대한 해결책 모색을 위해 실태조사를 실시하는 것은 물론, 각종 사회복지서비스를 제공하였다. 이들은 한국전쟁 직후에는 주로 긴급구호에 치중하였다가 점차 장기적 사업을 실시하는 방향으로 전환하였다.

카바 및 그 회원단체들의 활동은 사회복지실천의 전문화에 어느 정도 기여하였다. 이들 단체의 본래 목적은 종교적 선교활동 및 구호활동이었기 때문에 사회복지전문성을 갖춘 활동이라고 볼 수 없으나 사회복지실천현장 측면에서는 외국에서 온 사회복지실천전문가가 활동하는 과정에서 서구의 전문사회복지실천의 개념과 실천방법이 전파되었다고 볼 수 있다.

1970년대에 들어서면서 외원단체들은 사업을 종결하고 한국을 떠나기 시작하였는데, 이는 한국의 경제사정이 좋아지면서 외원단체에 의한 의존도가 감소하였고, 전쟁 이후 응급구호적인 활동의 의미도 퇴색되었기 때문이다. 외원단체들 가운데는 사회복지사업을 중단하고 선교사업을 중점적으로 수행한 단체도 있으며, 교육 및 의료사업으로 전환하여 한국사회에 뿌리를 내리고 토착화에 성공한 단체들도 있다.

대표적인 외원단체로는 한미재단(American-Korean Foundation), CARE(Cooperative for American Relief Everywhere), 홀트아동복지회(Holt Adoption Program), 기독교세계봉사회(Korean Church World Service), 선명회(World Vision), 양친회(Foster Parents' Plan), 가톨릭구제회(United States Catholic Conference), 세계구호위원회(World Relief Commission), 구라선교회(The Leprosy Mission), 메노나이트 중앙위원회 한국구조단(Mennonite Central Committee, Korea Relif Unit), 유니테리언 봉사회(Unitarian Service of Canada) 등이다.

03

사회복지전문직의 역할과 정체성

1. 전문직의 개념과 전문적 특성
2. 사회복지실천의 정체성과 전문적 기반

03
CHAPTER

사회복지전문직의 역할과 정체성

학습목표

- 전문직의 개념과 다양한 모델에 대해 알아본다.
- 전문직의 특성에 대해 이해한다.
- 사회복지실천의 정체성의 개념 및 요소에 대해 이해한다.
- 사회복지실천의 과학적 기반과 예술적 기반에 대해 살펴본다.

1. 전문직의 개념과 전문적 특성

1) 전문직의 개념과 모델

사회복지의 전문성 또는 정체성과 관련하여 학계에서는 끊임없이 논란이 이어져 왔다. 플렉스너는 「사회사업은 전문직인가?」라는 논문에서 전문직으로서의 특성이 결여되었다고 주장하였고, 그 원인에 대하여는 사회복지의 범위가 너무 넓기 때문에 경계를 정하기 불가능하다고 지적하였다. 다시 말하면, 사회복지는 사회과학적 기초 및 독자적이고 명확한 지식체계, 그리고 전수할 만한 전문기술이 결여되어 있다는 것이다. 더 나아가 정부의 책임 아래 실시되는 교육 및 전문 자격제도가 없으며, 전문조직체가 없고, 전문적 실천에 대한 강령이 없다는 것이다.

그렇다면 사회복지직이 전문직인가 아닌가를 논하기 위해서는 우선 사회복지직이 전문직의 특성을 갖고 있는가를 살펴보아야 한다. 이 장에서는 이은주(2003) 및 김혜영 등(2014)이 정리한 것을 바탕으로 고찰해 본다.

전문직에 대해서는 주로 사회학에서 논의되어 왔는데, 대표적 모델로 속성모델, 과정모델, 권력모델, 사회적 할당모델 등이 있다(김태성, 1998; 이은주, 2003; Popple, 1985; Popple & Leighninger, 1996).

(1) 속성모델

속성모델은 직업의 전문직 여부를 판단할 때 해당 직업이 일반 직업과 구분되는 일정한 속성이 있다고 보는 것으로, 그린우드(Greenwood, 1957)는 전문직의 속성으로 아래와 같이 ① 체계적 이론, ② 전문적 권위, ③ 지역사회의 재가(사회적 승인), ④ 윤리강령, ⑤ 전문직 문화를 제시하였다.

첫째, 체계적 이론(systematic body of theory)이다. 이는 전문직이 수행하는 기술의 바탕이 되는 이론이며, 이것을 갖추기 위해서는 비교적 장기간의 공식적인 학교교육을 통해서만 가능하다.

둘째, 전문적 권위(professional authority)이다. 전문직과 비전문직의 차이는 서비스 공급의 결정이 전문적 권위에 의하여 이루어지느냐에 따른다. 즉, 비전문직의 서비스 대상자를 소비자 또는 서비스 이용자라고 한다면, 전문직은 서비스 제공자가 되는 것이다.

셋째, 사회적 승인(sanction of the community)이다. 특히 전문직은 전문직에 종사하는 인력에 대한 독점적인 통제권한을 인정받는 특성이 있다. 전문직 자격시험을 실질적으로 관장하는 권한, 국가자격제도(면허), 전문가와 클라이언트 간의 비밀보장을 인정하는 것 등이 여기에 해당한다.

넷째, 윤리강령(code of ethics)이다. 전문직은 특권의 남용을 막기 위하여 자체적인 규범체계를 갖고 있는데, 이것이 전문직의 윤리강령이다. 이는 전문직의 행위의 판단은 전문직의 속성상 전문직 자체 내에서 할 수밖에 없으므로 전문직의 윤리강령은 전문직을 수행하는 인력들에게 더 구속력을 갖는 경향이 있다.

다섯째, 전문직 문화(professional culture)이다. 전문직에는 고유한 가치, 규범, 상징들이 존재하며 전문직이 하는 일을 일종의 소명으로 보고 그 자체가 목적이라고 인식하는 공감대가 있다.

그러나 이러한 속성모델은 지나치게 이분법이라는 한계가 있고, 위의 다섯 가지 속성만으로 전문직을 판단하기에는 단순한 접근이라는 비판을 받기도 한다.

(2) 과정모델

과정모델은 속성모델의 한계를 극복하기 위해 등장하였는데, 직업의 발전 과정에 초점을 맞추어 하나의 직업이 전문직화 되어가는 과정 가운데 어느 단계에 도달하였는지에 따라 전문화 정도를 판단하는 것이다

대표적으로 윌렌스키(김혜영 외, 2014; Willensky, 1964)는 전문직화의 단계로 8단계를 제시하였는데, 다음과 같다.

① 직업에서 유급의 전일제 활동이 요구된다.
② 직업을 수행하기 위해서 대학교육이 요구된다.
③ 직업의 전국적 조직체가 만들어진다.
④ 직업에서 수행하는 고유하고 핵심적인 업무가 명확하게 나타난다.
⑤ 직업에서 요구되는 새로운 교육과 자격으로 과거 채용된 근로자와 최근 채용된 근로자 간에 갈등이 나타난다.
⑥ 그 직업과 유사한 다른 직업들 사이에 갈등이 나타난다.
⑦ 직업에 대한 법적인 보호장치(면허, 등록, 자격제도 등)가 만들어진다.
⑧ 직업의 윤리강령이 만들어진다.

그러나 현실세계에서 많은 직업들은 그 직업의 속성상 이러한 단계를 반드시 거치지 않을 수도 있다는 한계점이 있다.

(3) 권력모델

권력모델은 어떤 직업이든지 사회의 특정 영역에서 특정한 일을 함으로써 독점적 지위를 부여받으면 전문직이 된다고 본다. 이것은 전문직화되고자 하는 직업과 사회의 상호작용을 중시한 관점으로, 직업의 전문직화가 해당 영역에서 얼마나 기능을 잘 수행하는가에 따라 결정되는 것이 아니라, 정치적·직업적 권력투쟁의 결과 독점적인 역할수행 권한을 배당받게 됨으로써 결정된다는 한계를 지닌다.

(4) 할당모델

할당모델은 특정 문제를 다루는 데 있어서 가장 효과적이라고 보이는 직업집단에게 사회가 사회적 기능을 할당하며, 그 문제가 그 직업의 전문적 활동영역이 된다고 보는 관점이다. 이 모델은 직업의 특성으로 전문직을 설명하는 전통적인 사회학적 접근에 사회적 욕구 측면을 포함시킨 모델이다. 여기서 중요한 기준은 '사회적 욕구'이며, 그 사회적 욕구를 해결하기 위해 특정 직업이 어떻게 생겨나게 되는지를 설명하는 모델이다(심진숙, 1989; Popple, 1985).

이 모델에서 중요한 것은 특정 직업이 수행하는 기능의 사회적 중요성과 그 기능을 수행하는 직업인의 개인적 판단의 역할, 전문적 판단에 요구되는 준비 정도이다(김혜영 외, 2014; Popple, 1985).

그러나 이 모델의 한계는 사회적 할당이란 개념이 매우 추상적이어서 거의 대부분의 직업이 전문직의 범주에 들어갈 위험이 있다는 점이다. 또한 직업의 전문적 활동영역에 대한 개념을 명확화하기 위해서는 실제적인 활동영역의 범위가 정의되어야 하는데, 그것이 현실에서 가능한가의 문제점이 제기되며, 만일 현실에서 가능하다면 주관적일 수 있다는 점에서 한계가 있다.

2) 사회복지전문직의 전문적 특성

여기서는 앞서 살펴본 모델들을 근거로 사회복지직의 전문적 특성을 고찰해 보자. 우선 속성모델을 바탕으로 살펴보면, 현재 우리나라는 대학 및 대학원에서 사회복지학과가 개설되어 있고, 사회복지사제도 및 1급 사회복지사 국가고시제도가 있으며, 사회복지사 윤리강령이 존재하고, 전국협의체가 다양한 분야별로 구성되어 있어 전문직의 특성을 지니고 있다고 말할 수 있다.

둘째, 과정모델에 의거하여 분석해 보면, 사회복지직은 아직 실천에 있어서 배타적인 영역을 주장할 정도로 강력하지 못하다고 평가된다. 왜냐하면 사회복지는 개입방법과 목표를 상담사, 간호사, 심리사 등의 다른 직업군과 공유하고 있기 때문이다. 즉, 전문직으로서의 자율성과 합법성을 확립하려고 노력하는 데 있어서 도전에 직면해 있다고 할 수 있다(이은주, 2003; Popple, 1985; Popple & Leighninger, 1996).

위의 속성모델과 과정모델로 접근할 때 전문직으로서 사회복지직은 고유한 이론체계의 부재로 한계가 존재한다. 다시 말하면, 사회복지는 분야와 문제영역, 개입방법 등이 매우 다양하기 때문에 공통적으로 필요한 사회복지 지식과 이론체계를 만드는 것이 어려운 한계가 있다(김태성, 1998).

셋째, 할당모델을 접근으로 하여 살펴보자. 이 모델은 사회복지가 전문직인가의 여부를 논할 때 가장 설득력 있게 평가된다. 사회가 사회복지에게 할당한 사회적 과제는 '사회의 의존자를 관리하는 것'이며, 사회복지는 이러한 합법적인 사회적 과제를 갖고 있으므로 전문직이라는 것이다(이은주, 2003; Popple, 1985; Popple & Leighninger, 1996). 다시 말해서, 사회의 의존자를 관리하는 기능은 현재 사회적으로 매우 중요하고, 또한 그 기능을 수행하는 사회복지사의 개인적 판단과 사회복지직을 수행하기 위해 필요한 자격증이 요구되기 때문에 전문직이라 할 수 있다는 것이다.

이러한 사회적 과제의 측면에서 보면 사회복지실천의 지식체계는 의존자를 관리하는 사명과 관련되어 있고, 사회복지사들은 다른 어떤 직업군보다 의존자들의 심리・사회・경제적 특성과 영향을 잘 알고 있어야 한다. 그러므로 사회복지직은 공통의 사회적 과제를 가졌지만 서로 다른 분야로 구성된 전문직으로 규정되어야 한다(이은주, 2003; Popple, 1985; Popple & Leighninger, 1996). 이는 미국의 사회복지사협회의 윤리강령과 미국사회복지교육협의회에서 정리한 규정을 보더라도 사회복지전문직이 사회적 기능을 규명함으로써 할당모델에 의거한 전문직임을 뒷받침하고 있다.

2. 사회복지실천의 정체성과 전문적 기반

1) 사회복지실천의 정체성

(1) 사회복지실천의 정체성의 개념

사회복지전문직에서 정체성이란 타 전문직으로부터의 분리와 사회복지전문직의 내적 일관성을 말한다. 다시 말하면, 사회복지학이 다른 학문으로부터 얼마나 무엇이 구분되는가, 학문적 구성요소들 간에 얼마나 유기적인 일치성이 존재하는가와 같은 질문과 관련이 있다.

사회복지학의 정체성은 그것이 속해 있는 사회의 사회・정치・경제・문화・역사적 맥락과 상호작용하며, 동시에 상당 부분 사회복지실천가와 연구자들에 의해 형성되는 것이다(이혜경, 1995).

그럼에도 불구하고 사회복지실천에서 정체성 이슈가 끊임없이 일어나는 이유에는 다음과 같은 요인이 있다. 첫째, 사회복지직은 속성상 다양한 분야와 문제영역, 개입방법 등으로 인해 고유한 이론체계가 없는 것이 정체성을 확립하는 데 어려움이 되고 있다.

둘째, 사회복지실천의 정착은 개별사회사회복지실천을 바탕으로 하는 일반주의적 접근에서부터 시작되었는데, 전문성이 강조되고 전문분야별 사회복지직이 등장하면서 세부 분야의 사회복지 영역 간에 사회복지실천의 내적 일관성이 부족할 수 있다. 예를 들어, 학교사회복지와 정신건강사회복지 영역 간에 일관성과 공유점이 많다고 하기는 어렵다.

셋째, 최근 들어 사회복지전문직의 경계가 확장되고 변화되고 있어 정체성을 유지하는 데 더욱 어려움이 따르고 있다. 사회가 급변하고 사회문제가 확장되고 사회적 관심이 변화하는 가운데, 사회복지전문직은 이러한 사회적 욕구에 대처하는 데 선두에 위치하고 있기 때문에 사회복지실천의 범주는 계속해서 확장되고 있는 실정이다(Gibelman, 1999).

(2) 사회복지실천의 정체성의 요소

사회복지실천의 정체성의 요소에 대한 학자들 간의 의견은 다양하다. 김인숙(2005)은 사회복지실천의 정체성 요소로 ① 가치기반의 명료화, ② 지식기반의 체계화, ③ 정치사회적 구조에 대한 반응, 세 가지로 정리하였다. 가치기반과 지식기반이 정체성 논의의 학문 내적인 측면이라면 정치사회적 구조는 학문 외적 측면이라고 할 수 있다. 이들은 상호 영향을 주고받으면서 해당 사회에서 사회복지실천이 특정의 형태로 존재하게 하는 데 결정적 역할을 한다고 볼 수 있다.

이 접근은 전문성 모델 중 권력모델과 할당모델을 기반으로 하는데, 특히 김인숙(2005)은 정치사회적 구조에 대한 반응을 강조한다. 즉, 전문직에 대한 권력모델은 전문직을 규정하는 요소나 정의가 존재하는 것이 아니라, 사회가 특정의 일에 대해 독점적 지위를 부여하게 되면 그것이 곧 전문직이 된다는 접근이다. 다시 말하면, 사회복지직이 의존자 관리라는 사회적 기능을 얼마나 독점적으로 유지하느냐에 따라 전문성과 정체성의 확립이 달려있다고 본다.

한편 이은주(2003)는 사회복지실천의 정체성 요소로 ① 개인과 환경의 공유영역 혹은 상호작용에 개입하는 것, ② 사회가 사회복지직에 할당한 사회적 기능, 즉 의존자를 관리하는 기능으로 본다. 우선 사회복지직의 정체성은 인간과 환경에 대한 이중 초점을 둔 실천이며, 이는 직접적 실천과 간접적 실천의 양상으로 강조된다. 사회복지실천의 전문성을 향상시키기 위해서는 치료적 기법 향상에만 치중해서는 안 되며, 환경에 개입하는 간접적 개입방법 역시 중요하다고 주장하였다. 다른 인접 전문직에 비하여 사회복지실천의 특성이자 강점인 간접적 개입 역시 직접적 개입과 함께 균형을 이루어야 한다는 것이다. 즉, 사회복지실천의 전문성 향상을 위하여 정체성이 약화되어서는 안 되며, 마찬가지로 정체성 확립을 위해 전문성이 약화되어서도 안 된다는 것이다. 이를 위해서는 직접적 개입(주로 치료, 교육 등)과 함께 간접적 개입(사례관리, 옹호, 자원연결, 사회행동, 지역사회운동 등)의 전문성 제고를 위한 방안이 필요하다(이은주, 2003).

둘째, 사회복지직의 정체성은 의존자를 관리하는 사회적 사명을 통해 나타나는데, 이는 사회복지직과 다른 직종을 구별시킴과 동시에 사회복지직 내에서 일관성을 주기 때문이다. 비록 사회복지직의 분야가 다양하지만, 다양한 분야의 공통점은 사회에서 독립된 성원으로 역할을 하는 데 능력이 손상된 사람들이 대상자이며, 그 대상자들을 관리하는 것이 사회복지직의 정체성의 핵심으로 본다(이은주, 2003).

2) 사회복지실천의 지식적 기반

사회복지실천의 지식적 기반은 기초지식과 실천지식으로 구성된다. 사회복지실천의 기초지식은 다학문적이고 절충적인 특성을 갖고 있는데, 이는 인간과 사회환경에 대한 광범위한 시각과 정보를 제공해 준다. 다시 말하면, 사회복지실천의 특성이 개인으로부터 환경에 이르는 폭넓은 삶의 문제를 다루기 때문에 사회과학 및 인접학문의 지식까지도 요구된다는 것이다. 사회복지 인접학문으로는 사회학, 심리학, 정신의학, 문화인류학, 정치학, 경제학, 생물학 등 다양하다. 이러한 사회복지실천의 기초지식과 관련하여 미국사회복지교육협의회는 교과내용에 사회, 문화, 과학, 역사, 예술, 철학 등의 기초 교양과목을 폭넓게 포함시키고 있다.

한편 사회복지실천의 기반이 되는 실천지식은 인간과 사회체계에 관한 것으로, 사회체계에 대한 기능을 설명하고 그 속에서 인간을 이해하며 개인의 사회적 기능을 증진시키고자 할 때 적용된다.

사회복지사는 사회복지실천에서 클라이언트가 변화하도록 돕기 위해 창의성, 직관적 감정, 개성, 관심, 애정 등이 있어야 하는 동시에 그것을 인간행동, 사회환경, 변화과정에 대한 지식과 기술이나 절차를 활용할 줄 아는 노련한 능력과 결합시킬 수 있어야 한다. 또한 변화노력을 위해 체계적인 지침을 제공하는 문제해결의 방법과 결합시킬 수 있어야 한다(Pincus & Minahan, 1973). 따라서 사회복지사는 지식과 기술로 문제를 이해하며 적절한 개입방법을 선택하는 동시에 그것을 적용시키는 데는 그의 창의성과 직관이 필요하다. 그 이유는 지식이라고 해서 다 완전할 수 없으며 각 상황이 독특한 면을 갖고 있기 때문이다.

사회복지사는 자신의 지식과 기술 이외에 그 자신의 성품, 가치관, 생활양식, 타인에 대한 감정 등을 가지고 실천에 임하게 된다. 그러므로 사회복지실천에 있어서 과학(science)과 예술(art)은 대립되는 상황이 아니라 서로를 강화시키는 것으로 인식해야 한다. 펄만은 이들 서로의 상호보완성에 대한 그의 신념을 "예술가의 창의력은 그의 특수활동의 기본 구조와 형태를 확실히 파악했을 때 비로소 자유로워질 수 있다. 그의 에너지는 이들을 실천에 통합시켰을 때에 충분히 방출되어 감각, 지식, 반응 그리고 상상력에 영향을 주게 된다"라고 언급하였다.

과학과 예술이 사회복지사의 특수한 스타일에 수렴되기는 하지만, 언제 지식과 기술을 기초로 일하고 언제 창의성과 직관으로 일할 것인가를 사회복지사 스스로 알 필요가 있다. 또한 사회복지사는 클라이언트의 사회적 기능을 향상시키고 사회문제를 예방하기 위해서 자신의 사생활과 전문가적 생활을 적절히 조화시켜야 한다. 뿐만 아니라 자신의 개인적 특성, 창조적 능력, 사회적 관심을 전문적 지식 및 기술과 결합시켜야 한다.

사회복지사는 효과적으로 실천하기 위해서 예술적 기반과 과학적 기반을 혼합하여야 한다. 사회복지사는 실천상황에서 과정과 성과에 영향을 미치는 보이지 않는 요인들을 알아야 한다. 예를 들면, 관계를 형성하고, 창의적인 사고를 하고, 동정과 용기, 희망과 에너지, 건전한 판단력의 사용, 적합한 가치에 헌신하는 것들을 포함하는 예술적 요인이 있다. 동시에 사회복지사는 자신의 예술적 능력을 전문적 지식 및 기술 등의 과학적 기반에 혼합시켜야 한다.

(1) 사회복지실천의 과학적 기반

사회복지실천에서 과학적 방법의 적용은 어렵다. 왜냐하면 쉽게 계량화할 수 없고, 어떤 연구는 클라이언트의 비밀보장을 지킬 수도 없으며, 확인된 클라이언트 상황은 엄격한 비교와 검증이 어려운 다양하고 복잡한 문제가 얽혀 있는 경우가 많기 때문이다. 또한 윤리적인 이유로도 사회복지사 및 사회복지기관은 취약하고 위험에 처한 클라이언트를 비치료집단 혹은 통제집단에 배정할 수 없기 때문이다.

단일사례연구설계가 사용되거나 두 가지 또는 그 이상의 개입이 상대적으로 효과성이 있는 것으로 연구되기도 하지만 개입의 효과성을 아무것도 하지 않는 것과 직접적으로 비교하기도 어렵다. 왜냐하면 사회복지실천은 많은 부분이 가치에 기반을 두고 있어서, 완전히 과학적 학문만으로는 구성될 수 없고, 또 그렇게 되어서도 안 되기 때문이다.

사회복지사는 클라이언트의 변화과정을 촉진시키기 위해서 사회복지실천을 위한 전문영역의 폭넓은 지식을 필요로 한다. 그래서 사회복지실천에서 다루어지는 많은 부분이 사회과학을 비롯한 다른 학문 분야들로부터 차용되었고, 그 지식은 독특한 방식으로 종합되어 사회복지실천의 핵심적인 기본 개념들로서 자리매김을 하였다.

헵워스 등(Hepworth et al., 1997)이 제시한 '사회복지사에게 필요한 지식'을 정리하여 보면 다음과 같다.

① **인간행동과 사회환경에 관한 지식** : 개인이 생활하는 사회체계(가족, 집단, 조직, 지역사회 등)영역에서 인간의 생태, 심리, 사회적 발달에 대한 지식은 사회복지사로서 효과적인 업무수행을 위해서 필요하다.

② **사회복지정책과 서비스에 관한 지식** : 사회경제적 정의의 원칙 내에서 정책, 정책형성 과정, 사회정책분석에 영향을 미치는 정치적・조직적 과정

에 대한 지식이 필요하다.

③ **사회복지실천방법에 관한 지식** : 클라이언트의 사회기능을 향상시키도록 지식과 기술이 필요하며 이러한 실천방법의 지식과 기술들은 사회복지사가 관여하는 클라이언트 체계수준에 따라 다양하다.

④ **조사 및 연구에 관한 지식** : 실천지식을 형성하고 서비스 전달을 평가하기 위한 과학적이고 분석적인 이해와 설명을 제공해 준다. 사회복지사들은 조사연구에서 얻은 정보를 실천에 활용할 수 있어야 하고, 이를 위해서는 조사설계 지식뿐 아니라 경험적 자료에 기반을 둔 결론과 검증되지 않은 결론을 구별하는 능력이 필요하다.

(2) 사회복지실천의 예술적 기반

① 동정과 용기

사회복지의 예술적 구성요소들에는 동정, 용기, 전문적 관계, 창의성, 희망과 에너지, 건전한 판단력, 개인적 가치, 전문가적 스타일 등이 있다.

먼저 사회복지사의 동정(compassion)이다. 동정은 다른 사람의 비탄이나 괴로움 등에 하나가 되거나 몰입하려는 의지를 말한다. 일반적으로 많은 사람들이 동정을 가지고 있지만, 높은 수준의 동정은 보통 사람들이 갖는 전형적인 특성과는 다르다.

사회복지사는 개인적인 용기(courage)를 필요로 한다. 용기는 단순히 대담한 것을 의미하는 것이 아니라, 일상적으로 발생하는 인간의 고통과 혼란, 갈등, 부정적이고 파괴적인 행동들에 대해서도 직면할 수 있는 것을 말한다. 사회복지사가 주의를 기울여야 할 인간행동의 측면들은 흔히 대부분의 사람들이 상상하지 못하는 것들이 많다. 예를 들면, 사회복지사는 질병, 장애, 폭력, 방임, 성학대, 약물중독, 범죄적 착취, 빈곤, 이상행동, 상실, 유기 등등 여러 유형의 고통받는 사람들에게 건설적인 반응을 할 수 있어야 한다. 게다가 사회복지사는 직접적, 또는 간접적으로 타인에게 고통을 가하는 사람들에게까지도 건설적으로 반응해야 할 때가 있다. 이럴 때 사회복지사는 자신의 가치와 정서적 반응으로 인해 주의가 산만해지거나 흐트러지지 않으면서 혐오스러운 인간의 문제들을 다룰 수 있어야 한다.

② 전문적 관계

사회복지사는 전문적인 관계(professional relationship)를 활용하여 사람들이 변화의 가능성에 관해 개방적이 되도록 하고, 적극적으로 변화과정에 참여하도록 돕는다. 긍정적인 관계를 형성하는 것은 개인, 가족, 집단을 효과적으로 도와주기 위한 전제조건일 뿐만 아니라 조직이나 지역사회를 구성하는 사람들과의 활동관계에서도 아주 중요하다.

사회복지사가 다른 사람을 이해하기 위해서는 먼저 그 사람의 사고, 신념, 생활경험 속으로 들어가야 한다. 그렇게 하려면 자신의 가치, 태도, 판단을 유보하고 다른 사람의 관점을 받아들이기는 것이 필요하다. 이것이 바로 감정이입(empathy)이다. 완벽하게 다른 사람의 관점을 받아들일 수 있는 사람은 없지만, 사회복지사는 가능한 한 가장 밀접한 수준에서 타인을 이해할 수 있어야 한다. 예를 들면, 학대받는 아내의 공포, 분노를 이해하기 위해서, 학대하는 부모의 분노와 죄책감 등에 민감해지기 위해서, 집단 내에서 자신에 대한 동료의 심한 비난에 대해 느끼는 곤란함을 이해하기 위해서, 과중한 업무로 좌절을 느끼는 직원의 한탄을 듣기 위해서도 감정이입은 필요하다. 감정이입의 능력은 사회복지사에게 아주 중요한 능력이다. 감정이입은 많은 에너지의 투입이 필요한 능력이기도 하다.

감정에 치우치지 않는 온화함(nonpossessive warmth)은 다른 사람을 존중하면서 수용하고, 그들과 의사소통하고 안녕에 관심을 갖는 관계적 특성을 말한다. 그러나 온화함이라는 것은 안심시키는 웃음에서부터 구체적이고 확실한 도움을 제공하는 것에 이르기까지 다양한 형태의 의사소통을 통하여 전달된다. 온화함은 각 개인에 따라 아주 다양한 형태로 표현되는 개인적 특성이지만 본래 온화함을 나타내는 모든 표현은 수용과 비심판적인 태도로부터 비롯된다.

온화함과 감정이입을 연결하는 것은 진실성(genuineness)이다. 사회복지사는 진심으로 사람들을 돌보고 그들의 안녕을 보호해야 한다. 정확한 용어를 사용하고 적절한 행동을 행해야 한다. 다른 사람들이 사회복지사가 거짓으로 보이거나 진심으로 행하는 것 같지 않다고 느끼게 되면, 사회복지사를 가치 있게 여기지 않을 것이다.

③ 창의성

창의적 사고(creative thinking)는 사고, 사실, 아이디어 등이 새롭고, 상호 관련 속에서 연합된 것으로 각 부분의 총합 이상을 의미한다(Parnes, Noller & Biondi, 1967). 창의성은 각 클라이언트의 상황이 독특하고 항상 변화하기 때문에 더욱 중요하다. 상상력(imagination)을 지닌 사회복지사는 다양한 접근방법을 확인하고 문제를 해결할 수 있는 반면, 상상력이 부족한 사회복지사는 단지 한두 가지의 선택을 하거나 전혀 하지 못할 수도 있다. 사회복지사가 상상력을 발휘해야 할 또 다른 영역은 기관의 정책을 해석하고 수행하는 영역이다. 사회복지사가 법적으로 기관 정책을 무시하거나 전환할 수 없지만, 독특한 클라이언트의 욕구를 충족시키기 위해 정책을 적응시키거나 변형시킬 방법을 찾아야 한다. 단순히 지침서의 문헌적 해석에 제한을 받는 사회복지사는 다양한 클라이언트를 위한 체계를 만들 수 없다.

융통성(flexibility)도 창의성의 차원이다. 다른 사람이 변화하도록 돕기 위해서는 영향을 받는 모든 사람의 관점에서 그 상황을 이해하는 능력이 필요하고, 계획을 세우고 결정을 내리기 전에 지속적으로 수정, 적용하는 것이 필요하다. 사회복지사는 사회복지실천에서 클라이언트와 관계를 맺는 방법에 융통성을 가질 필요가 있다. 어떤 경우는 지지적이 될 필요가 있고, 또 어떤 경우에는 클라이언트에게 도전을 줄 필요가 있고, 다른 때는 사회복지사가 강경한 어조로 말하거나 지시적이 되어야 하기도 하며, 혹은 정당한 법적 내지 전문적 권위를 행사해야 하는 경우가 있다. 효과적인 사회복지사는 한 가지 접근에서 다른 접근으로 자유롭게 이동할 수 있으며 정확히 적절한 시기에 그 이동을 결정할 수 있어야 한다.

창의적인 사회복지사는 인내력(persistence)이 있어야 한다. 인내력은 어려움과 좌절에도 불구하고 지속적으로 행동을 취하는 능력을 말한다. 창의적인 아이디어를 행동으로 옮기기 위해서는 자기규율과 목표지향성이 필요하다.

④ 희망과 에너지

사회복지사는 클라이언트와 상호 협력으로 문제상황이 개선될 수 있다는 전망을 전달할 수 있는 의사소통능력이 있어야 한다. 클라이언트의 동기를 증진시키는 데 결정적으로 중요한 특성은 바로 희망과 에너지이다.

희망(hopefulness)은 사람들의 기본적인 선함, 긍정적인 방식으로 변화하는 능력, 공동선을 위해 다른 사람과 협조적으로 활동하는 의지에 대한 확고한 믿음과 신념을 말한다. 클라이언트는 자신의 문제에 역점을 두어 다른 방식으로 시도하여 실패하였거나 전문가의 도움을 찾지 못했을 때 흔히 전문적 서비스에 대해 회의적인 태도를 보이거나 절망감을 가지고 접근한다. 사회복지사 역시 실천에서 부딪히는 심각하고 처리하기 힘든 많은 상황에서 비롯되는 실망감 때문에 상처 입기 쉽다. 사회복지사의 희망은 원조노력이 다른 활동과 차별성을 가질 수 있도록 진실하게 각 실천상황에 접근하는 것이다.

에너지(energy)는 어떤 것이 진행되도록 하고, 결과를 얻고, 그리고 실수와 실패로부터 회복할 수 있는 능력으로 규정된다. 클라이언트 혹은 클라이언트 집단이 활동하도록 만들고 클라이언트의 주저함을 없애기 위해 사회복지사의 에너지가 필요하다. 변화과정을 위해 시간을 투입하고 노력할 의지를 갖고 있음을 보여주는 것만으로도 클라이언트로 하여금 변화과정 활동에 노력할 수 있도록 격려하는 것이다.

⑤ 판단

사회복지사는 클라이언트의 복잡하고 다양한 문제상황 속에서 판단(judgment)을 내리기가 어려운 경우가 많다. 이러한 클라이언트의 상황을 사정하여 대안적인 해결책을 제시하고, 원조과정을 계획하고 개입하여 활동을 수행하며 서비스를 종료하기까지 매 순간 판단을 내리지 않으면 안 되는 상황에 부딪히게 된다. 클라이언트에게 필요한 서비스가 사회복지사의 능력을 벗어나는가에 대한 판단까지도 포함해서 말이다.

사회복지사에게는 명확하고 날카로운 사고력이 요구된다. 다년간의 인간서비스 제공경험을 통해 실천의 장면에서 현명한 결정을 내리는 능력을 검증하고 정교화할 기회를 갖게 된다. 사회복지사는 이러한 반복적인 경험을 포함하여 스스로의 실천활동에 대한 반성과 분석을 게을리하지 말아야 하며, 학습에도 개방적인 자세를 취해야 한다.

⑥ 개인적 가치

사회복지에 입문하는 사람들의 동기를 살펴보면 대부분 타인에 대한 관심과 보다 좋은 세상을 만들기 위한 소망을 가지고 있다. 사람이 사람을 위해 변화의 매개가 된다는 것은 매개가 되기로 한 사람의 마음속에 바람직하고 가치 있는 어떤 개념을 가지고 있기 때문이다. 다시 말하면, 이것은 사회복지사들에게 있는 개인적 가치(personal values)를 말한다.

가치는 무엇이 바람직하고 그렇지 않은지에 관한 신념이다. 사회복시실천의 장에서 끊임없이 가치의 갈등과 충돌은 일어난다. 사회복지사나 기관이 바람직하거나 올바르다고 보는 것은 클라이언트로 하여금 따르도록 하는 것이 적절한가? 만일 사회복지사가 클라이언트의 자기결정을 극대화해야 한다는 실천원리를 받아들인다면 클라이언트 스스로가 결정을 내리고 움직이도록 하는 것을 허용해야 하지 않는가? 즉, 클라이언트 자기결정의 편에서 그들의 개인적 신념과 가치를 지지해야 하는 것이다. 물론 이것은 사회적으로 무책임하고 자기파괴적이고 타인에게 해를 끼치는 클라이언트의 행동이나 결정에 대해서까지 사회복지사가 중립적 태도를 유지해야 한다는 말은 아니다. 어디까지나 사회복지사는 법, 도덕적 원리, 규칙 등의 범위 내에서 문제를 다루어야 한다.

사회복지실천의 기본 원리이기도 한 비심판적인 태도(nonjudgemental attitude)를 개발하기 위해서는 다른 사람의 신념체계에 대해 알고 있어야 한다. 새로운 가치갈등이 발생할 때 사회복지사는 그 상황과 이유에 관해 클라이언트의 생각을 고려하는 것이 필요하다. 사고를 명료화하고 대안적인 관점을 획득하기 위해서는 가족, 친구, 동료 등과 함께 다양한 딜레마를 논의하는 것이 유용하다.

사회복지사의 개인적 가치는 사회복지전문직의 가치와 양립 가능해야 한다. 만일 이 두 가치체계가 대립한다면, 사회복지사로서의 임무는 완수하더라도 그 속에 마음이 없기 때문에 클라이언트 및 동료 모두에게 진실성이 결핍될 수 있다. 또한 실천에 지침이 되는 전문직의 가치와 원리를 거부하고 클라이언트에게 전적으로 자신의 개인적 가치와 신념에 따라 반응하게 된다. 이러한 경우 클라이언트와 기관은 사회복지 관점의 신념을 상실하게 된다.

⑦ 전문가적 스타일

사회복지사는 자신이 변화의 매개가 되기 때문에 독특한 실천의 스타일을 가진다. 사회복지사의 개성, 장인정신, 지식 및 기술 적용에서의 예술성 등 개인적 스타일을 통해 정교화된다(Siporin, 1993). 사회복지사는 원조과정을 시작하고 촉진하거나 종결하는 데 있어서 개인의 스타일을 가질 수 있다.

전문가적 스타일(professional style)은 사회복지사가 클라이언트와 관계를 맺는 방법, 창의성, 에너지, 지혜, 판단 등 그들의 열정과 헌신성에서 나타난다. 게다가 그들의 독특성은 의상, 헤어스타일, 자세, 언어, 행동 등을 통해 다양하게 표현된다.

사회복지사의 실천스타일은 개별성과 실천에서 요구되는 행동이 균형을 이룰 때 나타난다. 전문직의 사회화 과정에서는 요구되는 행동을 따르도록 압력이 가해진다. 자신의 개성이 전문직, 기관, 클라이언트의 기대와 균형을 이룰 필요성은 모든 사회복지사에게 이슈가 된다. 즉, 사회복지사가 클라이언트에게 서비스를 제공하고 기관의 기대를 충족시키기 위해서 자신의 개성과 개인적 선호도를 어느 정도로 타협해야 하는가? 라는 질문을 던지는 습관은 결국 전문가의 다양한 스타일에 의한 긍정적 효과를 가져올 수 있다.

04

사회복지실천의 가치와 윤리

1. 사회복지전문직의 가치와 윤리
2. 사회복지전문직의 윤리강령
3. 사회복지실천의 윤리적 갈등

04 CHAPTER 사회복지실천의 가치와 윤리

학습목표

- 가치와 윤리의 개념과 특성을 이해한다.
- 사회복지실천과정에서 전문직으로서 사회복지의 가치와 윤리를 이해한다.
- 전문직으로서의 윤리강령과 전미사회복지사협회의 윤리강령, 우리나라 사회복지 윤리강령을 이해하고 숙지한다.
- 사회복지실천에 있어서 윤리적 갈등의 원인, 유형과 조정, 해결을 이해한다.

1. 사회복지전문직의 가치와 윤리

1) 사회복지실천과 가치

(1) 가치의 개념과 특성

가치는 경험적인 방법으로는 인식할 수 없는 다소 포괄적인 의미와 선하고 바람직한 행동과 같은 일반적인 믿음 또는 신념의 좁은 의미로 사용된다.

가치는 믿음 또는 신념과 같은 것으로 다수의 사회구성원이 "좋다", "싫다"와 같이 선호하는 것에 대한 암묵적 견해로서 인간행동의 방향과 동기를 제공해 주는 것이다.

사회복지 윤리학 분야에서는 일반적으로 가치를 '인간의 삶과 관련된 특정 수단, 목적, 조건들에 대한 보편적 선호'라고 정의한다.

이러한 가치는 사람마다 다르며 개개인이 어떠한 가치에 비중을 두느냐에 따라 의사결정과 행동양상은 다르게 나타난다. 사회복지실천의 많은 문제들은 가치에 따른 의사결정과 폭넓게 관련되어 있으며 사회복지실천 행동은 가치에 기반을 둔 결정에 좌우된다. 그러므로 대부분의 사람들은 가치기준에 따라 자신의 행동을 결정하며 타인에게 행동하기를 기대한다(양정남 · 최선령, 2007).

로웬버그(Loewenberg)는 가치란 "믿음과 같은 것으로 좋고 바람직한 것에 대한 지침이며 적합한 행동의 선택에 대한 지침"이라고 하였고, 웹스터(Webster) 사전은 "본래적으로 가치 있는, 또는 바람직한 무엇"이라고 정의하였다.

가치는 문화, 집단, 혹은 개인이 바람직한 것으로 여기는 관습, 행동, 기준, 원칙으로 가치는 어떤 행동의 '좋고-나쁘다'는 의미와 중요하고 소중하다는 의미가 포함된다. 이것은 '무엇이 좋은가'에 관련된 것으로 무엇이 '옳다-나쁘다'는 아닌 것이다.

가치의 특성은 다음과 같다(Williams, 1952 : 374-375).

가치는 개념적 요소로서 감각, 정서, 반응, 욕구 등 그 이상의 의미를 가지며 이는 개인의 다양한 경험에서 유추된다.

가치는 구체적인 행동목표가 아니라 그 목표를 결정하는 기준이 된다.

가치는 감정적인 특성이 강하며 현실적으로 표현될 수 있는 잠재성이 있다.

가치는 인간이 원하는 것, 되고 싶은 것, 의무를 느끼는 것, 숭배하고 싶은 것 등을 포함하는 모든 관심의 대상이며, 인간행동의 조직과 방향을 제시하는 정서적 성격을 지닌 규범원리이다.

(2) 사회복지 가치체계 분류

① 목적에 따른 가치분류

사회복지실천에서의 가치는 실천지향적인 것으로 펌프리(Pumphrey)는 상대적 중요성에 따라 가치체계를 궁극적 가치, 도구적 가치, 차등적 가치로 분류하였다.

궁극적 가치는 사회나 시대적 상황에 관계없이 불변하는 가치이고, 도구적 가치는 궁극적 가치를 달성하기 위한 도구나 방법으로서 행동지침이나 윤리로 명시하였고, 차등적 가치는 사회문화적 영향이나 개인의 경험에 따라 찬반이 가능한 가치이다.

㉠ 궁극적 가치

가장 추상적이며 다수에 의해 가장 쉽게 동의를 얻을 수 있는 내용들이다.

㉡ 도구적 가치

목적을 위해 요구되는 수단들을 명확하게 하는 것이며, 궁극적인 가치를 달성하기 위한 수단으로, 예를 들면 자기결정권, 비밀보장, 고지된 동의, 수용적이며 비난하지 않는 태도 등이다.

㉢ 차등적(혹은 중간단계) 가치

추상적인 궁극적 가치와 구체적 수단과 관련된 도구적 가치 사이에 있으며 추상적 가치를 좀 더 구체화한 가치로서, 사회문화적 영향이나 개인의 경험에 따라 찬성과 반대가 가능한 가치로, 특수하고 단기적인 목표를 제시하는 중간단계의 가치라고 할 수 있다. 예를 들면, 보건의료서비스, 치료를 거부할 수 있는 환자의 권리, 낙태나 동성애에 대한 가치 등을 들 수 있다.

② 차원에 따른 가치분류

가치를 사회복지 차원에 따라 개인적 가치, 사회적 가치, 기관의 가치, 전문직 가치로 분류할 수 있다.

㉠ 개인적 가치

개인적 가치는 종교적·문화적 가치의 영향을 받는 것으로 각 개인의 환경에 따라 다르게 형성되며 그 개인이 속한 가족, 문화, 사회의 가치에서 비롯된다.

㉡ 사회적 가치

사회적 가치는 사회의 일반화된 정서적 공감대를 반영하는 것으로, 역사적으로 형성되며 경험에서 비롯된 것이다. 이는 사회적으로 지향된 방법이라고 할 수 있으며 개인적 가치에 영향을 미친다.

㉢ 기관의 가치

기관의 가치는 기관의 실천활동에 영향을 받으며 종종 클라이언트의 가치와 갈등을 빚을 수 있다. 또한 각 사회복지기관은 역할, 기능, 책임에 따라 고유한 가치를 갖는다.

㉣ 전문직 가치

전문직 가치는 어떠한 직업이 사회에서 전문직으로 인정되는 과정에서 그 전문직의 독특한 실천활동과 관련하여 요구되는 가치로서 그 전문직이 속한 사회의 가치를 반영한다.

또한 기본적으로 전문직 가치는 해당 전문직 활동의 평가와 책임소재의 근거가 된다.

(3) 사회복지실천의 주요 가치

사회복지실천의 주요 가치는 본질적 가치, 기본 가치, 전문직의 가치로 나누어 살펴볼 수 있으며 그 내용은 다음과 같다.

① 본질적 가치

사회복지실천의 본질적 가치는 크게 인간의 존엄성 존중과 분배정의에 둘 수 있다.

인간의 존엄성 존중은 클라이언트의 개별화, 자기결정권, 비밀보장을 존중하는 수단적 가치와 관련되고, 사회복지실천 윤리의 토대가 되는 것으로 모든 인간을 가치가 있는 존재로 인정하는 데에서 사회복지서비스가 제공되어야 한다.

배분정의는 사회의 책임성과 참여를 중요시하는 것으로 개인의 문제를 사회자원의 결핍이나 사회환경의 역기능적 상호작용에 의해 발생하는 것이기 때문에 사회는 개인의 문제를 해결하기 위해 사회자원의 공평한 배분을 해야 한다는 신념에 가치를 두는 것이다. 그러므로 사회복지사는 사회복지실천에 있어서 모든 인간이 인간다운 삶을 영위하기 위한 기본적인 사회자원을 공평하게 배분시켜 주어야 한다는 것이다.

② 기본 가치

전미사회복지사협회(NASW, 1995)는 개인의 존엄성, 개인에 대한 존경, 변화 가능성, 자기결정권, 비밀보장, 사생활 보장, 적절한 자원과 서비스 제공, 권한 부여, 동등한 기회 보장, 비차별성, 다양성 존중 등을 사회복지실천의 기본 가치로 설명하였다.

또한 프리드랜더(Fridlander)는 인간의 존엄성, 인간의 자율성, 기회의 균등성, 사회적 책임성으로 기본 가치를 제시하였다.

③ 전문적 가치

전문적 가치는 어떠한 직업이 사회의 전문직으로 인정되는 과정에서 그 전문직의 독특한 실천활동과 관련하여 요구되는 가치로 해당 전문직 활동의 평가와 책임소재의 근거가 되는 것이다. 레비(Levy)는 전문직의 가치를 세 가지 범주로 나누어 설명했다.

㉠ 사람우선가치(인간에 대한 바람직한 생각)

전문직 수행의 대상인 사람 자체에 대해 전문직이 갖추어야 할 가치로서 클라이언트를 하나의 개별화된 인간으로 보고 능력을 인정해 주며 그에 따라 권한을 인정해 주는 가치이다. 그 예로는 인간의 타고난 가치와 존엄성에 대한 믿음, 건설적인 변화의지와 능력에 대한 믿음, 상호적인 책임, 소속의 욕구, 개별성에 대한 인정, 일반적인 인간의 욕구 등이다.

㉡ 결과우선가치(인간을 위한 바람직한 결과)

인간에게 바람직한 결과가 무엇인지를 알려주는 가치로서 인간이 인간답게 살 수 있게 하고 삶의 질을 높이는 결과를 가져오게 하는 가치이다. 그 예로는 인간의 기본욕구 충족, 부적절한 교육과 주택문제 제거, 평등한 기회 부여와 차별금지 등을 들 수 있다.

㉢ 수단우선가치(인간을 다루는 바람직한 도구)

사람우선가치를 실현하는 방법이 되는 가치로 서비스를 수행하는 방법과 수단, 도구에 대한 가치이다. 인간을 존중하고 존엄성을 인정하여 다루어야 한다는 가치로 사회복지사가 클라이언트를 대하는 태도나 방법에 관련된다. 그 예로 자기결정권 존중, 비심판적 태도 유지 등이다.

〈표 4-1〉 레비(Levy)가 제시한 사회복지전문직의 가치

분 류	내 용	가치의 예
사람우선가치 (인간에 대한 바람직한 생각)	클라이언트를 하나의 개별화된 인간으로 보고 능력을 인정해 주며 그에 따라 권한을 인정해 주는 가치	인간의 타고난 가치와 존엄성에 대한 믿음, 건설적인 변화의지와 능력에 대한 믿음, 상호적인 책임, 소속의 욕구, 개별성에 대한 인정, 일반적인 인간의 욕구
결과우선가치 (인간을 위한 바람직한 결과)	인간이 인간답게 살 수 있게 하고 삶의 질을 높이는 결과를 가져오게 하는 가치	인간의 기본욕구 충족, 부적절한 교육과 주택문제 제거, 평등한 기회 부여와 차별금지
수단우선가치 (인간을 다루는 바람직한 도구)	서비스를 수행하는 방법과 수단, 도구에 대한 가치	자기결정권 존중, 비심판적 태도 유지

재스트로(Zastrow)는 사회복지실천에서 중요시되는 가치기준을 세 가지로 제시하고 있다.

첫째, 개인의 존엄성과 독특성의 존중이다. 이것은 모든 인간은 가치체계, 성격, 삶의 목표, 경제적 자원, 정서적·신체적 능력, 자아개념, 가족관계 등 다양한 측면에서 독특한 존재이며 클라이언트의 상황에 대한 독특성을 인정하고 존중하여야 한다는 것이다.

둘째, 자기결정권의 존중이다. 자기결정권은 클라이언트가 사회복지실천과정의 참여 여부를 결정하는 것으로 이것은 문제해결의 책임이 클라이언트에게 있다는 것이며 자기결정을 방해하는 것은 클라이언트의 문제해결능력을 약화시킬 수 있다.

셋째, 비밀보장이다. 이것은 사회복지사가 클라이언트에 대한 정보의 비밀을 보장한다는 뜻으로 비밀보장의 원칙으로 인하여 클라이언트의 동의 없이 실천과정에서 알게 된 클라이언트의 비밀을 노출시키지 않는다는 것이다.

헵워스와 라슨(Hepworth & Larsen, 1990)은 사회복지실천의 기반이 되는 주요 가치 등을 다음과 같이 설명하고 있다.

사람은 기본적으로 스스로 선택하고 결정할 수 있는 능력을 가지고 있다.

사회복지사는 클라이언트가 최대한의 독립성을 성취하도록 돕는다.

인간은 새로운 행동을 배울 수 있는 능력을 가지고 있다.

현재 생활상의 문제가 과거의 인간관계에서 기인하였다 할지라도 임파워먼트 관점으로 평가하며 극복기술을 사용하도록 하여 현재의 문제해결의 중점을 두도록 한다.

생활상의 문제는 대부분 지식의 부족이나 극복기술의 미숙에서 기인한다.

클라이언트의 문제들은 개인적이고 인간관계에서 기인한 문제라기보다 사회적이고 체계적인 문제이다.

사회복지실천현장에서 가치와 지식 그리고 기술을 적절하고 창조적으로 병합하기 위해서는 사회복지사 자신의 가치, 클라이언트의 가치, 기관의 가치도 고려해야 한다. 사회복지사들은 클라이언트의 참여, 자기결정권, 비밀보장과 같은 기본적인 사회복지실천의 가치에 동의하고 있다.

그러나 사회복지실천에 있어서 사회복지사들이 가치를 옮기는 과정에서 우선순위, 구체적인 목적 그리고 방법에 있어 차이를 보일 수 있다. 사회복지사는 이 가치를 잘 이해하여 특정한 클라이언트를 만날 때 어떤 지침내용이 유용한지를 잘 파악할 수 있어야 한다(Zastrow, 1995).

2) 사회복지실천의 윤리

(1) 윤리의 개념과 특성

윤리는 사회적 의식의 한 형태로 인간이 마땅히 따라야 하는 규범의 총체를 의미하는 것으로 가치에서 비롯되며 사람들에게 무엇이 옳고 그른지를 결정함에 있어 어떤 지침이 되는 원칙을 발견해 내는 데 초점을 둔다. 즉, '윤리'란 일차적으로 사람들이 옳다고 믿는 것을 행동으로 옮기는 것이 아니라 옳은 것이 무엇인지를 결정하도록 돕는 것과 관련된다는 것이다.

가치(value)와 윤리(ethics)는 종종 혼용되지만 그 뜻은 같지 않다. 가치는 무엇이 좋고 바람직한지에 대한 관심을 두는 반면, 윤리는 무엇이 옳고 그른가에 관심을 둔다. 윤리는 가치에서 나오기 때문에 '행동화된 가치'라고도 하며 가치가 행동으로 표현되었을 때 그 행동의 옳고 그름을 판단하는 기준이 된다. 그렇기 때문에 윤리와 가치는 조화를 이루어야 한다.

그러나 가치가 비록 바람직한 행동을 위한 지침을 제공한다 하더라도 항상 일치된 결과를 가져오지는 않는다. 그 이유는 사람들의 행동이 때로 그의 전문직 가치와 일치하지 않기 때문이다. 사회복지실천 윤리에서 가치문제가 중요한 이유 또한 사회복지사는 전문적 기본 가치에 기초해서 윤리적 책임을 지게 되기 때문이다.

〈표 4-2〉 가치와 윤리의 차이

구 분	가 치	윤 리
개념	인간의 삶과 관련된 특정 수단, 목적, 조건들에 대한 보편적 선호	인간이 마땅히 따라야 하는 규범의 총체
관심	가치는 무엇이 좋고 바람직한가에 관심	무엇이 옳고 그름에 대한 관심
기준	일종의 신념이고 선택이며 바람직한 행동을 선택하는 지침	옳고 그름을 나타내는 판단기준이며 옳고 그른 행동에 대한 사회적 태도를 결정하는 지침
표현	생각으로만 그치기도 함	행동으로 나타남

(2) 사회복지실천 윤리의 개념

사회복지실천 윤리를 레비(Levy, 1976)는 다양한 배경을 지닌 사회복지사들이 복잡한 실천 분야에서 직면할 수 있는 다양한 윤리적 쟁점에 대하여 올바른 판단을 내릴 수 있는 체계적인 준거틀이라고 하였다. 즉, 사회복지실무자에게 무엇이 윤리적으로 올바른 실천방법인지 도와주며, 사회복지실천현장에서 일어 날 수 있는 많은 윤리적 갈등상황에서 전문가로서 올바른 실천행위를 결정하고 행동으로 옮길 수 있는 근거와 방향을 제시해 줄 수 있는 것이 실천윤리라고 할 수 있다.

이러한 사회복지실천 윤리에 대한 필요성을 리머(Reamer, 1995)는 전문가의 가치관(사회복지사 등)과 다른 사람들의 가치관(클라이언트, 동료 전문가 등) 사이에 존재하는 공통점과 차이점을 체계적으로 확인하기 위함이고, 윤리적 갈등을 이해하고 이에 대처하는 능력을 갖추며 서로 다른 가치관들 사이의 관계정립 및 위계설성을 함으로써 설명하였다.

나아가 이러한 사회복지실천 윤리는 시대에 맞는 사회복지 가치를 정립하고 사회복지실천방법을 개발하거나 전문가의 전문경력을 발전시키기 위해 더욱 필요성이 강조되고 있다.

3) 사회복지실천 윤리의 발달과정

사회복지의 가치와 윤리의 출현과 그 발달과정을 살펴보면 1920년대 전문직 윤리강령을 만들고자 하는 노력은 1915년 플렉스너(Flexner)의 '사회복지실천은 전문직인가?'라는 주제로 한 강연을 시작으로 되었다고 볼 수 있다. 여기에서 윤리강연의 부재로 인한 사회복지실천이 전문직으로 판단하기 어렵다는 표명 이후 공식적인 윤리강령 제안을 위한 지속적인 노력이 진행되었다.

메리 리치몬드 여사는 최초로 개별사회사업가의 실험적 윤리강령을 세웠으며, 이어 1951년에는 미국사회복지사협회(AASA) 대표자 회의에서 윤리강령을 채택하였다. 그러나 공식적인 인정은 받지 못하였다.

1950년대 중반에 들어서자 모든 전문적인 사회복지조직들이 전미사회복지사협회(NASW)로 통합되고 새로운 전문가 윤리강령의 필요성이 제기되기 시작되었고, 1960년대 들어서면서 공식적으로 전미사회복지사협회에서는 사회복지사의 책임에 관한 14개 조항을 채택하여 발표하였다.

1970년대 들어오면서 사회복지실천 윤리가 본격적으로 논의되기 시작하였다. 전미사회복지사협회에서 처음 윤리강령을 채택할 당시 14개 조항뿐이던 것이 이후 추가 보완되어 1996년 개정에는 155개의 구체적 지침들로 나타났다.

〈표 4-3〉 미국의 사회복지사 윤리강령 변천사

연 도	내 용
1951년	미국사회복지사협회(AASA) 대표자 회의에서 윤리강령을 채택
1960년	전미사회복지사협회(NASW)에서 최초로 윤리강령 채택 ⇨ 사회복지사 책임에 대한 14가지 조항으로 구성
1967년	1차 개정 ⇨ 비차별의 원칙 추가
1979년	전면개정 ⇨ 82개 조항의 원칙과 전문을 포함하는 6가지 섹션으로 구성 82개의 원칙은 클라이언트, 동료, 고용인, 고용조직, 사회복지전문직, 전체 사회 등 6가지 수준에 대한 사회복지사의 윤리적 책임에 관련됨
1990년	클라이언트 유인, 요금책정, 의뢰의 대가 등에 관련된 원칙이 추가 개정됨
1993년	사회복지사 손상 및 이중 관계에 관련된 5가지 새로운 원칙이 추가됨
1996년	건강보호, 소송, 미디어에서의 공공성 등에 대한 윤리적 관심 포함
1999년	클라이언트의 동의 없이 비밀정보를 누설할 필요성이 있는 상황들을 명확하게 함
2008년	성적 취향, 성적 정체성, 이민자의 지위 등을 기존의 비차별 기준에 통합시킴

우리나라는 1973년 사회복지사협회에서 사회복지사 윤리강령에 대한 초안을 제정할 것을 결의하였고 이는 1982년에 채택되었다. 이때 채택된 사회복지사 윤리강령은 1988년 제정 공포되었다. 그 뒤 1992년 전문가로서의 자질과 품성, 동료 존중, 전문직 개발, 사회복지사 권익 옹호, 비윤리적 행위에 대한 공식적인 절차 언급 등이 이전과 다른 내용으로 포함되어 개정되었으며, 2001년에는 전문과 46개항으로 구성된 현재의 윤리강령을 발표하게 되면서 지속적 발전을 보이고 있다.

〈표 4-4〉 우리나라의 사회복지사 윤리강령 변천과정

연 도	내 용
1973년 2월	윤리강령 초안제정 결의
1982년 1월	윤리강령 제정
1988년 3월	사회복지사 윤리강령 1차 개정 ⇨ 4월 개정 공포
1992년 10월	사회복지사 윤리강령 2차 개정 공포
2001년 12월	사회복지사 윤리강령 3차 개정 공포

2. 사회복지전문직의 윤리강령

윤리강령은 전문가들이 지켜야 할 전문적 행동기준과 원칙을 기술해 놓은 것으로 사회복지사 윤리강령은 사회복지사가 사회복지를 실천하는 전문적 활동에 대한 행동기준이며, 지침으로 사회복지가 추구하는 가치기준을 얼마만큼 잘 준수하고 실천하였는가에 대한 판단기준이라 할 수 있다.

1) 사회복지사 윤리강령의 기능

윤리강령의 기능은 전문직이 윤리적 실천을 수행할 수 있도록 구체적인 지침을 규정한 것으로 전문직의 임무에 관한 규범을 확립하며, 외부의 규정으로부터 보호해 줄 뿐만 아니라 잘못된 실천오류에 대한 판단기준을 명확하게 해주는 것으로 사회복지사 윤리강령의 기능은 다음과 같다.

① 사회복지가치 기준에 맞는 실천을 하였는가에 대한 행동기준 및 판단기준이 된다.
② 사회복지실천현장에서 윤리적 갈등이 생겼을 때 지침과 원칙을 제공한다.
③ 자기규제를 통해 클라이언트를 보호한다.
④ 스스로 자기규제를 가짐으로써 사회복지전문직의 전문성을 확보하고 외부로부터 전문직을 보호한다.

⑤ 일반 대중에게 전문가로서의 사회복지 기본 업무 및 자세를 알리는 일차적 수단으로 기능한다.

⑥ 사회복지전문가들의 윤리의식을 고양시킨다.

⑦ 사회복지사 윤리강령은 사회복지 가치기준에 맞는 실천을 하였는가에 대한 행동기준 및 판단기준이 된다.

2) 전미사회복지사협회(NASW)의 사회복지사 윤리강령

(1) 윤리강령의 목적

① 사회복지의 임무는 핵심가치를 기반으로 한다.

② 사회복지전문직의 핵심가치를 반영하며, 사회복지실천을 이끄는 데 사용되는 일련의 특정 윤리기준을 수립하는 총괄적인 윤리원칙을 요약한다.

③ 전문직 의무에 갈등이나 윤리적 불확실성이 발생할 때 사회복지사가 적절한 고려사항을 규정하는 것을 돕기 위한 목적으로 제정되었다.

④ 일반 대중이 사회복지전문직의 책임으로 간주할 수 있는 윤리기준을 제공한다.

⑤ 사회복지에 대한 임무・가치・윤리기준・윤리원칙에 생소한 사회복지사에게 지침을 제공한다.

⑥ 사회복지전문직 자체에서 사회복지사가 비윤리적인 행위를 했는지에 대한 여부를 사정하는 데 사용되는 기준을 규정한다.

(2) 윤리기준

윤리기준은 광범위한 내용들을 다루고 있으며 여섯 가지의 주요 범주들 아래에 구체적 원칙들이 분류되어 있다. 이러한 윤리기준은 모든 사회복지사의 사회복지전문직 활동과 관련된다.

① 클라이언트에 대한 사회복지사의 윤리적 책임

② 동료에 대한 사회복지사의 윤리적 책임

③ 실천 장(practice setting)에 대한 사회복지사의 윤리적 책임
④ 전문직으로서 사회복지사의 윤리적 책임
⑤ 사회복지전문직에 대한 사회복지사의 윤리적 책임
⑥ 더 넓은 사회에 대한 사회복지사의 윤리적 책임

(3) 윤리원칙

윤리원칙은 사회복지서비스, 사회정의, 개인의 존엄성 및 가치, 인간관계의 중요성, 성실성, 능력증진의 사회복지전문가 핵심가치를 바탕으로 한다.

〈표 4-5〉 전미사회복지사협회(NASW) 윤리강령의 핵심가치와 윤리원칙

핵심가치	윤리원칙
서비스	사회복지사의 주요 목표는 욕구에 처한 사람들을 돕고 사회문제를 해결하고자 하는 것이다.
사회정의	사회복지사는 사회적 불평등에 도전한다.
개인의 존엄성 및 가치	사회복지사는 개인의 타고난 존엄성과 가치를 존중한다.
인간관계의 중요성	사회복지사는 인간관계의 본질적인 중요성을 인식한다.
성실성	사회복지사는 신뢰성을 줄 수 있게끔 행동한다.
능 력	사회복지사는 자신의 능력이 미치는 범위 안에서 실천을 하며 자신의 전문기술을 발전 및 강화시킨다.

3) 우리나라 사회복지사 윤리강령

윤리강령 전문

사회복지사는 인본주의・평등주의 사상에 기초하여, 모든 인간의 존엄성과 가치를 존중하고 천부의 자유권과 생존권의 보장활동에 헌신한다. 특히 사회적・경제적 약자들의 편에 서서 사회정의와 평등・자유 민주주의 가치를 실현하는 데 앞장선다. 또한 도움을 필요로 하는 사람들의 사회적 지위와 기능을 향상시키기 위해 저들과 함께 일하며, 사회제도 개선과 관련된 제반활동에 주도적으로 참여한다. 사회복지사는 개인의 주체성과 자기결정권을 보장하는 데 최선을 다하고 어떠한 여건에서도 개인이 부당하게 희생되는 일이 없도록 한다. 이러한 사명을 실천하기 위하여 전문적 지식과 기술을 개발하고 사회적 가치를 실현하는 전문가로서의

능력과 품위를 유지하기 위해 노력한다. 이에 우리는 클라이언트·동료·기관, 그리고 지역사회 및 전체 사회와 관련된 사회복지사의 행위와 활동을 판단·평가하며 인도하는 윤리기준을 다음과 같이 선언하고 이를 준수할 것을 다짐한다.

(1) 일반적 윤리기준

① 전문가로서의 자세

- 사회복지사는 전문가로서의 품위와 자질을 유지하고, 자신이 맡고 있는 업무에 대해 책임을 진다.
- 사회복지사는 클라이언트의 종교, 인종, 성, 국적, 결혼상태, 성 취향, 경제적 지위, 정치적 신념, 정신, 신체적 장애, 기타 개인적 선호, 특징, 조건, 지위를 이유로 차별대우를 하지 않는다.
- 사회복지사는 전문가로서 성실하고 공정하게 업무를 수행하며, 이 과정에서 어떠한 부당한 압력에도 타협하지 않는다.
- 사회복지사는 사회정의 실현과 클라이언트의 복지 증진에 헌신하며, 이를 위한 환경조성을 국가와 사회에 요구해야 한다.
- 사회복지사는 전문적 가치와 판단에 따라 업무를 수행함에 있어, 기관 내외로부터부터 부당한 간섭이나 압력을 받지 않는다.
- 사회복지사는 자신의 이익을 위해 사회복지전문직의 가치와 권위를 훼손해서는 안 된다.
- 사회복지사는 한국사회복지사협회 등 전문가단체 활동에 적극 참여하여, 사회정의 실현과 사회복지사의 권익 옹호를 위해 노력해야 한다.

② 전문성 개발을 위한 자세

- 사회복지사는 클라이언트에게 최상의 서비스를 제공하기 위해, 지식과 기술을 개발하는 데 최선을 다하며 이를 활용하고 전파할 책임이 있다.
- 클라이언트를 대상으로 연구하는 사회복지사는 저들의 권리를 보장하기 위해 자발적이고 고지된 동의를 얻어야 한다.

- 연구과정에서 얻은 정보는 비밀을 유지하며 원칙대로 다루어져야 하고, 이 과정에서 클라이언트는 신체적·정신적 불변이나 위험, 위해 등으로부터 보호되어야 한다.
- 사회복지사는 전문성을 개발하기 위해 노력하되, 이를 이유로 서비스의 제공을 소홀히 해서는 안 된다.
- 사회복지사는 한국사회복지사협회 등이 실시하는 제반교육에 적극 참여하여야 한다.

③ 경제적 이득에 대한 태도

- 사회복지사는 클라이언트의 지불능력에 상관없이 서비스를 제공해야 하며, 이를 이유로 차별대우를 해서는 안 된다.
- 사회복지사는 필요한 경우에 제공된 서비스에 대해 공정하고 합리적으로 이용료를 책정해야 한다.
- 사회복지사는 업무와 관련하여 정당하지 않은 방법으로 경제적 이득을 취해서는 안 된다.

(2) 클라이언트에 대한 윤리기준

① 클라이언트의 관계

- 사회복지사는 클라이언트의 권익옹호를 최우선의 가치로 삼고 행동한다.
- 사회복지사는 클라이언트에 대하여 인간으로서 존엄성을 존중해야 하며, 전문적 기술과 능력을 최대한 발휘한다.
- 사회복지사는 클라이언트가 자기결정권을 최대한 행사할 수 있도록 도와야 하며, 클라이언트들의 이익을 최대한 대변해야 한다.
- 사회복지사는 클라이언트의 사생활을 존중하고 보호하며, 직무수행 과정에서 얻은 정보에 대해 철저하게 비밀을 유지해야 한다.
- 사회복지사는 클라이언트가 받은 서비스의 범위와 내용에 대해 정확하고 충분한 정보를 제공함으로써 알 권리를 인정하고 존중해야 한다.

- 사회복지사는 문서·사진·컴퓨터 파일 등의 형태로 된 클라이언트의 정보에 대해 비밀보장의 한계, 정보를 얻어야 하는 목적 및 활용에 대해 구체적으로 알려야 하며, 정보 공개 시에는 동의를 얻어야 한다.
- 사회복지사는 개인적 이익을 위해 클라이언트의 전문적 관계를 이용하여서는 안 된다.
- 사회복지사는 어떠한 상황에서도 클라이언트와 부적절한 성적 관계를 가져서는 안 된다.
- 사회복지사는 사회복지 증진을 위한 환경조성에 클라이언트를 동반자로 인정하고 함께 일해야 한다.

② 동료의 클라이언트 관계

- 사회복지사는 적법하고 적절한 논의 없이 동료 혹은 다른 기관의 클라이언트와 전문적 관계를 맺어서는 안 된다.
- 사회복지사는 긴급한 사정으로 인해 동료의 클라이언트를 맡게 된 경우, 자신의 의뢰인처럼 관심을 갖고 서비스를 제공해야 한다.

(3) 사회복지사의 동료에 대한 윤리기준

① 동료

- 사회복지사는 존중과 신뢰로써 동료를 대하며, 전문가로서의 지위와 인격을 훼손하는 언행을 하지 않는다.
- 사회복지사는 사회복지전문직의 이익과 권익을 증진시키기 위해 동료와 협력해야 한다.
- 사회복지사는 동료의 윤리적이고 전문적인 행위를 촉진시켜야 하며, 이에 반하는 경우에는 제반 법률규정이나 윤리기준에 따라 대처해야 한다.
- 사회복지사는 전문적인 판단과 실천이 미흡하여 문제를 야기했을 때에는 적절한 조치를 취하여 클라이언트의 이익을 보호해야 한다.
- 사회복지사는 전문직 내 다른 구성원이 행한 비윤리적 행위에 대해 제반

법률규정이나 윤리기준에 따라 조치를 취해야 한다.

- 사회복지사는 동료 및 타 전문직 동료의 직무 가치와 내용을 인정·이해하며, 상호 간에 민주적인 직무관계를 이루도록 노력해야 한다.

② 슈퍼바이저

- 슈퍼바이저는 개인적인 이익의 추구를 위해 자신의 지위를 이용해서는 안 된다.
- 슈퍼바이저는 전문적 기준에 의해 공정하게 책임을 수행하며, 사회복지사·수련생 및 실습생에 대한 평가는 저들과 공유해야 한다.
- 사회복지사는 슈퍼바이저의 전문적 지도와 조언을 존중해야 하며, 슈퍼바이저는 사회복지사의 전문적 업무 수행을 도와야 한다.
- 슈퍼바이저는 사회복지사·수련생 및 실습생에 대해 인격적·성적으로 수치심을 주는 행위를 해서는 안 된다.

(4) 사회에 대한 윤리기준

① 사회복지사는 인권존중과 인간평등을 위해 헌신해야 하며, 사회적 약자를 옹호하고 대변하는 일을 주도해야 한다.

② 사회복지사는 필요한 사회서비스를 개발하기 위한 사회정책의 수립·발전·입법·집행에 적극적으로 참여하고 지원해야 한다.

③ 사회복지사는 사회환경을 개선하고 사회정의를 증진시키기 위한 사회정책의 수립·발전·입법·집행을 요구하고 옹호해야 한다.

④ 사회복지사는 자신이 일하는 지역사회의 문제를 이해하고, 그것을 해결하는 일에 적극적으로 참여해야 한다.

(5) 기관에 대한 윤리

① 사회복지사는 기관의 정책과 사업목표의 달성, 서비스의 효율성과 효과성의 증진을 위해 노력함으로써 클라이언트의 이익이 되도록 해야 한다.

② 사회복지사는 기관의 부당한 정책이나 요구에 대하여, 전문직의 가치와 지식을 근거로 이에 대응하고 즉시 사회복지윤리위원회에 보고해야 한다.
③ 사회복지사는 소속기관 활동에 적극 참여함으로써 기관의 성장・발전을 위해 노력해야 한다.
④ 사회복지사는 자신이 일하는 지역사회의 문제를 이해하고, 그것을 해결하는 일에 적극적으로 참여해야 한다.

(6) 사회복지윤리위원회의 구성과 운영

① 한국사회복지사협회는 사회복지윤리위원회를 구성하여, 사회복지 윤리실천의 질적인 향상을 도모하여야 한다.
② 사회복지윤리위원회는 윤리강령을 위배하거나 침해하는 행위를 접수받아, 공식적인 절차를 통해 대처하여야 한다.
③ 사회복지사는 한국사회복지사협회의 윤리적 권고와 결정을 존중하여야 한다.

3. 사회복지실천의 윤리적 갈등

사회복지실천과정에서 사회복지사는 다양한 윤리적 갈등(ethical dilemmas)에 처할 경우가 많이 있다. 윤리적 갈등이란 사회복지사가 전문가로서 지켜야 하는 윤리적 의무와 책무가 서로 충돌하였을 때 어떠한 윤리적 의무와 책무를 선택하는 것이 윤리적으로 올바른 실천행동인지 판단하기 힘든 상태를 말한다. 사회복지사는 두 가지 이상의 상충하는 윤리적 갈등상황에서 한 방향을 선택해야 할 때 혹은 선택하고자 하는 각 대안들이 한 사람 혹은 여러 사람에게 바람직하지 못한 결과를 초래하게 될 때 윤리적 갈등을 겪게 되며, 이러한 윤리적 갈등상황에서 우선순위를 결정하여 최선의 선택을 하여야 한다.

1) 윤리적 갈등이 일어나는 주요 유형

(1) 사회복지실천에서의 주요 요인

사회복지실천활동과 관련하여 발생할 수 있는 윤리적 갈등상태를 리머(Reamer)는 세 가지로 제시하였다.

① 직접적인 실천과 관련된 윤리적 갈등

사회복지사는 개인, 가족, 혹은 집단을 대상으로 직접적인 서비스를 실천해 가는 과정에서 여러 가지 윤리적 갈등이 일어나는 것으로 클라이언트의 이익과 기관 혹은 제3자의 이익과의 갈등, 비밀보장 준수와 사회적 규범 간의 갈등, 진실을 말할 의무와 타인의 권익을 보호해야 할 의무와의 갈등에서 나타난다.

〈사례〉

사회복지사는 불치병으로 극심한 고통을 받고 있는 클라이언트가 사회복지사에게 은밀히 자살을 하겠다는 의지를 밝혔는데 이러한 경우 사회복지사는 클라이언트의 자기결정권리 존중과 상담에서의 비밀보장 원칙을 준수해야 하는지, 아니면 클라이언트의 결정이 가족이나 제3자에게 미치는 영향과 생명보호의 원칙을 고려하여 가족에게 알려야 하는지 혹은 클라이언트의 자기결정 의사에 반하여 강제적으로 의료적 처치를 해야 하는지 등 여러 가지 윤리적 쟁점이 연관되어 윤리적 갈등에 처하게 된다.

② 사회복지정책 및 프로그램 차원의 갈등

사회복지실천현장의 간접적인 실천활동으로 사회복지사는 사회복지 정책 및 프로그램을 기획하고 실행해 나가는 과정에서 윤리적 갈등이 제기된다. 대표적인 예로 한정된 자원을 누구에게 어떻게 얼마만큼 분배하는가에 대한 결정을 해야 한다. 이때 정당성의 가치와 효용성의 가치에서의 윤리적 갈등을 겪을 수 있다.

③ 사회복지조직체 및 동료 사회복지사와 관련된 윤리적 갈등

사회복지조직체 및 동료 사회복지사 사이의 관계와 관련된 것으로 한 조직체의 일원, 즉 고용된 사람으로서의 사회복지사가 겪을 수 있는 갈등으로 동료가 클라이언트에게 부당한 요구를 하거나 전문직 종사자로서의 품위를 잃는 행위 등에서 나타날 수 있다.

〈사례〉

사회복지사가 직장 동료가 알코올중독이 있음을 알게 된 경우 이 동료의 증상을 조직체에 알려야 할지, 알려졌을 때 이러한 동료에 대한 내부고발이 윤리적으로 정당화가 될지 등에 대한 윤리적 갈등이 일어날 수 있다.

(2) 사회복지실천과 가치갈등

사회복지사의 실천활동은 개인적 가치, 전문적 가치, 클라이언트 가치, 사회적 가치 등에 의해 영향을 받게 되는데 사회복지사는 이러한 다양한 가치들 간의 갈등으로 어려움을 겪게 된다. 로웬버그와 돌고프(Lowenberg & Dolgoff)는 이러한 윤리적 가치갈등 유형을 다섯 가지로 설명하고 있다.

① 가치상충

사회복지사는 두 개 또는 그 이상의 경쟁적 가치와 직면했을 때 윤리적 딜레마에 빠지는 것으로, 예를 들어 '클라이언트의 자기결정'이라는 가치와 '인간의 생명보호'의 가치 사이에서 어떤 윤리적 결정을 내려야 하는 상황이다.

〈사례〉

학교 사회복지사로 일하고 있는 K는 학생 면담과정에서 고등학교 2학년인 R이 현재 임신 4개월임을 알게 되었고, R은 임신한 아이를 부모님 몰래 임신중절수술을 할 것이니 부모님에게는 절대 비밀로 해달라고 사회복지사에게 요청하였다. 이때 사회복지사는 전문직으로 클라이언트의 비밀보장의 원칙과 생명보호의 원칙 두 가지 가치가 상충되어 윤리적 결정을 내려야 한다.

② 의무상충

사회복지사가 기관에 대한 의무와 클라이언트에 대한 의무 사이에서 갈등하는 경우로 사회복지사는 자신이 속한 기관의 정책을 따라야 하지만 그것이 클라이언트의 이익에 위배될 경우 윤리적 딜레마를 겪게 된다. 예를 들어, 클라이언트의 이익이 최우선 가치임에도 기관의 정책과 운영방향과 자원의 부족으로 클라이언트에게 최선의 서비스를 제공하지 못하는 경우도 많다.

③ 클라이언트 체계의 다중성

다수의 클라이언트 체계로 인한 요인으로 사회복지사는 클라이언트가 여러 명인데 누가 클라이언트가 되는 것인지, 누구의 이익을 최우선으로 고려해야 하는지, 어떤 문제에 우선으로 접근해야 하는지 등 윤리적 갈등에 빠질 수 있다. 아동학대 문제, 부부폭력, 남편의 정신질환 등 다양하고 복잡한 문제를 가진 가족에게 개입하는 경우 많이 발생할 수 있다.

〈사례〉

시설에서 퇴소를 원하는 장애인의 욕구와 그가 집으로 돌아갔을 때에 그를 보호하고 부양할 가족의 어려움이 있을 때 선택하는 과정에서 윤리적 갈등이 일어날 수 있다.

④ 결과의 모호성

클라이언트가 스스로의 문제에 대해 결정을 내릴 수 없거나, 클라이언트를 대신해 결정을 내려야 하는 상황에서 그 결과에 대한 확신이 불투명할 때 어떤 결정이 최선책인가에 대하여 윤리적 딜레마에 봉착할 수 있다.

〈사례〉

- 부모의 경제적 이유로 아이를 해외에 입양을 시키는 것이 그 아이를 위해 최선인지 확신할 수 없어서 의사결정을 하지 못할 때 윤리적 갈등에 빠진다.
- 가정에서 아동학대를 받은 아이를 부모로부터 분리시켜 시설입소를 시키는 것이 최선인지, 가정 내 보호를 하는 것이 최선인지 의사결정에 어려움이 있을 때 윤리적 갈등에 빠진다.

⑤ 힘 또는 권력의 불균형

사회복지사와 클라이언트 간에 권력적으로 평등하지 않기 때문에 생기는 갈등으로 인하여 윤리적 갈등에 빠질 수 있다. 클라이언트는 수혜자의 입장이고 사회복지사는 전문가로서 도움을 주는 우위에 있기 때문에 사회복지사 중심에서 결정이 이루어질 수도 있고, 클라이언트는 전문가에게 의존하기 쉽게 된다. 특히 의사결정능력이 부족한 미성년자나 지적장애 등의 요인으로 클라이언트의 능력이 제한되어 자신의 결정과 선택을 전문가에게 의존할 수밖에 없으므로 클라이언트의 권리나 자기결정권의 포기가 생길 수 있다.

2) 사회복지실천의 윤리적 갈등의 쟁점

사회복지실천 상황에서는 두 가지 이상의 윤리적 의무가 있지만 한 가지를 위반하지 않고서는 다른 것을 지킬 수 없는 상황이 반드시 발생하게 되는데, 이때 사회복지사는 전문직의 가치, 개인의 가치, 사회적 가치 사이에서 갈등을 하게 되고 이러한 가치갈등은 다양한 윤리적 갈등을 파생시킨다. 대표적인 윤리적 갈등상황의 쟁점들은 다음과 같은 것들이 있다.

(1) 클라이언트의 자기결정권

클라이언트의 자기결정은 클라이언트가 가장 최선의 것이라고 생각되는 것을 스스로 선택하고 결정할 수 있도록 클라이언트의 권리와 욕구를 인정하는 윤리원칙으로 사회복지사는 자신의 전문적 지식과 경험, 기술에 근거하여 자신의 생각이나 이념을 클라이언트에게 강요하지 않아야 한다.

클라이언트의 자기결정권은 능력과 법, 관습과 타인의 권리, 자신에게 해를 끼칠 것으로 예상되는 상황이나 생명에 위험을 초래하는 결정 등에서 제안을 받게 된다. 이러한 클라이언트의 자기결정권을 제한하는 결정은 사회복지사에게 결정에 어려움을 겪게 하고 윤리적 갈등을 유발하게 된다.

자기결정 원칙은 온정주의와 관련하여 복잡한 이슈를 야기할 수 있으며, 이는 클라이언트의 이익을 위해 클라이언트의 바람을 제한하거나 자유를 방해하는 결과를 가져올 수 있다.

(2) 비밀보장

비밀보장이란 사회복지사가 클라이언트의 동의 없이 클라이언트에 대한 정보를 누설하지 않는다는 원칙이다. 이러한 원칙 또한 절대적 권리가 될 수 없는 것으로 클라이언트의 비밀보장 원칙이 제3자의 자유와 안녕 또는 기본적 권리를 심각하게 위협하는 범법행위인 경우 클라이언트의 비밀보장의 권리는 더 이상 존중받을 수 없다. 또한 교육목적이나 슈퍼비전을 위한 전문가 회의 등에서 클라이언트에 대한 내용이 공개될 수는 있으나 이런 경우 클라이언트의 개인적 권리를 최대한 보장해 주어야 하며 반드시 사전동의를 받아야 한다.

(3) 진실성 고수와 알 권리

어떤 사람이 사회복지사에게 클라이언트에 관한 정보를 제공했을 때 그 사실을 클라이언트에게 알려주는 것이 좋은 것인지, 알려준다면 그 사람의 비밀보장에 관한 권리는 어떻게 되는지와 관련이 있다. 클라이언트의 알 권리와 사회복지사의 진실성 고수라는 면에서 볼 때 당연히 클라이언트에게 알려주어야 하지만 때로는 모든 사실이 클라이언트에게 도움이 되지는 않으며 진실이 해가 된다고 판단될 때에는 사회복지사는 윤리적 갈등을 경험하게 된다.

(4) 제한된 자원의 공정한 분배

사회복지실천과정에서 사회복지사는 활용 가능한 자원을 분배하여 클라이언트에게 제공할 때 원칙적으로 형평성의 원리에 따라 동등하게 자원을 분배해야 하는 윤리적 의무를 가진다. 그러나 자원이 한정되어 있을 때 형평성의 기준을 찾는 것을 매우 어려운 것으로 윤리적 갈등에 부딪히게 된다.

(5) 상충되는 의무와 기대

사회복지사는 여러 방면의 다양한 역할이 기대된다. 클라이언트, 사회복지사, 동료, 상사, 기관, 사회 등이 서로 상충되는 기대를 갖게 될 때 사회복지사는 어느 대상에 초점을 맞추어 누구의 욕구를 우선으로 의무를 행사해야 하는지 갈등하게 된다.

(6) 클라이언트의 이익과 사회복지사의 이익

사회복지실천현장에서 클라이언트에게 도움을 주어야 하는 사회복지사는 자신의 이익을 위해 행동을 해서는 안 된다. 그러나 클라이언트를 돕다가 자신의 생명이 위태롭다거나 자신의 희생을 강요당할 때 윤리적 갈등을 경험하게 된다.

(7) 전문적 동료관계

사회복지사는 동료 사회복지사와 다른 전문가들을 존중하여야 한다. 그러나 동료 사회복지사가 전문가로서의 능력과 자질이 부족하거나 전문직의 윤리적 원칙을 준수하지 못하여 클라이언트나 전문직에 해를 끼치는 행동을 했거나, 기관의 규정위반이나 부정수단 등을 사용했음을 발견했을 때 사회복지사는 동료의 행위가 사회적으로 사회복지전문직의 위상을 떨어뜨릴 우려가 있으므로, 이러한 사실을 공론화하는 것과 동료에 대한 존중 사이에서 윤리적 갈등을 겪게 된다.

3) 윤리적 갈등의 조정과 해결

사회복지실천현장에서 사회복지사는 두 가지의 정당한 가치나 윤리 사이에 갈등이 존재할 때 하나의 가치나 윤리를 우선적으로 결정해야 하는 윤리적 갈등에 부딪히게 되고, 이러한 갈등상황에서 결정을 내려야 하는데 이때 사회복지사가 도움을 받을 수 있는 의사결정과정(혹은 의사결정모델)과 윤리원칙 준거틀은 다음과 같다.

(1) 윤리적 의사결정모델

의사결정모델은 의사소통과정의 형식에 해당되는 것으로 어떤 절차를 거치면서 의사결정을 내리는 것이 윤리적으로 의사결정에 도움이 되는지를 제시해 준다. 로웬버그와 돌고프(Lowenberg & Dolgoff)가 제시하는 의사결정모델은 윤리적 의사결정을 내리는 것에 한정된 모델이 아닌 일반적인 의사결정 단계의 한 모델인데 사회복지실천에서 윤리적 의사결정을 내리는 데 좋은 지침이 되고 있다.

〈표 4-6〉 로웬버그와 돌고프(Lowenberg & Dolgoff)의 윤리적 의사결정모델

단 계	내 용
1단계	문제가 무엇인지, 문제를 야기하는 요인이 무엇인지를 확인한다.
2단계	누가 클라이언트이고 피해자인지, 지지체계와 다른 전문가 등 해당 문제와 관련된 사람과 단체는 누구인지 확인한다.
3단계	2단계에서 확인된 다양한 주체들이 주어진 문제와 관련해서 어떤 가치가 있는지 확인한다.
4단계	문제해결 또는 문제를 경험시킬 수 있는 개입목표를 명확히 한다.
5단계	개입수단과 개입대상을 확인한다.
6단계	확정된 목표에 따라 설정된 각각의 개입방안의 효과성과 효율성을 평가한다.
7단계	의사결정에 누가 참여할 것인지 결정한다.
8단계	개입방법을 선택한다.
9단계	선택한 개입방법을 수행한다.
10단계	선택된 개입방법을 수행하는 것을 검토하고, 예상하지 못했던 결과가 나타나는지에 대해 주의를 기울인다.
11단계	결과를 평가하고 추가적인 문제들이 무엇인지 확인한다.

(2) 로웬버그와 돌고프의 윤리원칙 준거틀

로웬버그와 돌고프는 윤리적 의무들이 서로 갈등을 빚는 상황에서 어떤 원칙이나 법적 의무를 우선시해야 하는지를 결정하는 것을 돕기 위해 '윤리원칙 준거틀'을 제시하였다.

윤리원칙 준거틀은 한 가지 이상의 윤리적 원칙이 상충되었을 때에는 상위의 원칙으로 우선 적용되어야 한다는 지침이다.

예를 들어, 윤리원칙 1－생명보호의 원칙과, 윤리원칙 6－사생활 보호와 비밀보장의 원칙이 서로 상충하여 윤리적으로 갈등할 때에는 윤리원칙 1－생명보호의 원칙이 우선 적용된다는 것이다.

〈표 4-7〉 로웬버그와 돌고프(Lowenberg & Dolgoff)의 윤리원칙 준거틀

단 계	윤리원칙
윤리원칙 1	생명보호의 원칙
윤리원칙 2	평등과 불평등의 원칙
윤리원칙 3	자율과 자유의 원칙
윤리원칙 4	최소 해악의 원칙
윤리원칙 5	삶의 질의 원칙
윤리원칙 6	사생활 보호와 비밀보장의 원칙
윤리원칙 7	성실과 개방의 원칙

① 생명보호의 원칙

인간의 생명에 관한 권리는 가장 기본적 권리로 만약 생명의 권리가 침해된다면 어느 누구도 다른 권리를 누릴 수 없기에 생명보호 원칙은 어떠한 윤리원칙보다 우선시된다.

또한 인간의 생명보호는 클라이언트를 비롯한 모든 사람들에게 적용된다.

윤리적 갈등이 클라이언트의 생명보호와 관련된 것이라면 비밀보장의 원칙에 위배된다고 하더라도 생명을 구하는 행위가 우선된다.

〈사례〉

혼자 사는 독거노인의 만성질환과 영양실조로 이웃 주민이 주민센터를 통해 신고를 해와서 서비스를 제공하려고 방문하였으나 노인은 모든 외부인의 출입을 원하지 않고 타인의 도움을 받아가면서까지 살고 싶은 생각도 없다고 의사를 밝혀왔을 때 사회복지사는 노인의 생명보호 원칙과 사생활 보호 원칙, 자율과 자유의 원칙에서 생명보호의 원칙을 우선으로 적용시켜야 한다.

② 평등과 불평등의 원칙

능력과 권리가 같은 모든 사람은 평등하게 처우되어야 할 권리를 가지며, 능력과 권리가 다른 사람은 특성에 따라 다르게 처우되어야 하는 권리를 말한다.

〈사례〉

학대받은 아동은 가해자인 성인과 능력과 권력이 다른 특성에 있기 때문에 심각한 학대사례가 아닌 경우라도 가해자인 성인에 대한 비밀보장이나 자율성의 원칙보다 앞서서 평등 및 불평등의 원식에 의헤 우선 부호되어야 하는 것이 우선이다.

③ 자율성과 자유의 원칙

사회복지사는 클라이언트의 자율성과 자유, 독립성을 중시하나 타인의 생명을 위협하게 될 때에는 이 원칙은 무시될 수 있다.

④ 최소 해악의 원칙

사회복지사는 항상 최소한의 손실이나 손상을 선택하고 가장 쉽게 회복 가능한 손실이 되도록 대안을 선택한다.

⑤ 삶의 질 원칙

사회복지사는 개인, 집단, 지역사회를 비롯한 모든 클라이언트 체계에서 그들의 삶의 질을 보다 향상시킬 수 있는 기회를 선택해야 한다.

⑥ 사생활 보호와 비밀보장의 원칙

사회복지사는 클라이언트의 사생활 보호의 권리를 신장시키는 실천적 결정을 해야 하며 클라이언트에 대하여 알게 된 정보를 타인에게 공개하지 않아야 한다.

⑦ 성실과 개방의 원칙

사회복지사는 클라이언트와 다른 사람들에게 진실을 말하고 모든 관련 정보를 충분히 개방하는 것을 허용하는 실천적 결정을 해야 한다.

05

사회복지실천과 다양성

1. 문화적 다양성
2. 욕구와 인권
3. 민감성 향상과 권리증진을 위한 접근

05 CHAPTER 사회복지실천과 다양성

학습목표

- 문화적 다양성의 개념에 대하여 이해하고 다양성과 혼용하여 사용하는 개념에 대하여 이해한다.
- 사회복시실천현장에서 기본이 되는 인권의 개념과 특성에 대하여 이해한다.
- 다문화사회에서 요구되는 사회복지사의 신념과 태도, 기술에 대하여 이해한다.

1. 문화적 다양성

문화는 고정되어 있는 실체가 아니라 역동적이고 다층적이며 복잡한 개념으로(Hogan, 2012 : 13-15), 한 집단의 가치, 신념, 규범, 생활방식을 배우고 공유하며 전달하게 되는 것이며, 그것들은 일반적으로 세대 간에 전해지는 방식이며, 한 사람의 행동과 생각에 영향을 주는 것을 말한다.

문화다양성은 문화의 본질적이고 보편적인 속성을 가리키는 개념이며, 각 문화가 가지고 있는 다양한 특징, 상징체계, 가치관, 현상들에 대한 각각의 고유성을 동등하게 존중하면서, 인류가 추구해야 하는 보편적인 가치이자 인간의 기본 권리의 개념을 포함하고 있다(UNESCO, 2005).

문화다양성(cultural diversity)은 원래 생태학 분야에서의 '생물다양성(biodiversity)'

에서 비롯한 것으로, 이러한 다양성 개념은 생물다양성을 넘어 인간사회에서 발견되는 문화 및 언어 다양성을 포함하게 되었다.

문화다양성 개념은 무엇보다 역동성이 강조되며, 응고된 형태로 고정된 것이 아니라 파괴와 창조를 수용하고 동시에 인정하는 개념이다. 그래서 특정 민족, 유적, 유산을 보존하고 관리하는 것은 소극적 의미의 문화다양성이라고 한다면, 새롭게 떠오르고 창조되는 문화들을 적극적으로 수용하고 함께 공존할 수 있도록 여건을 마련함으로써 열린 문화를 지향하는 것은 적극적 의미의 문화다양성이라고 할 수 있다.

그동안 인간사회는 시간이 지나면서 주변 세계를 이해하고 이에 적응하는 서로 다른 방식, 서로 다른 사회조직 유형, 서로 다른 일련이 믿음·가치·관행, 그리고 의식·정치·구전·이야기와 노래, 우리가 언어를 통해 자신을 표현하는 모든 상황, 일상생활에서 서로 의사소통하는 다른 방식들을 발전시켜 왔다.

그러나 많은 국가들이 세계화의 경제적 가능성에만 몰두하고 있는 상황에서 우리가 직면하고 있는 현실은 경제대국의 팽창주의적 문화와 경제정책에서 비롯된 문화적 침투의 여파로 소규모의 취약한 사회집단이 가진 문화적 기준은 쉽게 사라질 위기에 처했다는 것이다. 이에 전 세계 여러 가지 다양한 문화의 정체성이 지속적으로 보장되어야만 문화적 존재로서의 인류의 발전이 가능하다는 것이 문화다양성의 개념이다.

이와 같이 문화다양성은 전 세계 다양한 문화집단의 고유한 정체성이 그 자체로 인정되고 보존될 때만이 인류가 건강하게 발전할 수 있다는 사고에서 발전하였으며, 이러한 논의는 유네스코가 적극적으로 수용하여 2001년 11월에 개최된 제31차 총회에서 '세계 문화다양성 선언'을 채택함으로써 본격화되었다.

인류는 서로 다른 다양한 상황과 지역적, 전(全)지구적인 기후의 변화에 성공적으로 적응하였고, 세계 곳곳에 흩어진 많은 사회는 서로 다른 문화를 가져 지구상에는 무수한 문화적 다양성이 공존하고 있다. 문화적 다양성의 대표적인 예로는 언어, 의상, 전통 같은 눈에 보이는 문화적 차이 외에도 각 사회가 조직되는 방식, 공유되는 도덕관념과 이에 따른 제도적 차이, 주변국, 주변 환경과 영향을 주고받는 방식의 차이 등을 꼽을 수 있다(박주현·최경덕, 2011).

우리나라 문화헌장도 "문화다양성은 개인적·집단적 정체성과 자주성의 토대이고 사회를 풍요롭게 하는 다원성의 원리이며, 평화와 공존의 기틀이다. 시민은 자유롭고 다양한 방식으로 의미를 생산하고 가치를 표현하며, 자신이 원하지 않는 가치, 이념, 관습에 대해서는 무조건적 순종을 강요받지 않는다. 시민은 나라 안팎의 다양한 문화들 사이의 차이를 이해하고 존중하여 세계의 문화다양성과 평화를 증진하는 데 기여한다(동 헌장 제4조)"고 선언하여 '다양성의 원칙'을 천명하고 있다.

문화다양성을 다루는 용어는 문화적 민감성, 다문화 수용성, 문화적 유능감, 문화적 역량 등으로 다양하게 논의되고 있다(양정남·최선령, 2011).

(1) 문화적 민감성

문화적 민감성은 문화에 적절한 의사소통을 통해 행동변화를 일으키고, 문화 차이에 대한 이해를 추구하는 긍정적인 감정을 개발하는 능력이다.

(2) 다문화 수용성

다민족·다문화 사회로의 변화를 긍정적인 것으로 받아들이고, 다양한 민족과 인종의 공존이라는 사회적 가치를 지지하는 태도이다. 즉, 다문화 수용성은 다문화사회로의 변화와 서로 다른 인종과 문화적 배경을 가진 개인이나 집단을 한 사회의 구성원으로 받아들이는 수용의 태도를 말한다.

(3) 문화적 유능감

서로 다른 문화, 언어, 계층, 인종, 민족, 종교 등에 대한 존중을 바탕으로, 클라이언트와 원조관계에서 나타나는 문화적 차이에 효과적으로 반응하고, 문화적 통합을 이루려는 개인과 집단, 조직의 의지와 능력이다(최원희 외, 2008). 맥패터(McPhatter, 1997)는 문화적 유능감을 "적절한 문화적 맥락 내에서 클라이언트 체계가 건강하게 기능하도록 지지하기 위한 문화적 지식과 인식을 전환하는 능력"이라고 하였다. 럼(Lum, 2008)은 문화적 유능감을 "다문화적 환경에서 효과적으로 일할 수 있도록 돕는 기관이나 전문가의 적절한 실천기술, 행동, 태도, 정책의 집합체이며, 다양한 문화권에 있는 소비자에게 효과적인 서비스를 제공하기 위한 기술과 지식을 활용하는 능력"이라 하였다.

(4) 문화적 역량

미국사회사업가협회(NASW, 1999; 2001)는 문화적 역량을 "개인과 가족 및 지역단체의 가치를 인정하고 지지하며, 각각의 존엄성을 존중하여 문화, 언어, 계층, 인종, 민족적 배경, 종교 등 다양한 요소를 가진 사람에게 효과적으로 반응하는 방식"이라 하였다. 사회복지실천에서 문화적 역량을 발전시키기 위한 요인을 미국사회사업가협회(1999; 2001)의 윤리강령 원칙 1.05항 '문화적 역량과 사회적 다양성'에서는 다음과 같이 규정하고 있다.

① 사회복지사는 인간의 행동과 사회의 문화와 그 기능을 이해해야 하고, 모든 문화에 존재하는 강점을 인지해야 한다.

② 사회복지사는 클라이언트의 문화에 대한 기본 지식을 가지고 있어야 하고, 제공되는 서비스에서 그 역량을 보여줄 수 있어야 하며, 그러한 서비스는 클라이언트의 문화에 민감하고, 사람 사이와 문화집단 사이의 차이에 민감해야 한다.

③ 사회복지사는 인종, 민족, 출신국, 피부색, 성별, 성적 지향, 나이, 결혼 여부, 정치적 신념, 종교, 정신적 혹은 신체적 장애의 관점에서 사회적 다양성과 차별의 본질에 대한 교육을 받아야 하며, 그에 대해 이해하고자 힘써야 한다.

시대가 변화하여 이제 사회복지실천은 다양한 계층을 수용하고, 다양한 문제를 개별적으로 접근해야 하는 시대가 되었다. 이러한 다양화(diversitism)의 상황에 대처하기 위해, 클라이언트에게 스스로 발전할 수 있는 기회를 제공하여 자기변화를 도모하는 역량강화(권한부여 : empowerment)에 대한 논의가 대두되었다. 즉, 소외계층에게 스스로 발전할 수 있는 여건을 만들어 줌으로써 자기 변화를 위한 권한을 부여하는 것이다. 역량강화/ 권한부여는 기존의 사회복지 실천 모델인 '제공자－수혜자' 관계 개념에서 '제공자－소비자' 관계 개념으로 기본 철학의 변화를 초래하였고, 제공자와 소비자의 관계를 형성하는 권한부여모델은 새로이 적용되는 과정에서 여러 형태의 논의를 불러일으켰다. 이러한 논의는 다양한 계층에 다양한 문제 및 접근방식을 허용하면서도 독특성을 인정하는 개별화를 동시에 추구하는 실천방식을 따라야 한다.

2. 욕구와 인권

1) 욕 구

(1) 인간의 기본적 욕구

욕구는 무엇을 얻거나 무슨 일을 하고자 바라는 일을 뜻하며, 우리가 흔히 말하는 욕망과는 뜻이 다르다. 욕구는 무엇이 결핍되어 있는 상태에서 (무의식적으로) 결핍된 상태를 채워서 해결하려는 심리이고, 욕망은 자기가 스스로 (의식적으로) 부족을 느껴서 탐하는 것이므로 욕구보다 더 많은 것을 요구하게 된다.

욕구는 대부분 어떤 목적을 위해 좋은 것, 필요한 것, 필수적인 것을 의미한다. 즉, 목적을 위해 필요한 것 또는 필수적인 것이 결여되거나 결핍된 상태를 지칭한다. 예를 들면, 어떤 목마른 나그네가 물을 마시고 싶다면, 물을 마시고 싶은 것이 '욕구'이고 물을 마신 후에 갈증이 해소될 때 '욕구충족'이라고 볼 수 있다. 물을 찾지 못한 나그네가 목마름 때문에 탈수증상을 일으킬 수 있듯이, 일상생활 속에서 욕구를 충족시키지 못한 사람은 심각한 어려움에 빠질 수 있다.

미국의 심리학자인 에이브러햄 매슬로(Abraham Maslow)는 인간에게 동기를 부여할 수 있는 욕구가 계층을 형성하고 있는 것으로 파악하였다. 그는 욕구를 5단계로 구분짓고 아래 단계의 욕구가 충족되어야 다음 단계의 욕구가 생긴다고 하였다. 비록 비판을 받고는 있지만 그의 욕구단계설은 가장 널리 인용되고 있는 이론이다.

사회복지는 일반적으로 인간의 사회적 욕구를 충족시키기 위한 서비스이고, 사회문제에 대한 대책으로 인식된다. 따라서 사회복지학에서 가장 많이 쓰이는 단어 중 하나가 욕구이다. 욕구(needs)의 의미에 대해서 사회사업사전은 "생존이나 안녕, 충족을 위한 신체적·심리적·경제적·사회적 필요"라고 간략히 정의하고 있지만, 욕구사정, 욕구의 위계, 욕구집단 등 관련 용어에서 보는 바와 같이 매우 폭넓게 사용되는 핵심 단어이다(중앙사회복지연구회 역, 1996 : 161-162).

(2) 매슬로의 욕구이론

욕구가 무엇인가에 대한 합의된 정의를 찾아보기는 어렵지만, 심리학과 사회복지학에서 폭넓게 인용되는 매슬로(Maslow)의 욕구이론을 살펴보면 욕구의 내용과 특성을 이해하는 데 도움이 된다. 그는 인간의 욕구를 생리적 욕구, 안전의 욕구, 소속의 욕구, 존경의 욕구, 그리고 자아실현의 욕구의 5단계로 나누어서 설명하였다.

그는 욕구가 세 가지 특성을 가지고 있다고 주장했다. 즉, 첫째는 그 욕구충족이 실패하였을 때, 상대적으로 역기능적이거나 혼란상태가 유발된다. 예컨대 비타민의 부족은 영양실조를 가져오고, 소속감의 결핍은 우울증을 일으킨다. 둘째, 욕구를 충족시켜 회복됨으로써 역기능을 치유할 수 있다. 예컨대 부족한 비타민을 보충하면 영양실조를 벗어나서 건강한 몸을 되찾을 수 있다. 셋째, 자유로운 상태에서 하나의 기본적인 욕구의 충족은 다른 욕구의 충족으로 옮아간다.

매슬로의 이론은 두 가지 기본 전제로부터 출발한다. 하나는 충족되지 않은 욕구만이 행동을 일으킨다는 것이며, 다른 하나는 욕구들이 계층을 이루고 있다는 것이다.

① 인간은 무엇인가를 필요로 하는 결핍의 존재이다. 다시 말하면, 충족되지 못한 어떤 욕구들을 충족시키기 위해서 동기가 유발된다. 일단 충족된 욕구는 더 이상 동기로서의 기능을 가지지 않으며, 충족되지 않은 욕구만이 행동을 일으킨다. 예를 들면, 배가 고파서 음식을 먹게 되면 다시 배가 고파질 때까지는 먹으려는 행동을 하지 않는다. 한번 충족된 욕구는 다음에 그 욕구가 발생할 때까지 행동을 동기화시키지 않는다.

② 인간의 욕구는 생리적 욕구, 안전의 욕구, 소속 및 애정의 욕구, 존경의 욕구, 자아실현의 욕구로 나누어지며, 이 욕구들이 충족되어야 할 순서대로 계층화되어 있다는 것이다. 하위단계의 욕구가 충족이 되면, 그 다음 단계의 욕구를 충족시키기 위해서 동기화된다는 것이다. 다시 말하면, 상위단계의 욕구가 일어나기 위해서는 하위단계의 욕구충족이 선행조건이 된다.

매슬로의 욕구 5단계설은 인간이 가지고 있는 일반적인 욕구의 내용을 적절하게 제시하였다는 점에서 사회복지학 분야에서 흔히 인용된다. 그의 욕구단계설이 사회복지학에 주는 관점은 다음과 같다.

첫째, 인간의 욕구가 위계적인 특성을 지니고 있는 만큼, 욕구충족을 위한 사회복지서비스는 일반적으로 낮은 수준의 욕구충족에서 시작하여 높은 수준의 욕구충족을 위해 진행된다는 점이다. 이것은 제한된 사회적 자원으로서 가능한 복지 프로그램의 효율성을 제고시키기 위해서는 낮은 수준의 욕구충족부터 높은 수준의 욕구해결을 위해 노력해야 된다는 점을 암시하고 있는 것으로 해석될 수 있다.

둘째, 사회복지서비스 프로그램을 비교할 수 있는 비교연구의 기준이 될 수 있다는 점이다. 각국 사회복지서비스의 지향점이 어떤 욕구를 중심으로 하고 있는가를 분석함으로써 복지 프로그램을 발달수준을 가늠할 수 있다. 즉, 어떤 나라의 사회복지가 국민의 생리적 욕구를 충족시키는 데 역점을 두고 있다면, 후자가 더 복지선진국이라고 말할 수 있다.

셋째, 인간의 욕구가 현실 사회에서 완전하게 충족될 수는 없고, 끊임없이 보다 높은 수준의 욕구를 충족하기 위하여 저마다 일생 동안 노력하는 것이 삶이라는 점이다. 인간의 욕구는 생활수준의 향상에 따라서 끊임없이 변화하기 때문에, 바라던 것이 충족된 이후에도 새로운 욕구를 충족시키기 위해서 다시 노력하게 된다.

매슬로가 지적한 바와 같이 인간의 욕구는 생리적 욕구처럼 낮은 단계에서 자아실현의 욕구처럼 높은 단계까지 다양하기 때문에, 모든 욕구의 충족을 사회복지의 대상으로 삼기는 어렵다. 따라서 학자들은 인간의 욕구 중에서 일상생활에 꼭 필요한 기본 욕구와 사회적인 욕구로 구분하려고 시도하였다.

① 기본 욕구

첫째, 기본 욕구는 모든 사람에게 공통적으로 존재하는 욕구이다. 기본 욕구는 인종, 종교, 성별, 교육수준과 사회경제적 지위에 관계없이 한 인간으로서 동일하게 지니는 욕구를 말한다. 기본 욕구의 이러한 특성 때문에 무차별 평등의 원리라 표현되는데, 의식주를 포함하여 건강, 직업, 가족 등이 포함될 수 있다.

둘째, 기본 욕구는 모든 사람에게 필수불가결한 욕구이다. 이 때문에 욕구가 확보되지 않으면 인간다운 생활이 보장될 수 없다. 현대 복지국가는 국가 존립의 핵심적 근거로서 국민 생존권의 보장을 설정하여, 기본 욕구의 충족을 국가의 책임으로 규정하고 있다.

셋째, 기본 욕구는 모든 사람에게 최소한의 수준으로 있어야 하는 욕구이다. 한 사회에서 인간의 욕구가 기본 욕구로 채택되기 위해서는 그 사회에서 인간다운 생활을 할 수 있는 수준이면서 동시에 그 최소한에 그친다는 점이다. 설사 기본 욕구를 높게 설정하더라도 그 욕구를 충족시킬 수 있는 자원을 동원하지 못한다면 기본 욕구의 의미가 퇴색될 것이다.

이러한 기본 욕구는 고정되는 것이 아니라, 시대와 장소 그리고 한 사회의 사회경제적 수준과 지향하는 이념에 따라서 변화된다는 특성이 있다. 대체로 현대사회로 오고 경제가 발전되며 복지국가/ 복지사회를 지향할수록 기본 욕구는 그 내용이 다양해지고, 수준이 상승되는 경향이 있다. 따라서 어떤 사회에서 기본 욕구가 무엇인가가 늘 논쟁이 되고, 그러한 기본 욕구를 어떻게 충족시킬 것인가 하는 것이 사회복지의 주된 관심사이다.

② 사회적 욕구

여러 사회적 위험 때문에 개인의 기본 욕구를 충족시키지 못하는 사회구성원들의 수가 상당히 많게 될 때 이들이 처해있는 사회적 위험으로부터 탈피하려는 집단적 욕구가 바로 사회적 욕구이다. 특정의 구체적 욕구가 사회적 욕구로 규정될 수 있는가, 없는가에 관한 결정은 궁극적으로는 특정 사회의 정치, 경제, 사회, 문화적 특성과 시대적 변천, 그리고 개인의 가치판단에 따라 차이가 날 수 있다. 하지만 사회적 욕구는 두 가지 중요한 의미를 가진다. 첫째, 그것의 해결방법은 사회적이고 공통적이라는 의미이다. 둘째, 욕구해결의 주 동기가 이윤의 추구가 되어서는 안 된다는 것이다(김상균, 1987 : 21-22).

따라서 다양한 인간 욕구들 중 기본 욕구로 1차 제한을 가한 뒤, 사회복지의 개념으로 2차 제한을 가한 결과가 최종 개념으로서의 사회적 욕구가 된다고 하겠다. 일례로 하비(Harvey)는 음식, 주택, 의료, 교육, 사회 및 환경, 소비재, 레크리에이션, 이웃 분위기, 대중교통과 같은 아홉 가지 영역에 관한 욕구를 사회적 욕구로 제시한 바 있다(남세진 · 조흥식, 1995 : 37).

2) 인 권

(1) 인권의 개념

오늘날 '인권'이라는 말이 남용되고 있는데, 인권(human rights)의 진정한 의미는 사람들이 자기들의 인간성(humanity) 덕분에 당연히 가지는 기본적 자유이다. 인권은 인간 누구나 가지고 있고 양도되거나 포기될 수 없으며 다른 사람들에게 그것을 침해하지 말라는 것을 제외하고는 특별한 부담을 부과하지 않는 권리이다. 그래서 인간의 '권리(rights)'로 불리기보다 인간의 '자유(freedom)'라고 불리는 것이 더 나을지 모른다. 이러한 인권의 예로는 자기 재산을 소유하는 권리, 자신의 몸과 노동의 자기 결정권과 자기 소유권, 자신이 선택하는 곳에 이주하고 입주할 자유, 자신의 종교를 믿을 자유, 언론의 자유, 행복추구권 등을 들 수 있다.

인권은 보편적이다. 따라서 그것은 모든 곳, 모든 사람에게 적용된다. 인권은 양도될 수 없다. 따라서 그것은 포기될 수도 없고 다른 사람들에 의해 부정될 수도 없다. 인권은 우리의 자유를 보장한다. 인권은 다른 사람들에게 강제적인 요구를 부과하지 않는데, 다른 사람들은 그 사람의 인권을 침해하지 말아야 한다는 것 외에 아무런 부담도 지지 않는다. 그 사람도 남에게 해를 끼치지 않으면 자기의 인권을 자유롭게 행사할 수 있다. 해(害)도 물리적 해나 그것의 위협이지 단순히 상대방이 기분 나쁘다는 것으로는 해를 끼쳤다고 할 수 없다.

인권의 본질과 정당성 그리고 그 내용 자체는 오늘날 철학과 정치학에서 열띤 논쟁의 대상이 되었다. 그러나 인권은 보편적으로 국제법과 국제규약에 정의되어 있으며 수많은 국가의 국내법에도 규정되어 있다. 그러나 많은 인간 사회의 특수한 배경 속에서 인권이 정의되는 구체적 표현은 다양하며 문명권에 따라 다르게 나타날 수 있다(박주현 · 최경덕, 2011).

국어사전에서 인권은 '사람이 사람답게 살기 위해 필요한 것으로서 당연히 인정되는 기본적 권리' 또는 '인간이 자연인으로서 누려야 할 당연한 권리'를 의미한다.

세계인권선언에서는 인권을 "인간의 권리(right of man)"를 넘어 "인간이 되기 위한 권리, 인간이 가져야 할 당연한 권리"로 보고 있다(국가인권위원회, 2004). 세계인권선언에 의하면, 인권은 인간이 누구이고 무엇을 하든지 하나의 존엄한 존재로서 존중받을 권리라고 규정하고 있으며, UN 인권센터(UN Center for Human Rights)는 인권은 일반적으로 인간이 타고난 천성에 내재된 것으로, 이것 없이는 인간으로 살 수 없는 권리라고 정의하고 있다.

우리나라 국가인권위원회법은 "헌법 및 법률에서 보장하거나 대한민국이 가입 · 비준한 국제인권조약 및 국제관습법에서 인정하는 인간으로서의 존엄과 가치 및 자유와 권리"라고 규정하고 있다. 이렇게 볼 때 인권이란 "사람답게 살 권리(human rights)"이며 인간이 자신의 존엄성을 인정받고, 인간이기 때문에 가진 당연한 권리이자 누구에게도 양보할 수 없으며, 침해당해서는 안 되는 절대적 권리이다. 결국 인권은 "인간이 태어날 때부터 갖게 되는 자연적 권리에서부터 인간의 존엄성을 바탕으로 사람이 삶을 살아가는 데 필요한 자유권적 기본권을 포함하여 인간다운 삶을 살아가는 데 필요한 모든 권리"로 정의할 수 있다(국가인권위원회, 2008).

(2) 인권의 특성

① 인권은 인간이기 때문에 가지는 천부적·생래적 권리이며, 인간다운 삶을 살아가는 데 필요한 권리, 즉 인간의 권리라기보다 인간답게 살 권리(human rights)이다.

② 인권은 모든 인간에게 해당되는 보편적 권리이다. 성, 연령, 종교, 사회적 신분 등에 관계없이 모든 인간이 인간이기 때문에 가지는 권리이다.

③ 인권은 약자를 위한 권리이다. 사회적 약자는 당연히 누려야 할 권리를 침해 또는 박탈을 당하는 경우가 많으므로, 이들을 위해 반드시 지켜지고 확보되어야 하는 권리이다.

④ 인권은 책임을 동반한 권리이다. 이 책임은 개인과 개인 사이, 집단과 집단 사이, 개인 및 집단과 국가 사이에서 서로의 행동을 제한하고 인권이 지향하는 가치에 따라 사회를 변화시켜 갈 것을 요청한다.

⑤ 인권은 법으로 보장되는 권리 이상의 것이다. 따라서 인권은 아직 현행법이 보장하고 있지 않다 해도 인간의 존엄성 보장에 꼭 필요한 권리라면 보장되어야 한다.

일반적으로 인권의 내용은 카렐 바삭(Karel Vasak)[1)]의 3단계 인권론에 근거하여 시민·정치적 권리(자유권), 경제·사회·문화적 권리(사회권), 연대와 단결

1) 프랑스의 인권법학자. 「인권론」의 저자.

의 권리(집단권)의 3개의 범주로 구분하는데, 이들 권리는 세상에 등장한 시기에 따라 각각 1세대, 2세대, 3세대 인권이라고 불리기도 한다.

시민・정치적 권리(자유권)는 세계인권선언 제3조에서 제21조에 해당된다. 자유권은 또 신체의 자유와 사상의 자유로 나뉜다. 국가권력의 부당한 인권침해와 국가폭력에서 개인을 보호하고, 개인의 자유를 확대한다. 영장 없이 국민을 체포하거나, 고문을 해서는 안 되고, 불공정한 인신구속 절차나 재판과정을 강제할 수 없다. 또 선거를 통해 정치권력에 영향을 줄 수도 있으며, 피선거권을 가질 수 있다. 사상과 양심, 종교의 자유는 국가권력이 간섭할 수 없는 불가침의 권리이며 누가 무슨 사상을 갖든 그것을 이유로 처벌될 수 없고 그 사상을 자신의 의사와 반해서 드러내도록 강요받아서도 안 된다. 자신의 사상이나 의사를 표현하는 것이 명백하고도 현저하게 국가안보나 공공의 질서를 파괴하는 것이 아닌 한 국가권력은 이를 보호해야 한다. "무엇으로부터의 자유"의 형식으로 이루어진 자유권의 영역은 소극적 권리라고 말하기도 한다.

경제・사회・문화적 권리(사회권)는 세계인권선언 제22조에서 제27조에 해당된다. 사회보장에 대한 권리, 노동할 수 있는 권리와 실업으로부터 보호받을 수 있는 권리, 휴식과 여유를 즐길 수 있는 권리, 교육받을 권리 등이 있다. 이 권리들은 물질적인 가치에 대한 요구를 포함하고 있기 때문에 배분에서 국가의 간섭을 필요로 한다. 보통 "무엇에 대한 권리"라는 형식으로 이루어지며 자유권에 비해 적극적인 권리로 구별된다. 국가에게 적극적으로 요구하는 권리인 셈이다.

연대와 단결의 권리(집단권)는 인권의 개념이 개인의 인권 침해와 인권 옹호 중심에서 집단과 사회구조적인 문제로 중심이 옮겨오고 있음을 보여준다. 자유권과 사회권은 이미 세계인권선언에서 정리되었고, 국제인권조약 등을 통해 국제사회에서 확립되었지만 집단권에 대한 논의가 시작된 것은 얼마 되지 않았다. 전쟁에 반대한다거나, 평화와 환경을 누릴 권리, 민족자결권, 문화유산에 대한 권리, 프라이버시권 등이 속한다. 또 경제 개발에 참여하고 개발이익의 분배에 참여할 권리인 발전권도 여기에 속한다.

자유권에 비해 상대적으로 뒤늦게 정립된 사회권은 근대 시민혁명에서 배신당한 민중들이 프랑스혁명 후기에 민중해방을 위해서는 토지를 비롯한 생산수단의 사적 소유를 부정하고 사회주의 체제로 나가야 한다는 주장을 한 것에서부터 시작된다. 초기 사회주의에서 나타난 인권은 사상과 신체의 자유를 강조하는 자유권, 실질적인 평등, 교육의 중요성, 폭정에 대한 저항의 인정, 인민주권 등이다. 자본가 계급의 권리가 주로 사적 소유에 대한 자유를 중심으로 구성된 데 비해, 사회주의에서 바라보는 자유권은 모든 인민의 평등한 자유를 지향하며 형식적인 평등이 아니라 사회경제적 약자에 대한 여러 가지 배려의 조처들을 요구하게 된다. 또 교육을 민중이 스스로 깨닫고 권리의 주체로 나설 수 있는 중요한 수단으로 인식하였다.

마샬(Marshall)은 인권을 자유와 평등과 같은 공민적 요소, 참정권과 같은 정치적 요소, 복지권과 같은 사회적 요소로 구분하며, 인권의 변천을 진화론적으로 설명하고 있다. 영국의 공민권은 18~19세기에 걸쳐 확립되었고, 정치권은 19~20세기 사이에 그리고 사회권의 기반은 20세기 중반까지 조성된 것으로 보고 있다(김상균, 1987). 짐 아이프(Jim Ife)는 인권의 개념을 제1세대, 제2세대, 제3세대 인권으로 구분하고, 인권범주의 확대과정을 다음과 같이 설명한다(김형식 · 여지영, 2001; 박주현 · 최경덕, 2011).

- 제1세대 인권 : 18세기 자유주의적 정치철학의 발달과 계몽주의에 지적 기원을 둔 것으로, 마샬의 공민적 요소와 정치적 요소를 지칭한다. 투표권, 언론과 집회, 사상, 종교의 자유, 법 앞의 평등, 사생활의 보장 등을 말한다.
- 제2세대 인권 : 경제적 · 사회적 · 문화적 권리로 마샬의 사회권 요소를 말한다. 취업권리, 적정 임금을 받을 권리, 사회보장에 관한 권리 등을 포함하며, 19세기와 20세기 사회민주주의와 사회주의 여타 집단주의운동에 지적 기원을 두고 있다.
- 제3세대 인권 : 경제개발에 대한 권리, 경제성장으로부터의 혜택을 받을 권리, 환경권 등을 지칭하는 것으로, 개개인에 적용되기보다는 지역사회, 전체 국민 등 집단적 수준에서만 의미가 있는 권리이다. 이러한 집단적 권리는 20세기에 들어서서 인권으로 인식되기 시작하였다.

마샬과 짐 아이프는 인권 개념의 확대과정은 같은 내용으로 설명하지만, 인권의 범주에서는 차이가 있다. 짐 아이프는 마샬의 인권범주에서 더 나아가 환경권과 같은 집단적 권리마저 인권의 범주에 포함하고 있다. 이러한 사실은 인권 개념의 변화가 동태적으로 발전하며, 관점에 따라 좁게 혹은 넓게 정의하기도 한다는 것을 보여준다(박주현 · 최경덕, 2011).

짐 아이프는 인권의 개념에 다음의 요소를 중요한 요건으로 포함하여야 한다고 하였다(김형식 · 이지영, 2001). ① 인권의 실현은 개인 혹은 집단이 다른 사람과 마찬가지로 자신들의 완전한 인간성을 구현하는 데 필수적이다. ② 인권은 모든 인간에게 적용되는, 따라서 그 권리를 요구하는 개인 혹은 집단이 그 밖의 다른 모든 사람에게도 적용되기를 원하는 것으로 간주한다. ③ 인권의 정당성에 대해서는 실질적인 보편적 합의가 존재한다. 즉, 문화적 경계와 기타 경계를 넘어서는 광범위한 지지가 없다면, 그것은 인권으로 볼 수 없다. ④ 인권을 모든 정당한 요구자에게 실제로 실현하는 것이 가능하다. ⑤ 인권은 다른 인권과 충돌하지 않는다.

3. 민감성 향상과 권리증진을 위한 접근

효과적인 다문화 사회복지사가 되려면 문화 인식과 민감성, 다문화 지식과 기술들이 필요하며 이를 습득하기 위해서는 많은 시간과 경험이 필요하다. 다음은 사회복지사가 갖추어야 할 신념과 태도, 그리고 기술이다(Sue & Sue, 2008; 조현춘 외, 2010).

첫째, 사회복지사는 자신의 태도와 가치관 문제들이 문화적으로 다른 클라이언트와의 관계 형성에 영향을 미친다는 것을 인식한다. 효율적인 관계형성을 위해 다양한 클라이언트의 세계관을 이해하고 공유할 수 있다는 것은 매우 중요한 부분이다. 사회복지사는 자신의 문화를 배워야 하고, 자신과 다른 인종 및 윤리집단에 대한 정서반응이 협력적인 개입관계에 결정적인 역할을 한다는 것을 알아야 한다. 즉, 자신의 문화가 우월하다는 입장이 아닌 문화적 다양성을 인정하고 존중하는 태도가 필요하다. 또한 사회복지 전통 이론과 기법이 모든 클라이언트나 문제에 적합한 것은 아니며, 개입에서도 문화적 민감성이 필요한 것이라고 믿고, 자신의 발전을 위해 자문, 감독, 수련 및 교육을 받아야 한다.

둘째, 사회복지사는 자신의 민족문화와 사회정책에 대한 지식이 클라이언트와 자신에게 주는 영향을 알고 있어야 한다. 클라이언트의 세계관을 이해하며, 문화적 배경이 다른 클라이언트들에게 자신의 가치관이나 기대를 강요하지 않고 클라이언트를 정형화하지 않아야 한다. 사회정책이 모든 집단에 영향을 준다는 것을 이해하고, 사회정책이 어떻게 소수민족 클라이언트 서비스 개입에 작용하는지를 판단해야 한다.

셋째, 사회복지사는 문화적으로 다양한 클라이언트에게 개입하는 기술을 습득하여야 한다. 즉, 사회복지사는 클라이언트에게 목표, 기대, 법적 권리 등 개입과정에 대해 정보를 주어야 할 책임이 있고, 클라이언트의 생활경험이나 문화, 가치관과 조화되는 목표를 설정하고 다문화적 개입방법과 전략을 수행해야 한다. 또한 클라이언트를 하나의 접근이론에 맞추도록 강요하지 않으며, 개입기법이 문화제한적이라는 것을 인식하여 클라이언트와 적절하고 정확하게 언어적·비언어적 메시지를 주고받아야 한다.

넷째, 사회복지사는 사회복지 개입이 다문화사회의 맥락에서 매우 다양한 형태로 이루어진다는 점을 인식해야 한다. 각각의 이론들은 다른 문화집단에 다르게 적용되는 독특한 속성을 가지고 있어 특정 집단에 적용하였을 때 한계가 있다. 따라서 사회복지사는 개방된 자세로 다문화 클라이언트의 상황과 요구에 맞는 전략으로 변화하고자 하는 의지와 융통성을 지녀야 한다.

다문화사회에서 인권문제는 중요한 사회적 이슈가 되고, 그와 관련된 실천활동의 중요성도 커진다. 왜냐하면 이주노동자, 결혼이민자와 그 아이들은 인종이나 피부색 등 우리 사회의 소수자이며 약자로 차별받기 쉽기 때문이다. 특히 순혈주의, 다른 인종과 민족에 대한 배타의식이 강한 우리 사회에서는 이주노동자와 결혼이민자 가족 등 우리 사회의 소수자와 관련된 인권문제가 발생할 가능성이 더욱 크다(박주현・최경덕, 2011).

다문화사회에서 인권문제는 문화적 차이로 말미암아 발생할 수도 있다. 다문화사회는 다수 문화와 소수 문화가 공존하는 사회인데, 소수자에게 다수 문화를 일방적으로 수용하도록 강요함으로써 갈등과 인권침해가 발생할 수 있다. 예를 들면, 우리 사회에서 가족구성원 개인의 자유와 권리보다 가족구성원으로서의 의무와 희생을 우선하는 문화적 전통이 강한데, 우리와 다른 사회문화에서 성장한 외국인은 이를 수용하기 어려울 것이다.

06

사회복지실천현장에 대한 이해

1. 사회복지실천의 장
2. 사회복지사의 역할

06
CHAPTER

사회복지실천현장에 대한 이해

학습목표

- 사회복지실천현장들을 기관의 기능, 목적에 따라 살펴본다.
- 사회복지실천현장들을 기관설립 주체, 재원 조달 방식에 따라 살펴본다.
- 사회복지실천현장들을 서비스 제공방식에 따라 살펴본다.
- 사회복지실천현장에 종사하는 여러 사회복지사의 역할을 알아본다.

1. 사회복지실천의 장

사회복지실천의 장은 사회복지실천이 이루어지고 있는 현장이라고 할 수 있는데, 이 개념을 알아보고 사회복지실천현장을 분류하여 살펴보면 다음과 같다(사회복지연구센터 편저, 2013).

1) 사회복지실천현장의 개념

사회복지실천현장은 넓은 의미에서 분야 또는 영역을, 좁은 의미에서는 클라이언트의 문제해결을 위해 사회복지사들이 활동하는 장소라고 할 수 있다. 넓은 의미에서의 실천현장은 사회복지실천 분야(field of practice) 또는 서비스 초점이 되는 문제영역(problem area)을 포괄하는 개념으로서, 클라이언트에게 서비스를 제공하기 위해 직접적·간접적으로 관련되는 모든 현장을 뜻한다. 이때의 실천현장은 물리적 '장소'의 개념을 넘어 사회복지실천이 이루어지고 있는 전문분야를 일컫는다. 일반적으로 장애인, 아동, 노인, 여성, 가족, 청소년과 같은 대상별 분류나 문제영역별로 교정, 약물남용, 정신건강 등으로 분야를 나눌 수 있다. 최근 들어 교도소, 학교, 병원, 기업, 군부대와 같이 특정 현장에서 이루어지는 교정복지, 학교사회복지(또는 학교사회사업), 의료복지, 사회공헌, 군사회복지 등이 특정 현장에 국한되어 서비스가 이루어지는 장(setting)에 따라 현대사회에서 새롭게 등장한 사회복지실천현장이라 할 수 있겠다.

특정 서비스 대상이나 사회문제에 초점을 두고 서비스를 제공하는 사회복지기관들이 늘어나면서, 사회복지실천현장은 점차 세분화되고 있다. 분야중심의 실천현장에 대한 이해를 높이는 것은 특정 클라이언트 집단이나 유사한 형태의 사회적 문제에 관해 구체적이고 전문적인 지식과 기술을 갖추게 함으로써 보다 효과적인 서비스 전달을 가능하게 한다.

좁은 의미에서 실천현장은 클라이언트에게 사회복지서비스를 직접 또는 간접적으로 제공하는 사회복지기관을 의미한다. 기관은 클라이언트의 문제해결과정에 중요한 영향력을 미치며 사회복지사들의 활동을 규정하는 환경이라고 할 수 있다. 특히 기관의 조직적 특성과 맥락을 이해하는 것은 기관을 이용하는 클라이언트에게 정확하고 구체적인 정보를 토대로 개입계획을 세우고, 업무수행에 필요한 자원을 활용하여 효과적 개입을 가능하게 함으로써 인접 기관이나 환경변화에도 적절히 대처할 수 있게 해준다.

2) 사회복지실천현장의 분류

사회복지실천현장의 분류를 살펴보면 기관의 기능 혹은 목적에 따른 분류, 기관 설립주체 및 재원 조달방식, 서비스 제공방식, 주거서비스 제공 여부 등으로 나누어 설명할 수 있는데 그 내용은 다음과 같다(이영실 외, 2014).

(1) 기관의 기능 혹은 목적에 따른 분류

① 1차 현장

기관의 주된 기능과 목적은 사회복지서비스를 제공하는 것이다. 일반적으로 사회복지사들이 중심이 되어 활동한다. 예를 들면, 지역사회의 종합사회복지관, 장애인복지관, 노인복지관, 사회복귀시설 등이 있다.

② 2차 현장

기관의 일차적인 기능은 따로 있으며, 필요에 의해 사회복지서비스를 제공한다. 사회복지서비스가 기관의 목표 달성과 서비스의 효과성에 미치는 긍정적 영향이 인정되어 사회복지실천이 부분적으로 수행되는 실천현장을 말한다. 예를 들면, 학교, 병원, 교정시설기관, 보육시설, 기업, 의료기관, 동주민센터, 보건소, 모자보건센터, 노인요양시설 등이 있다.

(2) 기관 설립주체 및 재원 조달방식에 따른 분류

① 공공기관

공공기관은 정부의 지원에 의해 운영되며, 중앙부처인 보건복지부가 국가예산을 광역자체단체인 서울특별시・광역시・도로 전달하면 시・도는 다시 지방에 배정된 예산을 기초자치단체인 시・군・구로 하달한다. 다시 시・군・구는 배정된 예산에 따라 보다 구체적인 집행을 위하여 최일선 기관인 읍・면・동과 사회복지기관에 하달하여 사회복지전문요원이나 사회복지기관의 직원들에 의해 이어지는 사회복지 전달체계를 형성하고 있으며, 사회복지서비스의 지원기관으로서 간접서비스를 제공하고 있다.

사회복지전담공무원은 「사회보장급여의 이용・제공 및 수급권자 발굴에 관한 법률」 제43조에 의거하여 사회복지사업에 관한 업무를 담당하게 하기 위하여 시・도, 시・군・구, 읍・면・동 또는 사회보장사무 전담기구에 배치된 사회복지직 공무원이며, 보건복지부령으로 정하는 사회복지에 관한 전문적 업무를 담당하고 있다. 사회복지전담공무원은 1987년 저소득층의 효율적인 보호와

복지 증진을 위하여 저소득층 밀집지역을 중심으로 배치되기 시작하였고, 국민기초생활보장제도의 도입에 앞서 인적 인프라의 확충 차원에서 1999년 일반직 공무원인 사회복지직렬로 재임용되기에 이르렀다. 이후 늘어나는 복지수요에 대한 제공과 국민기초생활보장제도의 정착을 목표로 매년 단계적으로 충원되고 있다.

사회복지전담공무원이 맡고 있는 업무를 살펴보면, 국민기초생활보장수급자 신청을 접수하고 최저생계비, 신청자의 재산, 소득, 부양가족 등의 자료와 신청자와의 상담을 토대로 수급자를 선정하여 수급자에게 생계, 주거, 교육, 장제, 해산 등의 급여를 지급한다. 또한 장애인 차량 지원, 경로당 지원, 노인 교통비 지급, 소년소녀가장 지원, 급식아동 지원, 보육지원사업을 기획하고 실행한다. 그리고 자활이 가능한 대상자를 선정하여 지역사회 사업장이나 관련 기관에 의뢰하여 근로할 수 있도록 지원하고 급료를 지급한다. 자원봉사자를 발굴하고 교육하며 배치하기도 하며, 지역 내 사회복지기관과 연계하고 자원봉사자를 연결하는 일을 담당하고 있다(한국직업사전, 2011).

② 민간기관

민간기관은 사회복지 관련 사업을 목적으로 하는 기관으로서, 사회복지법인이나 재단, 종교단체, 시민사회단체 등이 운영하는 비영리기관을 말한다. 민간기관은 서비스를 직접 제공하는 사회서비스기관과 간접서비스나 행정지원을 위해 조직된 협의체로 구분할 수 있다.

㉠ 한국사회복지협의회

한국사회복지협의회는 비영리법인으로 한국 사회복지사업기관들의 협의체를 말하며, 15개 시·도에 지방사회복지협의회를 두고 있다. 사회복지사업법에 의거하여 사회복지를 목적으로 하는 각종 사업과 활동을 돕고, 이를 위한 국민의 참여를 촉진하여 한국 사회복지의 향상과 발전에 기여하기 위하여 회원 및 관련 단체 간의 연락·협의·조정, 사회복지에 관련한 조사연구 및 정책 건의, 사회복지기관 종사자 교육 훈련, 자원봉사

활동의 진흥, 정보화 사업 등을 진행하고 있다. 또한 국제사회복지회(ICSW : International Conference of Social Welfare)의 회원국으로서 국제기구와의 교류를 통해 민간외교의 전개와 함께 최신 기술과 지식의 도입을 도모한다.

㉡ 사회복지공동모금회

사회복지공동모금회는 국민의 성금으로 마련된 재원을 효율적이고 공정하게 관리하고 운용하기 위해 설립된 단체이다. 1988년 사회복지공동모금법이 시행되어 이 사업이 민간단체로 이관, 전국공동모금회와 지역공동모금회가 설립되어 활동하고 있으며, 주요 활동으로는 사회복지공동모금, 공동모금재원의 배분·운용·관리, 사회복지공동모금에 관한 조사·연구·홍보 및 교육 훈련, 사회복지공동모금과 관련된 국제교류 및 협력 증진, 다른 기부금품 모집자와의 협력 등이 있다.

㉢ 직능단체

사회복지관협회, 노인복지시설협회, 장애인복지관협회, 자활후견기관협회, 재가노인복지협회, 아동복지협회 등이 있다. 이러한 단체들은 서비스대상자들에게 직접적인 서비스를 제공하기보다는 민간사회복지행정조직체로서 사회복지기관의 운영을 지원하고, 이를 통해 사회복지서비스 대상자들을 간접적으로 지원하는 역할을 담당하고 있다.

(3) 서비스 제공방식에 따른 분류

① 행정기관 : 간접서비스 제공

사회복지서비스 전달체계를 효율적으로 운영하기 위해 행정업무를 수행하고 기관 간 연계 및 협의 업무를 담당한다. 업무상 사회복지사의 개입이 필요하거나 혹은 사회복지실천현장과의 교류가 필요하기 때문에 사회복지실천현장으로 중요하다. 관련 주요 부처로는 보건복지부, 고용노동부, 여성가족부, 문화체육관광부 등이 있으며, 민간 행정조직으로 사회복지협의체 등이 있다.

② 서비스기관 : 직접서비스 제공

주요 대상이나 문제영역에 따라서 서비스기관이 분류되며 클라이언트에게 직접서비스를 제공하는 것을 목적으로 한다. 예를 들면, 지역사회복지관, 보육시설, 지역아동센터 등이 있다.

㉠ 사회복지관(보건복지부(2021). 2021 사회복지관 운영 관련 업무처리 안내)

사회복지관이란 지역사회를 기반으로 일정한 시설과 전문인력을 갖추고 지역주민의 참여와 협력을 통하여 지역사회복지[1] 문제를 예방하고 해결하기 위하여 종합적인 복지서비스를 제공하는 시설을 말한다. 이와 같이 사회복지관에서는 저소득 취약계층과 지역주민에 대한 실질적인 사회복지서비스가 이루어질 수 있도록 각 사업을 유기적으로 연계하여 실시하고 있다.

사회복지관은 사회복지서비스 욕구를 가지고 있는 모든 지역사회 주민을 대상으로 보호서비스, 재가복지서비스, 자립능력 배양을 위한 교육훈련 등 그들이 필요로 하는 복지서비스를 제공하고, 가족기능 강화 및 주민 상호 간 연대감 조성을 통한 각종 지역사회 문제를 예방·치료하는 종합적인 복지서비스 전달기구로서 지역사회 주민의 복지 증진을 위한 중심적 역할을 수행하여야 한다.

이를 위해 사회복지관은 지역사회의 특성과 지역주민의 복지욕구에 대한 조사결과를 바탕으로 해당 사회복지관의 실정에 적합한 사업내용을 자율적으로 정하되, 사회복지사업법 시행규칙 별표 3에서 정하고 있는 사회복지관의 3대 기능(사례관리기능, 서비스제공기능, 지역조직화기능)을 균형 있게 수행하여야 한다. 다만, 관할 시장·군수·구청장이 지역적 특성을 감안하여 필요하다고 인정한 경우에는 예외사항을 두거나 별도의 사업을 개발·추진할 수 있다. 사회복지관의 사업을 살펴보면 다음과 같다.

1) 지역사회복지란 주민의 복지 증진과 삶의 질 향상을 위하여 지역사회 차원에서 전개하는 사회복지를 말한다.

〈표 6-1〉 사회복지관의 사업(사회복지사업법 시행규칙 별표 3)

기능	사업 분야	사업 및 내용
사례 관리 기능	사례발굴	지역 내 보호가 필요한 대상자 및 위기개입 대상자를 발굴하여 개입계획 수립
	사례개입	지역 내 보호가 필요한 대상자 및 위기개입 대상자의 문제와 욕구에 대한 맞춤형 서비스가 제공될 수 있도록 사례개입
	서비스 연계	사례개입에 필요한 지역 내 민간 및 공공의 가용자원과 서비스에 대한 정보 제공 및 연계, 의뢰
서비스 제공 기능	가족기능 강화	1. 가족관계증진사업 : 가족원 간의 의사소통을 원활히 하고 각자의 역할을 수행함으로써 이상적인 가족관계를 유지함과 동시에 가족의 능력을 개발·강화하는 사업 2. 가족기능보완사업 : 사회구조 변화로 부족한 가족기능, 특히 부모의 역할을 보완하기 위하여 주로 아동·청소년을 대상으로 실시되는 사업 3. 가정문제해결·치료사업 : 문제가 발생한 가족에 대한 진단·치료·사회 복귀 지원사업 4. 부양가족지원사업 : 보호대상 가족을 돌보는 가족원의 부양부담을 줄여주고 관련 정보를 공유하는 등 부양가족 대상 지원사업 5. 다문화가정, 북한이탈주민 등 지역 내 이용자 특성을 반영한 사업
	지역사회 보호	1. 급식서비스 : 지역사회에 거주하는 요보호 노인이나 결식아동 등을 위한 식사제공서비스 2. 보건의료서비스 : 노인, 장애인, 저소득층 등 재가복지사업 대상자들을 위한 보건·의료 관련 서비스 3. 경제적 지원 : 경제적으로 어려운 지역사회 주민들을 대상으로 생활에 필요한 현금 및 물품 등을 지원하는 사업 4. 일상생활 지원 : 독립적인 생활능력이 떨어지는 요보호 대상자들이 시설이 아닌 지역사회에 거주하기 위해서 필요한 기초적인 일상생활 지원서비스 5. 정서서비스 : 지역사회에 거주하는 독거노인이나 소년소녀가장 등 부양가족이 없는 요보호 대상자들을 위한 비물질적인 지원서비스 6. 일시보호서비스 : 독립적인 생활이 불가능한 노인이나 장애인 또는 일시적인 보호가 필요한 실직자·노숙자 등을 위한 보호서비스 7. 재가복지봉사서비스 : 가정에서 보호를 요하는 장애인, 노인, 소년·소녀가정, 한부모가족 등 가족기능이 취약한 저소득 소외계층과 국가유공자, 지역사회 내에서 재가봉사서비스를 원하는 사람에게 다양한 서비스 제공
	교육문화	1. 아동·청소년 사회교육 : 주거환경이 열악하여 가정에서 학습하기 곤란하거나 경제적 이유 등으로 학원 등 다른 기관의 활용이 어려운 아동·청소년에게 필요한 경우 학습내용 등에 대하여 지도하거나 각종 기능교육 2. 성인기능교실 : 기능습득을 목적으로 하는 성인사회교육사업

		3. 노인 여가·문화 : 노인을 대상으로 제공되는 각종 사회교육 및 취미교실 운영사업 4. 문화복지사업 : 일반주민을 위한 여가·오락 프로그램, 문화 소외집단을 위한 문화 프로그램, 그 밖에 각종 지역문화행사사업
	자활지원 등 기타	1. 직업기능훈련 : 저소득층의 자립능력 배양과 가계소득에 기여할 수 있는 기능훈련을 실시하여 창업 또는 취업을 지원하는 사업 2. 취업알선 : 직업훈련 이수자, 기타 취업희망자들을 대상으로 취업에 관한 정보제공 및 알선사업 3. 직업능력 개발 : 근로의욕 및 동기가 낮은 주민의 취업욕구 증대와 재취업을 위한 심리·사회적인 지원 프로그램 실시사업 4. 그 밖의 특화사업
지역 조직화 기능	복지 네트워크 구축	지역 내 복지기관·시설들과 네트워크를 구축함으로써 복지서비스 공급의 효율성을 제고하고, 사회복지관의 지역복지의 중심으로서의 역할을 강화하는 사업-지역사회연계사업, 지역욕구조사, 실습지도
	주민조직화	주민이 지역사회 문제에 스스로 참여하고 공동체 의식을 갖도록 주민조직의 육성을 지원하고, 이러한 주민협력 강화에 필요한 주민의식을 높이기 위한 교육을 실시하는 사업-주민복지증진사업, 주민조직화, 주민교육
	자원 개발 및 관리	지역주민의 다양한 욕구 충족 및 문제해결을 위해 필요한 인력, 재원 등을 발굴하여 연계 및 지원하는 사업-자원봉사자 개발·관리, 후원자 개발·관리

ⓛ 노인복지시설

노인이 신체적·정서적·사회적·경제적 등의 어려움을 이유로 가족과 생활하기가 어려울 때, 국가·지방자치단체 또는 민간단체가 경영하는 노인의 복지를 증진할 수 있는 시설로서 노인주거복지시설, 노인의료복지시설, 노인여가복지시설, 재가노인복지시설, 노인보호전문기관을 말한다. 노인복지법에 따른 시설의 종류를 살펴보면 다음과 같다.

- 노인주거복지시설
  - 양로시설 : 노인을 입소시켜 급식과 그 밖에 일상생활에 필요한 편의를 제공함을 목적으로 하는 시설
  - 노인공동생활가정 : 노인들에게 가정과 같은 주거여건과 급식, 그 밖에 일상생활에 필요한 편의를 제공함을 목적으로 하는 시설
  - 노인복지주택 : 노인에게 주거시설을 분양 또는 임대하여 주거의 편

의·생활지도·상담 및 안전관리 등 일상생활에 필요한 편의를 제공함을 목적으로 하는 시설

• 노인의료복지시설
  - 노인요양시설 : 치매·중풍 등 노인성 질환 등으로 심신에 상당한 장애가 발생하여 도움을 필요로 하는 노인을 입소시켜 급식·요양과 그 밖에 일상생활에 필요한 편의를 제공함을 목적으로 하는 시설
  - 노인요양공동생활가정 : 치매·중풍 등 노인성질환 등으로 심신에 상당한 장애가 발생하여 도움을 필요로 하는 노인에게 가정과 같은 주거여건과 급식·요양, 그 밖에 일상생활에 필요한 편의를 제공함을 목적으로 하는 시설

• 노인여가복지시설
  - 노인복지관 : 노인의 교양·취미생활 및 사회참여 활동 등에 대한 각종 정보와 서비스를 제공하고, 건강증진 및 질병예방과 소득보장·재가복지, 그 밖에 노인의 복지 증진에 필요한 서비스를 제공함을 목적으로 하는 시설
  - 경로당 : 지역노인들이 자율적으로 친목도모·취미활동·공동작업장 운영 및 각종 정보교환과 그 밖의 여가활동을 할 수 있도록 하는 장소를 제공함을 목적으로 하는 시설
  - 노인교실 : 노인들에 대하여 사회활동 참여욕구를 충족시키기 위하여 건전한 취미생활·노인건강 유지·소득보장 그 밖의 일상생활과 관련한 학습 프로그램을 제공함을 목적으로 하는 시설

• 재가노인복지시설
  - 방문요양서비스 : 가정에서 일상생활을 영위하고 있는 노인(재가노인)으로서 신체적·정신적 장애로 어려움을 겪고 있는 노인에게 필요한 각종 편의를 제공하여 지역사회 안에서 건전하고 안정된 노후를 영위하도록 하는 서비스
  - 주·야간보호서비스 : 부득이한 사유로 가족의 보호를 받을 수 없는

심신이 허약한 노인과 장애노인을 주간 또는 야간 동안 보호시설에 입소시켜 필요한 각종 편의를 제공하여 이들의 생활안정과 심신기능의 유지・향상을 도모하고, 그 가족의 신체적・정신적 부담을 덜어주기 위한 서비스

- 단기보호서비스 : 부득이한 사유로 가족의 보호를 받을 수 없어 일시적으로 보호가 필요한 심신이 허약한 노인과 장애노인을 보호시설에 단기간 입소시켜 보호함으로써 노인 및 노인가정의 복지 증진을 도모하기 위한 서비스
- 방문 간호서비스 : 노인장기요양보험 등급자에게 간호사, 간호조무사, 치위생사가 의사, 한의사, 치과의사의 방문간호 지시서에 따라 어르신의 가정을 방문하여 간호, 진료의 보조, 요양에 관한 상담 또는 구강위생 등을 제공하는 서비스
- 복지용구지원서비스 : 심신기능이 저하되어 일상생활을 영위하는 데 지장이 있는 노인장기요양보험 대상자에게 일상생활 또는 신체활동 지원에 필요한 용구로서 보건복지부장관이 정하여 고시하는 것을 구입하거나 대여하는 서비스
- 재가노인지원서비스 : 경제적・신체적인 이유로 일상생활을 영위하기 어려운 노인(노인장기요양 등급자, 노인돌봄서비스 이용자 제외)과 복지사각지대 노인들에게 일상생활지원, 상담, 사례관리 등 맞춤형 서비스 제공으로 예방적 복지실현 및 사회안전망 구축

- 노인보호전문기관 : 시・도지사 노인보호전문기관을 지정・운영, 노인학대 신고, 상담, 보호, 예방 및 홍보, 24시간 신고・상담용 긴급전화(1389) 운영
- 노인일자리지원기관 : 노인의 능력과 적성에 맞는 일자리지원사업을 전문적・체계적으로 수행하기 위한 전담기관으로 지역사회 등에서 노인일자리의 개발・지원, 창업・육성 및 노인에 의한 재화의 생산・판매 등을 직접 담당하는 기관

- 학대피해노인 전용쉼터 : 노인학대로 피해를 입은 노인을 일정 기간 보호하고 심신 치유 프로그램을 제공하는 시설로서, 각 지역의 노인보호전문기관에서 운영하고 있음

또한 노인복지시설의 수를 살펴보면, 노인인구의 증가와 평균수명의 증가로 고령화시대에 요양보호 수요의 증가, 취미 등 여가활동을 통한 삶의 질 향상을 위한 공간 확보의 필요성이 대두됨에 따라 점점 증가하고 있는 추세를 보이고 있다.

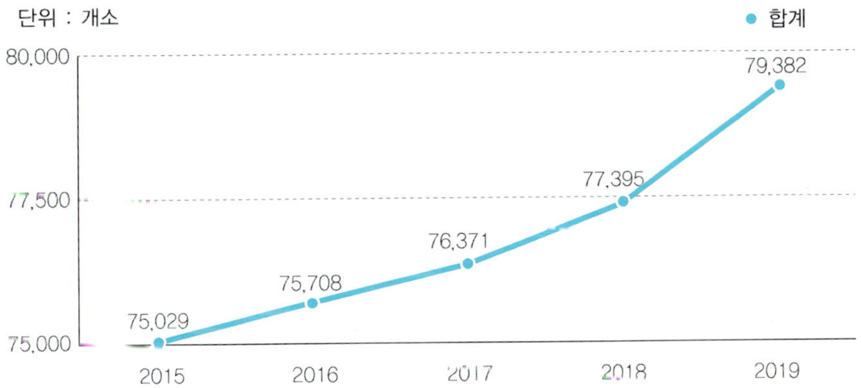

그림 6-1 노인복지시설 현황

출처 : 보건복지부(2021). 노인복지시설 현황.

시설별		2017	2018	2019	2020
총계	시설 수(개소)	76,371	77,395	79,382	82,544
노인주거복지시설	소계	404	390	382	352
	양로시설	252	238	232	209
	노인공동생활가정	119	117	115	107
	노인복지주택	33	35	35	36
노인의료복지시설	소계	5,242	5,287	5,529	5,725
	노인요양시설	3,261	3,390	3,595	3,844
	노인요양공동생활가정	1,981	1,897	1,934	1,881

노인여가복지시설	소계	67,324	68,013	68,413	69,005
	노인복지관	364	385	391	398
	경로당	65,604	66,286	66,737	67,316
	노인교실	1,356	1,342	1,285	1,291
재가노인복지시설	소계	3,216	3,494	4,821	7,212
	방문요양서비스	1,001	1,051	1,513	2,656
	주야간보호서비스	1,174	1,312	1,816	2,321
	단기보호서비스	80	73	78	73
	방문목욕서비스	609	650	942	1,596
	방문간호서비스	10	21	60	95
	복지용구지원서비스	-	0	0	86
	재가노인지원서비스	342	387	412	385
노인보호전문기관	노인보호전문기관	32	33	34	35
노인일자리 지원기관	노인일자리지원기관	153	160	184	196
학대피해노인 전용쉼터	학대피해노인 전용쉼터	-	18	19	19

출처 : 보건복지부(2021). 노인복지시설 현황.

㉢ 장애인복지시설

장애인복지는 장애인의 완전한 사회참여를 통한 사회통합을 목적으로 심신의 결함으로 인하여 가정생활, 사회생활에서 곤란을 느끼지 않도록 국가나 민간 사회복지기관이 제공하는 제도적·정책적 서비스의 조직적 활동과 노력이라고 할 수 있다. 장애인복지시설에 대해 살펴보면 다음과 같다.

- 거주시설
  - 장애인거주시설 : 장애인복지법 제58조 제1항 제1호에 의거 장애인 거주시설이란 거주공간을 활용하여 일반가정에서 생활하기 어려운 장애인에게 일정 기간 동안 거주·요양·지원 등의 서비스를 제공하는 동시에 지역사회 생활을 지원하는 시설을 의미한다.

장애인 거주시설의 종류	내 용
중증장애인 거주시설	장애의 정도가 심하여 항상 도움이 필요한 중증장애인에게 주거지원·요양서비스·일상생활 지원 등의 서비스를 제공하는 시설
장애영유아 거주시설	6세 미만의 장애유아를 보호하고 재활에 필요한 주거·일상생활·지역사회 생활·요양 등의 서비스를 제공하는 시설
장애인단기거주시설	장애인에게 일정 기간 주거·일상생활·지역사회 재활 등을 제공하고 아울러 장애인을 돌보는 보호자의 단기간 휴식을 제공하는 시설
장애인공동생활가정(그룹홈)	지역사회 내 일반 주택을 이용하여 장애인들이 스스로 사회에 적응하도록 가정생활·사회활동 등의 자립생활을 지원하는 시설

- 지역사회 재활시설 중 '장애인주간보호시설'

  일상생활 및 사회생활을 영위하는 데 지원이 필요한 장애인에게 낮 시간 동안 재활 프로그램 및 교육 등의 기회를 제공하고, 또한 장애인 가족구성원이 안심하고 사회·경제활동을 영위할 수 있도록 지원하는 시설

㉣ 아동복지시설

아동복지시설은 아동의 복지를 위하여 아동복지법에 따라 국가 또는 지방자치단체가 설치하거나, 국가 또는 지방자치단체 외의 자가 관할 시장·군수·구청장에게 신고하고 설치한 시설을 말하며, 아동복지시설의 종류는 다음과 같다.

아동양육시설	보호를 필요로 하는 아동을 입소시켜 보호, 양육하는 것을 목적으로 하는 시설
아동일시보호시설	보호를 필요로 하는 아동을 일시보호하고 아동에 대한 향후의 양육대책 수립 및 보호조치를 행하는 것을 목적으로 하는 시설
아동보호치료시설	불량행위를 하거나 불량행위를 할 우려가 있는 아동으로서 보호자가 없거나 친권자나 후견인이 입소를 신청한 아동 또는 가정법원, 지방법원소년부지원에서 보호위탁된 아동을 입소시켜 그들을 선도하여 건전한 사회인으로 육성하는 것을 목적으로 하는 시설
자립지원시설	아동복지시설에서 퇴소한 자에게 취업준비 기간 또는 취업 후 일정 기간 보호함으로써 자립을 지원하는 것을 목적으로 하는 시설
아동상담소	아동과 그 가족의 문제에 관한 상담, 치료, 예방 및 연구 등을 목적으로 하는 시설
공동생활가정	보호를 필요로 하는 아동에게 가정과 같은 주거여건과 보호를 제공하는 것을 목적으로 하는 시설

아동전용시설	어린이공원, 어린이놀이터, 아동회관, 체육, 연극, 영화, 과학실험전시시설, 아동휴게숙박시설, 야영장 등 아동에게 건전한 놀이·오락, 그 밖의 각종 편의를 제공하여 심신의 건강유지와 복지증진에 필요한 서비스를 제공하는 것을 목적으로 하는 시설
지역아동센터	지역사회 아동의 보호·교육, 건전한 놀이와 오락의 제공, 보호자와 지역사회의 연계 등 아동의 건전 육성을 위하여 종합적인 아동복지서비스를 제공하는 시설

㉤ 청소년복지시설

청소년복지 지원법 제31조에 따라 청소년복지시설의 종류는 다음과 같다(개정 2021. 3. 23).

청소년쉼터	가정 밖 청소년에 대하여 가정·학교·사회로 복귀하여 생활할 수 있도록 일정 기간 보호하면서 상담·주거·학업·자립 등을 지원하는 시설
청소년자립지원관	일정 기간 청소년쉼터 또는 청소년회복지원시설의 지원을 받았는데도 가정·학교·사회로 복귀하여 생활할 수 없는 청소년에게 자립하여 생활할 수 있는 능력과 여건을 갖추도록 지원하는 시설
청소년치료재활센터	학습·정서·행동상의 장애를 가진 청소년을 대상으로 정상적인 성장과 생활을 할 수 있도록 해당 청소년에게 적합한 치료·교육 및 재활을 종합적으로 지원하는 거주형 시설
청소년회복지원시설	소년법 제32조 제1항 제1호에 따른 감호위탁 처분을 받은 청소년에 대하여 보호자를 대신하여 그 청소년을 보호할 수 있는 자가 상담·주거·학업·자립 등 서비스를 제공하는 시설

㉥ 정신건강증진시설

정신건강증진시설은 정신건강 관련 교육·상담, 정신질환의 예방·치료, 정신질환자의 재활, 정신건강에 영향을 미치는 사회복지·교육·주거·근로환경의 개선 등을 통하여 국민의 정신건강을 증진시키는 사업을 하기 위해 설립된 시설을 말한다. 「정신건강증진 및 정신질환자 복지서비스 지원에 관한 법률」에 의해 정신의료기관, 정신요양시설 및 정신재활시설을 예로 들 수 있다. 정신의료기관은 주로 정신질환자를 치료할 목적으로 설치된 병원이 대표적이며, 정신요양시설은 정신질환자를 입소시켜 요양 서비스를 제공하는 시설을 말한다. 그리고 정신재활시설이란 정신질환자 또는 정신건강상 문제가 있는 사람 중 대통령령으로 정하는 사람(정신질환자 등)의 사회적응을 위한 각종 훈련과 생활지도를 하는 시설을 말한다.

ⓢ 여성 및 가족, 다문화복지시설

여성 및 가족 복지기관은 여성 개개인의 인간다운 삶을 보장하고 조화로운 가족관계를 활성화하고, 가족생활이 지닌 가치를 강화하며, 가족구성원 개개인의 건정한 인격발달과 사회인으로서의 기능을 수행할 수 없는 개인과 가족을 지원하기 위해 설립된 기관을 말한다.

「성폭력방지 및 피해자보호 등에 관한 법률」에 의한 성매매피해자 등을 위한 지원시설, 성매매방지 중앙지원센터, 건강가정지원법과 다문화가족지원법에 의한 건강가정지원센터와 다문화가족지원센터를 예로 들 수 있다.

ⓞ 노숙인복지시설

노숙인 발생 예방 및 노숙인들이 심신장애를 극복하여 정상적인 사회생활로 복귀할 수 있도록 신체적·심리적 치료의 재활기능을 담당하고, 실직 노숙인들에게 숙식서비스를 제공하여 생활안정 도모, 입소자들의 생활을 도와 취업의 기회를 제공하는 시설을 말한다.

ⓙ 지역자활센터

지역자활센터란 국민기초생활보장법에 의해 근로능력이 있는 저소득층이 스스로의 힘으로 일어설 수 있도록 안정된 일자리 제공 및 자활능력 향상을 지원하기 위해 설립된 보건복지부 지정사업기관을 말한다.

지역자활센터는 저소득층의 일자리를 창출하고 주민의 경제적 자립지원과 사회적 일자리 창출을 통한 지역사회 연대 및 지역공동체를 만들어 가는 기능을 수행하고 있다.

ⓒ 학교현장

1997년 교육부에서 학교사회사업 시범 연구사업을 시작하면서 공식적인 학교사회복지사 활동을 시작했으나, 공식적인 학교사회복지 법제화는 이루어지지 않았다. 현재 학교사회복지사가 학교에 계약직이나 정규직으로 채용되어 활동하거나 지역사회 기관에 소속된 채 학교에 파견되는 형태로 운영되고 있다.

학교사회복지 관점은 다음과 같다.

- 학생은 다양한 환경체계(또래, 가족, 학교, 지역사회) 안에서 상호작용을 하며 생활한다.
- 학생이 가지는 문제는 개인에게서 비롯되는 경우도 있지만 대개는 생태체계도에서 제시된 다양한 환경체계와의 부정적인 상호작용을 통해 어려움을 가지게 된다.
- 따라서 학생들의 어려움을 해결하기 위해서는 학생뿐 아니라 다양한 환경체계에 대해서도 개입을 해야 한다.
- 이러한 관점에서 학교사회복지는 학생들의 어려움을 해결하기 위해 교사, 학부모, 지역사회 유관기관(사회복지기관, 상담기관, 의료기관, 종교기관 등)의 다양한 전문가들과 협력한다.

③ 주거서비스 제공 여부

㉠ 생활시설

사회복지실천현장에서 생활시설은 클라이언트가 개인적으로 활동을 할 수 없거나 부양가족의 능력이 부족하여 주거를 포함하여 제반 사회복지서비스를 제공하는 기관을 말한다. 아동 · 노인 · 장애인 · 노숙인 · 청소년 · 모자가정 · 성폭력 또는 가정폭력피해자 등에게 의식주 등에 대한 사회복지서비스를 24시간 제공하는 사회복지실천현장이다. 예를 들면, 장애인생활시설, 보육시설, 청소년쉼터, 노인전문요양시설, 그룹홈 등이 있다.

㉡ 이용시설

사회복지실천현장에서 이용시설은 주거서비스는 제공하지 않으며, 지역사회에 거주하는 클라이언트를 대상으로 사회복지서비스를 제공하는 기관을 말한다. 예를 들면, 종합사회복지관, 장애인복지관, 노인복지관, 재가복지센터, 청소년수련관, 데이케어센터, 자활후견센터, 성폭력피해상담소, 영유아보육시설 등이 있다.

2. 사회복지사의 역할

사회복지실천현장에 종사하는 사회복지사의 역할에 관해 서비스 직접 제공자, 체계연결자, 체계개발자, 체계 유지와 강화 역할, 연구자와 조사활용자의 다섯 가지로 나누어 볼 수 있다. 구체적인 내용은 다음과 같다(강병철 외, 2013; 김용환 외, 2013; 박주현 외, 2014; 윤선오 외, 2015).

1) 서비스 직접 제공자

(1) 가능하게 하는 자

가능하게 하는 자(enabler)로서의 사회복지사의 역할은 클라이언트가 자신의 감정을 더욱더 잘 이해하고, 행동을 수정하며, 문제상황에 대처할 수 있도록 도움으로써 그들의 사회적 기능을 향상시킨다.

(2) 조력자

조력자로서의 사회복지사 역할은 클라이언트가 위기상황에서 다양한 스트레스에 대처하도록 돕는다. 조력자는 희망을 전하고, 저항이나 양가감정을 줄여주며, 개인의 강점이나 사회적 자원을 발굴하고 지지해 주는 것 등이다.

(3) 교육자

교육자로서의 사회복지사 역할은 클라이언트와 다른 체계에 정보를 제공하며, 기술을 가르치는 일을 포함한다. 즉, 좋은 교육자가 되기 위해 사회복지사는 관련 분야의 많은 전문지식과 정보를 갖추어야 한다. 또한 청소년에게 성교육을 제공하거나, 부모들에게 양육기술을 가르치고, 장애인에게 사회기술훈련을 시키는 등 클라이언트에게 필요한 구체적 행동이나 기술을 가르치는 것이다. 더불어 효과적인 교육자가 되기 위해 사회복지사는 정보를 명확히 전달하고 이해시키기 위한 효율적 의사소통기술이 필요하다.

2) 체계연결자

(1) 중개자

클라이언트를 적절한 인간자원과 연결시키는 사회복지사의 역할이다. 사람을 자원과 연결시키기 위해서는 지역사회의 자원에 대해 잘 파악하고 있어야 적절하게 의뢰할 수 있다. 연결 담당자와 좋은 업무관계를 유지하면서 자원체계의 정책을 잘 파악하고 있는 것이 성공적 의뢰의 필수요소이다.

예를 들자면, 학교폭력 가해학생에게 지역사회복지기관에서 실시하는 분노조절 프로그램을 소개하는 것, 거동불편 노인에게 무료급식제공기관의 밑반찬 배달서비스를 연계하는 것 등이다.

(2) 사례관리자/ 조정자

사례관리자 또는 조정자의 역할은 클라이언트의 욕구나 문제가 무엇인지를 파악한 후 문제해결을 위해 필요한 자원이나 서비스를 개발하고 연계시켜 주며, 이러한 서비스가 원래의 목표에 따라 지속적으로 잘 제공되고 있는지를 관리하고 도와주는 역할이다. 가령 장애아동의 경우 장애와 관련한 서비스 외에도 교육이나 친구, 가정환경 등 건강한 발달을 돕기 위한 다양한 서비스가 필요하다. 따라서 한 명의 사회복지사나 특정 복지기관의 제한된 자원만으로는 이러한 클라이언트의 문제를 효과적으로 해결하기가 어렵다. 그러므로 사회복지사는 지역사회의 사회복지관, 학교, 병원, 재활치료센터, 상담기관 등과의 긴밀한 연계를 통해 이러한 클라이언트를 도와줄 수 있다.

(3) 중재자

중재자의 역할은 서로 다른 두 집단 간의 갈등이나 이해관계를 해결하여 서로 간에 만족스러운 결과를 얻을 수 있도록 도와주는 역할이다. 가령 노동자와 고용주 사이의 갈등 또는 집주인과 세입자의 갈등이 있을 때 양측의 이해관계를 고려하여 최선의 해결책을 제시하고 서로에게 만족을 주도록 도와주는 것이다. 중재자의 역할을 수행하는 사회복지사는 양쪽의 입장을 정확히 이해하여 어느 한쪽의 입장을 편파적으로 지지하지 않고 중립적 위치에서 갈등을 해결해 나가는 것이 매우 중요하다.

(4) 클라이언트 옹호자

옹호란 사회정의를 지키고 유지하려는 목적으로 개인, 집단, 지역사회의 입장에서 직접적으로 대변·개입·지지하는 행동을 포함한다. 사회복지실천 초창기부터 사회복지사의 주요 역할인 옹호자의 역할은 클라이언트 개인이나 집단의 권익보호를 위해 새로운 자원이나 서비스를 제공하도록 대신 촉구하는 정치적 역할을 수행하며, 특히 클라이언트가 필요한 것을 얻을 힘이 거의 없을 때에 적절하다. 중재자의 역할이 양측의 이해를 절충하고 타협하여 공동의 이해영역을 도출하는 역할임에 비해, 옹호자의 역할은 클라이언트의 이해와 권리만을 대변하는 역할이다. 예를 들면, 사회복지사가 클라이언트의 직장에서 임금체불 문제를 해결하는 것, 미등록 이주노동자 자녀가 교육받을 수 있도록 관계법 개정을 제안하는 것 등이다. 단, 사회복지사는 클라이언트의 권리나 이익을 법적인 범위 안에서만 옹호할 수 있다(김융일 외, 1995).

+ 참고

1. **사례옹호**(case advocacy) : 클라이언트 개인이나 가족들에게 자격이 있음에도 불구하고 서비스가 거부되었을 때 이 서비스를 받을 수 있도록 돕고 이 서비스가 이들의 존엄성을 지켜주는 방식으로 전달되도록 하는 것
2. **계층옹호**(class advocacy) : 특정 계층이나 집단에게 영향을 미치는 정책, 실천 혹은 법을 변화시키고자 하는 것

   ※ 계층옹호와 사회행동이 적절한 경우(Hepworth et al., 2006)

   ① 서비스나 급여가 수혜자격을 가진 집단이나 지역사회에서 거부되었을 때

   ② 서비스나 실천이 비인간적이거나 대결적이거나 혹은 강요적일 때

   ③ 인종, 성별, 성적 지향, 종교, 문화, 가족형태 혹은 다른 요인 때문에 차별적인 실천이나 정책이 실시될 때

   ④ 서비스나 급여의 틈새가 불필요한 어려움을 가져오거나 역기능에 기여할 때

⑤ 정부 또는 기관의 정책과 절차, 지역사회 혹은 직장에서 하는 일이 집단의 사람들에게 불리하게 영향을 미치거나 이들을 표적으로 할 때
⑥ 상당히 많은 사람들이 공통욕구를 가졌으나 이를 위한 자원이 이용 가능하지 않을 때
⑦ 클라이언트의 시민 혹은 법적 권리가 거부되었을 때

3) 체계개발자

(1) 프로그램 개발자

사회복지사는 클라이언트의 욕구 발생에 대응하여 서비스를 개발할 기회가 있다. 예를 들어, 교육적인 프로그램, 지지집단, 기술개발 프로그램 등이 있는데, 현재 사용하는 개입에 대한 자료수집 등을 사정하여 기관의 서비스를 확대하거나 증진시켜야 한다.

(2) 기획가

사회복지사는 접근성이 떨어지는 작은 지역사회, 시골지역, 신흥도시에서 보통 지역사회 지도자와 함께 기획하는 역할을 맡을 필요가 있다. 이 역할에서 그들은 공식·비공식적으로 영향력 있는 사람들과 함께 욕구에 대응하여 프로그램들을 계획한다. 그러한 욕구들은 아동보호 프로그램, 노인과 장애인들을 위한 운송수단, 레크리에이션 프로그램, 건강보호 프로그램 등을 포함한다.

(3) 정책개발자

정책 및 절차 개발과정에서 사회복지사가 참여하는 것은 클라이언트에게 서비스를 제공하는 기관의 범위로 한정된다. 사회복지사는 사회복지실천현장에 있기 때문에 클라이언트의 욕구를 평가하고, 어떤 정책과 절차가 클라이언트의 관심에 부합되는지를 파악할 수 있다.

4) 체계 유지와 강화 역할

(1) 팀 구성원

사회복지사는 많은 기관에서 클라이언트의 문제와 서비스 전달에 협력하는 임상팀의 일원으로 활동하게 된다. 팀 구성은 내과 의사, 심리학자, 정신과 의사, 사회복지사, 간호사, 교사, 작업치료사, 레크리에이션 치료사 등으로 이루어진다.

(2) 촉진자

촉진자는 집단의 지도자 역할을 담당한다. 사회복지사는 가족치료집단이나 과업집단, 교육집단, 자조집단, 감수성 훈련집단, 그 밖의 다른 목적을 가진 집단에 개입한다. 촉진자 역할은 거시적 실천에도 적용할 수 있다. 이때 사회복지사는 사람을 모으고, 의사전달 통로를 만들고, 활동이나 자원을 전달하며, 전문지식이나 기술에 접할 수 있도록 하여 변화노력을 촉진해야 하는 책임이 있다.

(3) 조직분석가

서비스 전달에 부정적 영향을 미치는 기관의 구조와 정책절차 등을 분석하고 지적하는 활동으로, 조직이론과 행정이론에 대한 지식을 갖추고 있어야 한다.

(4) 자문가/ 조언을 받는 사람

사회복지사는 자문을 제공하고 받는 역할을 모두 수행할 수 있다. 즉, 사회복지사가 전문지식을 가지고 자문제공자로서 해야 할 역할도 있지만, 약물남용, 아동학대, 성문제 등과 같은 전문지식이 필요한 문제에 대해서는 그 분야의 전문가로부터 조언을 받아야 한다.

5) 연구자와 조사활용자

연구자는 관심 있는 주제에 관한 문헌연구나 자신의 실무에 대한 평가, 프로그램에 대한 분석, 지역사회 욕구조사 등의 활동을 통해 이론적 또는 실천적인 전문직으로 발전시키는 활동을 수행하는 역할을 한다. 즉, 지식 개발을 위해 조사나 연구 등을 수행하고 관련 분야에서의 조사, 연구 및 실무의 진행과 평가 등을 통해 전문이론의 발전을 도모하고 동료들과 그 결과를 공유한다. 또한 사회복지사는 자신이 제공한 서비스를 과학적이고 체계적으로 평가할 책임이 있으며, 이러한 과정을 위해 사회복지사는 연구를 수행하고, 연구들을 활용해야 한다.

07

사회복지실천의 관점 : 환경 속의 인간 관점

1. 사회체계 관점
2. 생태체계 관점

07 CHAPTER

사회복지실천의 관점 : 환경 속의 인간 관점

학습목표

- 개인과 환경은 서로 상호작용하며 영향을 주고받고 있으며, 가족, 조직, 지역사회, 사회와 문화가 서로 관련이 되어 있다는 관점의 주요 개념을 이해할 수 있다.
- 인간발달의 생태학을 개념화하여 인간과 환경이 어떻게 관계되어 있는지 이해하고, 생태체계이론과 강점관점을 학습한다.

1. 사회체계 관점

1) 사회체계이론의 주요 개념

일반체계이론(general system theory)은 생물학자인 버틀란피(Bertalanffy)가 1940년대에 처음 제시한 후 1960년대부터 주목을 받았다. 일반체계이론은 유기체와 환경 간의 체계적인 상호작용, 상호관련성에 대해서 전체성, 상호성, 개방성의 개념으로 설명하고 분석하려는 생물학적 이론이다. 즉, 개인과 환경은 어느 한쪽이 다른 한쪽에 일방적인 영향을 끼치는 것이 아니라 양자가 모두 원인인 동시에 결과인 상호적 원인관계(reciprocal relationships)로 형성된 전체로 파악된다. 이러한 체계적 이론은 사회복지실천의 목적과 잘 부합된다고 할 수 있는데, 문제의 파악 및 개입의 초점을 개인 또는 환경의 어느 한 곳에 두기보다는 상호작용하며 영향을 주고받는 전체에 두기 때문이다. 그러므로 체계이론은 환경 속의 인간을 이해하는 데 체계가 성장과 변화를 거쳐 안정성을 유지하는 방법을 설명하는 이론이며, 다양한 체계들 간의 상호작용을 강조하는 개념이다(윤선오 외, 2015).

사회체계(social system)는 가족, 조직, 지역사회, 사회와 문화가 포함될 수 있으며, 사회체계는 그 체계의 하위단위들과 비교적 안정된 사회계층의 모형들 내에 부분적으로 관련되어 있다. 즉, 사회체계는 가족, 소집단, 지역사회를 포함하며, 학교, 교회, 사회기관과 같은 다양한 사회단체들을 포함한다(전재일, 1981). 기본적으로 체계이론의 핵심은 사회체계 간의 상호작용과 상호의존성이다. 사회체계들 일부의 변화가 체계 내와 마찬가지로 다른 체계에까지 파생적 변화의 영향을 미친다.

이처럼 이전의 행동과학이 개인의 기능에 주요 초점을 두었다면, 이와 달리 체계론적 관점에서는 보다 총체적인 것에 초점을 두며, 대인관계를 표적으로 할 경우 사람들 간 행동이 상호적이라는 사실을 강조한다. 체계이론은 사회복지실천가들에게 개념적 준거를 제공하는데, 짝을 이루는 변수들 간의 인과관계로부터 인간과 상황이 하나의 상호 연관된 전체라는 관점으로 인식을 전환하도록 해준다(Tuner, 1996).

2) 사회체계의 주요 개념

(1) 체계

체계(system)란 상호의존적이며 상호 영향을 주고받는 부분들로 구성되어 있는 전체를 의미한다. 이는 다시 말하면, 상호관계를 맺고 있는 구성 단위들의 집합체이지만 구성 단위들의 단순집합이 아니라 구성 단위 간의 상호작용 또는 관계양상을 포함하는 하나의 전체 또는 단위를 의미한다. 이런 맥락에서 체계의 속성은 "전체는 각 부분들의 합보다 크다"고 정의된다(엄명용 외, 2005).

예를 들어, 학교라는 체계는 학교를 구성하고 있는 학생과 교사라는 부분을 통합하는 전체체계이며, 학교를 둘러싼 지역사회와 같은 큰 체계의 입장에서는 학교가 부분이 되는 것이다.

(2) 경계

경계(boundary)는 살아 있는 세포를 둘러싼 막에 비유할 수 있으며, 체계를 둘러싸고 외부와의 접촉을 통제하는 비가시적 경계를 말한다(Zastrow & Kirst-Ashman, 1997). 경계는 한 체계를 다른 체계와 구분해 주거나 체계의 한 부분을 다른 부분과 구분해 주는 경계들로, 경계는 벽과 같은 물리적 경계를 의미할 수도 있고, 정서적이고 심리적인 것일 수도 있다. 예를 들어, 개인의 신체적인 경계는 피부가 되며, 사회체계의 경계(가족, 조직, 지역사회)는 덜 명확하지만 그중 가족과 관련된 예로 대가족, 핵가족, 부부, 부모, 형제자매 등을 나누는 관념적 경계들을 들 수 있다. 경계를 기준으로 에너지나 정보교류의 양에 차이가 있으며, 경계는 명확성(clarity), 투과성(permeability), 유연성(flexibility) 등의 속성을 가지고 있다(Turner, 1996).

(3) 개방체계와 폐쇄체계

개방체계(open system)는 다른 체계와 상호 교류하는 체계이며, 체계 내 사람들이 환경 또는 다른 체계들과 빈번한 상호작용을 하는 경우를 일컫는다. 따라서 개방적인 체계는 체계 내에서뿐만 아니라, 외부로부터와 외부로의 자유로운 에너지・정보・자원의 교환을 통해 체계 자체의 기능을 유지, 발전시킬 수 있다.

폐쇄체계(closed system)는 외부체계들과 상호 교류가 없거나, 혹은 교류할 수 없는 고립된 체계를 말하며, 폐쇄체계에서는 사람들이 주로 그 체계 안에서만 상호작용을 하고 체계 밖의 환경, 혹은 다른 체계와는 상호작용을 하지 않는다. 따라서 환경의 다른 에너지에 접근이 불가능하여 자체의 에너지만을 사용해야 하기 때문에 체계의 번영과 발전이 어렵다. 이러한 현상을 엔트로피

(entropy)라고 한다.

엔트로피(entropy)란 분해되고 해체되고 혹은 무너지거나 사멸하게 되는 체계들의 경향을 일컬으며, 부적 엔트로피(negative entropy) 혹은 네겐트로피(negentropy)는 엔트로피의 반대개념으로, 체계를 유지하고자 하고 발전을 도모하며 생존하는 힘을 말한다(Sheafor & Horejsi, 2008). 폐쇄체계에서는 엔트로피가 증가하는 경향이 있으며, 개방체계에서는 네겐트로피라고 하는 반대과정이 존재하는데, 개방체계는 자유롭게 드나들 수 있는 에너지에 접근할 수 있기 때문에 체계가 그 에너지를 가지고 조직하고 구성할 수 있다. 예기하지 못한 환경의 영향에 대한 폐쇄체계의 전형적인 반응은 조직을 상실하는 것, 체계가 와해되는 방향으로 변화하는 것인 반면, 같은 현상에 대한 개방체계의 전형적인 반응은 자신의 구조를 보다 높은 수준으로 또는 보다 복합적인 수준으로 정교화하거나 변화시킨다(Turner, 1996).

(4) 투입, 전환, 산출, 피드백

투입(input)은 체계 외부로부터 체계 내로 유입되는 에너지나 정보 등을 의미한다. 전환(throughput)은 투입물을 처리하여 체계의 기능 유지에 필요한 형태로 전환하는 작용을 의미한다. 산출(output)은 전환활동을 통해 나타나는 결과물이 체계 밖으로 나타나 다른 체계에 영향을 미치는 것을 의미한다. 피드백(feedback)은 체계가 자신의 기능을 모니터하고 안전한 상태를 유지하기 위해 필요한 것으로, 피드백을 통해 새로운 행위를 산출하거나 기존의 행위를 조절함으로써 스스로의 목적을 향해 나아가도록 하는 과정에 필요한 것이다. 부정적 피드백은 산출이 양적 혹은 질적인 면에서 기대한 바를 충족시키지 못한다는 정보를 전달해 변화를 촉구하는 것이며, 긍정적 피드백은 산출이 바람직하다고 확인시켜 주며 안정성 혹은 현재보다 빈도나 강도를 상향조정할 것을 장려하는 것이다(Compton, Galaway, & Cournoyer, 2005).

(5) 동귀결성과 다중귀결성

동귀결성(equifinality)은 다양한 출발에서 시작해서 동일한 결과에 이른다는 뜻이다. 체계들의 초기 상황이 서로 다르더라도 그 체계들이 개방되어 있어 주변의 체계들과 목적지향적인 교류를 하면 결국 동일한 상태 또는 목적을 이끌어 낼 수 있다는 것이다. 다중귀결성(multifinality)은 똑같은 출발에서 다양한 결과에 이른다는 뜻으로, 유사한 상황에 있는 체계라 할지라도 체계 내의 구성요소들 간의 상호작용 양상, 또는 체계들과의 상호작용 양상과 특성이 다르면 최종 상태도 서로 달라질 수 있음을 나타낸다. 한 가지 원인이 여러 결과를 유발할 수 있다는 개념이다. 따라서 유사한 문제를 갖고 있는 클라이언트라 하더라도 문제의 종결상태가 항상 동일하지는 않다고 할 수 있다(윤선오, 2015).

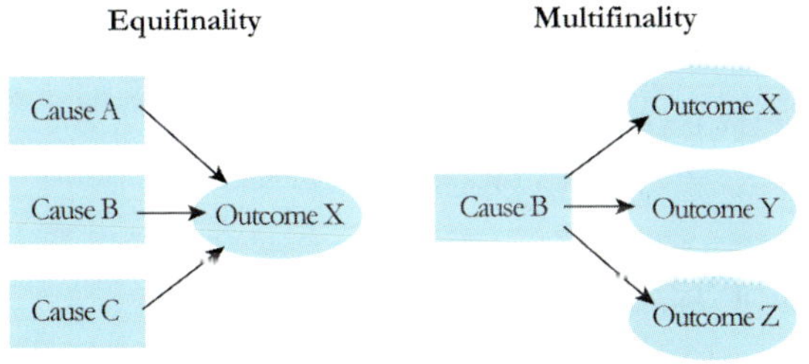

동귀결성과 다중귀결성을 사회복지실천현장에서 살펴보면, 형제자매처럼 똑같은 부모 밑에서 태어나서 똑같은 환경에서 학교를 다니고 성장하지만 성인이 된 후 서로 달라진 삶의 모습을 하고 있는 사람들을 많이 볼 수 있다. 한편 서로 다른 환경에서 태어나고 다양한 경험을 통해 성장하지만 결과적으로 동일한 결과가 나타나기도 한다. 아이들이 성장하면서 경험하게 되는 좌절, 실패, 위기, 외로움 등을 어떻게 대처하느냐에 따라 결과는 달라질 수 있다. 이것은 개인의 대처능력 또는 회복능력에 따라 달라질 수도 있지만, 개인을 둘러싸고 있는 체계(가족, 형제, 이웃, 또래집단, 학교, 지역사회 등)의 영향을 어떻게 받느냐에 따라 달라질 수도 있는 것이다.

2. 생태체계 관점

생태학은 생물학적 유기체와 그 유기체가 놓인 사회적·물리적 환경 간에 존재하는 복잡하면서도 짜임새 있는 상호 의존적인 체계에 관한 학문 분야이다. 브론펜브레너(Bronfenbrenner)는 아동에 대한 이해가 사회문화적 맥락에서 이해되어야 한다는 관점을 강조하면서, 인간에 대한 이해는 인위적인 실험실 연구가 아닌 인간을 둘러싼 실제 삶의 맥락 내에서 연구되어야 한다고 주장하면서 인간이 환경과 어떻게 관계되어 있는지를 이해하는 방법으로 인간발달의 생태학을 개념화하였다. 그의 이론은 생태학적 체계이론(ecological system theory) 혹은 생태체계모델(eco-system model)이라는 용어로 사용되었다. 이후 저메인과 기터만(Germain & Gitterman, 1980)이 생활모델이라는 사회복지실천 모델을 제시하면서 사회복지실천에서도 생태체계 관점을 적용하게 되었으며, 하나의 개체는 연결된 다양한 여러 요소들과 서로 체계적으로 상호작용한다고 보는 것이 생태체계이론의 주요 관점이다(윤선오 외, 2015).

1) 생태체계이론의 주요 개념

생태체계이론의 주요 개념을 적소, 적합성, 적응, 수용능력, 호혜성, 경쟁, 공생, 전문화, 상호교류, 상호의존, 스트레스, 대처의 열두 가지로 나누어 볼 수 있는데, 구체적인 내용을 살펴보면 다음과 같다(김혜영 외, 2012; 강병철 외, 2013; 이은희 외, 2014).

(1) 적소

적소(niche)는 특정한 종이 가장 효과적으로 기능할 수 있는 특정한 장소나 환경 같은 것을 말한다(Sheafor & Horejsi, 2008). 우리는 어떤 환경에서 보다 잘 적응하고 기능하는 '가장 적합한(fit best)' 곳을 가지고 있는데, 적소가 그것을 의미한다.

(2) 적합성

적합성(goodness of fit)은 개인의 적응적 요구와 환경의 질이 어느 정도 부합되는가와 관련된 개념이다. 개인과 환경 사이의 상호작용이 성공적이고 적응적일 때, 즉 주요 타인, 사회적 조치, 정치·경제적 구조와 정책, 물리적 환경이 개인의 성장과 발달 그리고 물리적 및 정서적 안녕을 지지할 때 적합성이 이루어진다.

(3) 적응

적응(adaptation)은 개인 대 환경의 적절한 결합을 의미한다. 유기체는 생존을 위해 환경에 의해 선택된 유전적 변천을 이용하면서 그러한 변화에 적응해야 한다. 또한 생명체들은 그들의 욕구에 적합하도록 환경을 변화시키고 이러한 변화에 적응해야만 한다. 즉, 적응은 인간이 환경과 잘 조화하기 위해 사용하는 지속적·변화지향적·인지적·감각지각적·행동적 과정을 말한다. 그런데 유기체가 환경을 너무 심하게 파괴시킨다면 환경은 더 이상 이들을 지원할 수 없게 되고, 마찬가지로 환경이 유기체가 요구하는 것을 제공하지 못하면 유기체의 생존이 위험하게 될 것이다. 또한 생태체계이론에서 적응상의 문제는 병리적인 것이 아니며, 개인의 욕구와 대처가 환경의 자원이나 혹은 지지와 일치하지 못하는 것으로 본다.

(4) 수용능력

수용능력(carrying capacity)은 하나의 생태에서 생존할 수 있는 종의 최대 숫자를 말한다. 만약 종의 숫자가 생태체계의 수용능력을 넘어서면 질병이나 기근, 약탈 등이 발생하여 해당 종의 숫자를 감소시키는 요인이 된다. 어떤 종이 급격하게 증가하거나 감소하면 수용능력을 초과해 생태체계의 건강과 생존에 필요한 균형이 깨진다.

(5) 호혜성

호혜성(reciprocity)은 발달과 생존을 위해 필요한 자원을 환경으로부터 받으며, 호혜적으로 환경은 생명체의 산물을 통해 보다 분화되고, 보다 풍부하고 다양하게 생명체를 지원할 수 있게 된다. 그러나 이러한 호혜적 과정들은 항상 순조롭지만은 않다.

(6) 경쟁

경쟁(competition)은 생태학적 공동체를 형성하는 주요 과정이다. 자원이 제한된 경우 생태체계를 구성하는 다양한 종은 생존을 위해 경쟁하게 된다.

(7) 공생

공생(symbiosis)은 상호작용을 통하여 한쪽 또는 상호 이익을 주는 두 종 간에 빈번한 상호작용을 말한다. 공생에는 악어와 악어새처럼 서로 도움을 주는 상호부조(mutualism), 다른 종에게 해로움도 유익함도 주지 않고, 한 종만 도움을 얻는 편리 공생(commensalism), 숙주가 해를 입는 반면 기생하는 쪽은 유익함을 얻는 기생(parasitism) 등이 있다.

(8) 전문화

전문화(specialization)는 적응의 한 형태이다. 전문화는 경쟁을 감소시키는 이점이 있지만 전문화된 종은 급변하는 환경의 영향에 더 취약하다. 일반적으로 전문화는 상대적으로 안정된 환경에서 종의 생존력을 향상시키지만 극변하는 환경에서는 생존력이 감소하게 된다(Sheafor & Horejsi, 2008).

(9) 상호교류

상호교류(transaction)는 인간이 다른 환경의 사람과 의사소통하고 관계를 맺는 것을 말한다. 무언가 전달하고 교화하는 것이기 때문에 활동적이고 역동적이며, 긍정적이거나 부정적일 수 있다.

(10) 상호의존

상호의존(interdependent)은 한 개인이 다른 사람이나 집단에 의존하고, 의지하는 것을 말한다. 고도의 산업사회에서 인간은 생존하기 위해 서로 필요한 상호의존 관계에 있다.

(11) 스트레스

인간과 환경 간의 복잡한 상호작용 속에서 일상적이고 적응적인 균형 또는 적응적 접합성상에 혼란이 일어날 수 있는데 이것을 스트레스라고 한다. 즉, 일상적 균형이 깨질 수 있는 외부의 압력을 말한다.

(12) 대처

대처(coping)는 적응의 한 형태로 문제를 극복하기 위해 노력하는 것을 의미한다. 스트레스를 경험함으로써 자연적으로 발생하게 되는 대처기술은 정서적 고통을 통제하기 위하여 개인이 수행하는 행동이다. 대처능력을 갖추기 위해서는 내적 자원과 외적 자원이 필요하다. 내적 자원에는 자존감과 문제해결기술이 포함된다. 외적 자원에는 가족, 사회적 관계망 그리고 조직의 자원이 포함된다.

2) 생태체계의 구성

브론펜브레너의 생태체계는 인간의 발달을 사회문화적 관점에서 바라보고 있다. 즉, 아동은 미시체계, 중간체계, 외체계, 거시체계, 시간체계 등 자신을 둘러싸고 있는 직접적인 환경으로부터 자신이 살고 있는 문화적 환경까지 모두 아우르는 다섯 가지 환경체계와의 상호작용을 통해 발달한다고 보았다.

미시체계는 아동의 가족, 친구, 학교, 이웃 등 물리적·심리적 차원에서 아동과 매우 가까운 직접 상호작용 환경을 말한다. 중간체계는 개체에게 존재하는 환경들이 다양하게 겹쳐져 상호작용하는 미시체계 간의 관계망으로 가정과 학교 간의 관계, 학교와 직장 간의 관계 등 미시체계 특성들과 상호작용하는 관계를 말한다. 외부체계는 중간체계의 확장으로 개체가 직접 참여하지는 않으나 개체의 발달에 영향을 비치는 환경체계로 부모의 직업 환경, 근무조건, 이웃, 정부 기관, 비형식적인 사회적 관계망, 부모의 아동 양육을 위한 교육기회 등은 자녀양육이나 가정생활에 강력한 영향을 미친다. 거시체계는 미시체계, 중간체계, 외부체계에 포함된 모든 요소에 사는 문화적 환경까지 포함한다. 이 역시 개체가 직접 참여하지는 않으나 세대에서 세대로 전수되는 행동유형, 신념, 관습 등의 개인이 살고 있는 문화적 환경을 포함하는 개념이다. 시간체계는 아동이 성장함에 따라 겪게 되는 외적인 사건이나 내적인 사건을 그 구성요소로 하는 전 생애에 걸쳐 일어나는 변화와 사회 역사적인 환경을 포함한다. 예를 들면, 초등학교 입학, 중학교 입학, 전학, 학교 중단, 새로운 친구집단 형성 등 발달과정에 새롭게 추가되는 사건들로 인하여 새로운 중간체계에 대한 적응이 필요한 시기이다.

브론펜브레너는 한 체계 또는 둘 이상의 체계가 주요한 전환을 겪는 중대한 변화를 생태학적 전환이라 하였는데, 이러한 생태학적 전환이 환경에서 개인의 역할이나 배경이 변화하는 발달과정의 결과인 동시에 새로운 발달과정에 자극을 주는 사건이 되기도 한다고 말했다. 기존의 연구자들이 아동의 환경을 아동 주변의 직접적 환경과 조건에 한정하여 비교적 좁게 본 데 반해 브론펜브레너는 아동을 둘러싼 환경을 겹겹의 구조로 체계화하고 이들 각 체계와 아동발달 간의 상호관계를 자세히 설명하고 있다.

생태체계의 구성을 자세히 살펴보면 다음과 같다(사회복지교육연구센터, 2014).

(1) 미시체계(micro system)

첫째, 개인 혹은 인간이 속한 가장 직접적인 사회적·물리적 환경들이다.

둘째, 인간은 넓은 의미에서 생리적·심리적·사회적 체계의 한 형태이며, 이러한 인간이 속해 있는 모든 체계는 상호작용한다.

셋째, 미시체계는 인간과 직접적인 대면적인 상호작용을 함으로써 인간에게 영향을 미치며, 미시체계 내에서 아동과 부모, 또래, 교사와 같은 요인들 간에는 직접적인 상호작용이 이루어진다.

넷째, 개인의 특성과 성장시기에 따라 미시체계가 달라진다. 예를 들어, 어릴 때는 가족이 가장 중요하지만 청소년기에는 또래집단이 더 큰 영향을 미칠 수 있다.

예 아동의 입장에서 부모, 친구, 학교 등

(2) 중간체계(mezzo system)

첫째, 두 가지 이상의 미시체계들 간의 관계 혹은 특정한 시점에서 미시체계들 간의 상호작용을 의미한다.

둘째, 가족, 직장, 여러 사교집단 등 소집단 혹은 가족과 같은 개인을 둘러싸고 있는 두 가지 이상의 환경에서 일어나는 과정과 연결성을 말한다.

예 아동의 입장에서 학교(교사)와 가정(부모) 간의 관계, 형제간의 관계, 가정과 또래집단과의 관계 등

(3) 외부체계(exo system)

첫째, 개인과 직접 상호작용하지는 않으나 미시체계에 영향을 주는 사회적 환경들을 말한다.

둘째, 개인은 외부체계에 직접 참여하지는 않지만 이러한 환경들은 인간의 행동에 여러 가지 영향을 미친다. 예를 들어, 어머니의 취업 여부에 따라 아동의 생활패턴이 달라지는 것도 외부체계의 영향이라고 할 수 있다.

예 부모의 직장, 대중매체, 정부기관, 교통통신시설, 문화시설 등

(4) 거시체계(macro system)

첫째, 개인이 속한 사회의 이념이나 제도의 일반적인 형태 혹은 개인에게 영향을 미치는 환경요소를 말한다.

둘째, 미시체계, 중간체계, 외부체계에 포함된 모든 요소뿐만 아니라 개인이 살고 있는 문화적 환경까지 포함한다.

셋째, 개인의 생활에 직접적으로 개입하지는 않지만 간접적으로도 강한 영향력을 발휘하며, 하위체계에 대한 지지기반과 가치준거를 제공해 준다.

넷째, 개별 미시체계(개인)는 사회환경 속에서 상호작용하는 거시체계의 영향을 지속적으로 받는다.

예 정치, 경제, 사회, 법, 문화, 관습 등

(5) 시간체계(chrono system)

첫째, 브론펜브레너가 처음 발표한 생태학적 모델에는 포함되어 있지 않았으나 생태학적 관점에서 아동을 설명하는 데 필요한 체계로 간주되어 후에 새롭게 포함되었다.

둘째, 개인의 전 생애에 걸쳐 일어나는 변화와 역사적인 환경을 포함하는 체계이다.

셋째, 어떤 시대에 출생하여 성장했는가에 따라서 개인은 발달과 삶에 큰 영향을 받는다. 부모, 가족, 친구, 학교 등 개인을 둘러싼 미시체계에서부터 문화, 관습, 이념 등의 거시체계에 이르기까지 모든 생태체계는 개인에게 영향을 미치며 이러한 생태환경은 과거, 현재, 미래의 시간체계의 변화 속에서 작용한다.

예 가족제도의 변화, 결혼관의 변화, 직업관의 변화 등

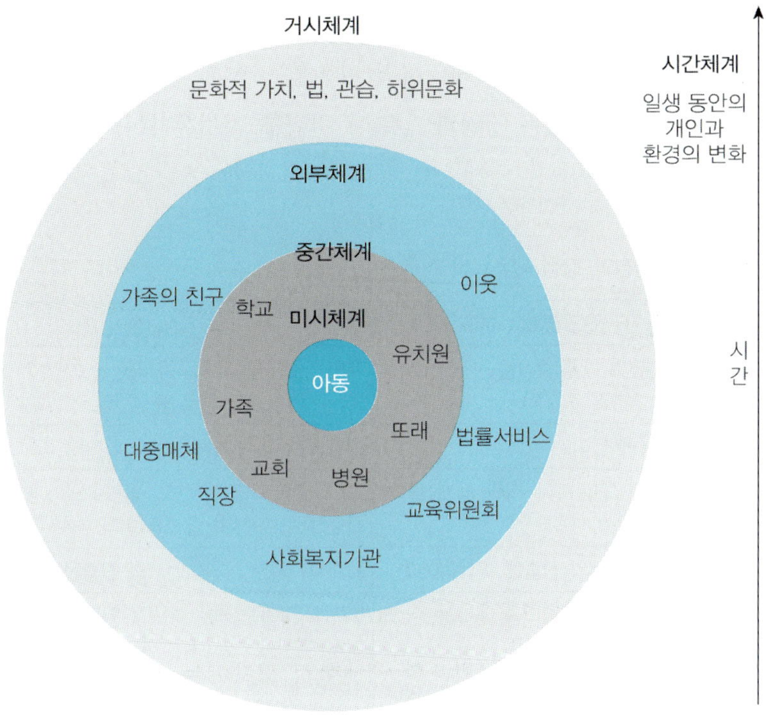

3) 강점관점

강점관점은 그동안 사회복지실천에서 초점을 두었던 문제중심적 관점이 클라이언트의 문제를 해결하지 못하고 있다는 반성으로부터 발전되었다. 강점관점은 사회복지와 원조 전문직에 오랫동안 영향을 준 문제에 초점을 두고 있는 문제-해결(problem-solving) 접근과 병리적인 것에 기초한 모델에 만족하지 못하면서 시작, 발전되어 사회복지관 등 기타 원조 전문직에서 중요한 패러다임의 전환을 가져왔다(강점관점 해결중심 사례관리 매뉴얼, 2006).

강점관점은 1992년 만성정신질환을 가진 클라이언트들이 그들의 삶에서 원하는 것이 무엇인가에 초점을 두어야 한다는 생각에서 시작되었다. 클라이언트가 정신질환이 있음에도 그 문제를 넘어 자신의 삶을 건설할 수 있다는 전제에 기초한다. 클라이언트의 문제에 초점을 두는 것이 아니라 클라이언트가 가진 재능, 자원, 능력에 초점을 두며, 사례관리자는 클라이언트가 목표를 발견할 수 있도록 돕는 것이다. 또한 클라이언트의 재능, 능력, 목표를 성취하는 데 도움이 되는 가족과 이웃, 지역사회 자원들을 함께 발견하는 것이다. 즉, 클라이언트가 가지고 있는 강점과 능력이 변화를 가져온다는 믿음에 근거하고 있다(류승용, 2011).

〈표 7-1〉 병리적 관점과 강점관점의 비교

병리적 관점	강점관점
개인을 사례, 즉 진단에 따른 증상을 가진 자로 규정한다.	개인을 독특한 존재, 즉 강점을 가진 기질, 재능, 자원을 가진 자로 규정한다.
치료의 초점이 문제에 있다.	치료의 초점이 가능성에 있다.
클라이언트의 진술은 전문가에 의해 재해석되어 진단에 활용된다.	클라이언트의 진술은 그 사람을 알아가고 평가하는 중요한 방법 중 하나이다.
사회복지사는 클라이언트의 진술에 회의적이다.	사회복지사는 클라이언트의 진술을 인정한다.
어린 시절 상처는 성인기의 병리를 예측할 수 있는 전조이다.	어린 시절의 상처는 개인을 약하게 할 수도 강하게 할 수도 있다.
치료의 핵심은 실무자에 의해 고안된 치료계획이다.	치료의 핵심은 개인, 가족, 지역사회의 참여이다.
사회복지사는 클라이언트 삶의 전문가이다.	개인, 가족, 지역사회가 클라이언트 삶의 전문가이다.
선택, 통제, 헌신, 개인적 발달의 가능성은 병리에 의해 제한된다.	선택, 통제, 헌신, 개인적 발달의 가능성은 열려 있다.
실천을 위한 자원은 전문가의 지식과 기술이다.	실천을 위한 자원은 개인, 가족, 혹은 지역사회의 강점능력과 적응기술이다.
원조목적은 행동, 가정, 사고관계의 부정적인 개인적·사회적 결과와 증상의 영향을 감소하는 것이다.	원조목적은 그 사람의 삶과 함께하며 가치를 확고히 하는 것이다.

출처 : Saleebey(1996), pp. 296-306.

(1) 강점관점의 주요 원리와 문제사정

문제 자체에 대한 관심보다는 해결점을 발견하고 강점을 강화시키는 데 주요 초점이 있는 강점관점을 실천하기 위한 원칙은 다음과 같다.

① 모든 개인, 집단, 가족, 지역사회는 강점을 가지고 있다. 이는 사회복지사로 하여금 클라이언트의 문제에 집중하기보다는 클라이언트와 그를

둘러싼 환경의 강점을 찾는 데 초점을 두도록 하는 것을 의미한다.

② 트라우마와 학대, 병과 투쟁은 인간을 상처 입게 하지만 동시에 도전과 기회의 자원이다. 이는 사회복지사는 클라이언트가 가지고 있는 문제의 영향을 인정하지만, 그에 대한 해석을 달리하여 문제가 상처를 줄 뿐만 아니라 성장을 위한 도전과 기회라는 긍정적 시각을 유도하는 것을 의미한다.

③ 개인, 집단, 지역사회를 성장시키고 변화시키기를 원한다면 능력의 한계를 모른다고 가정한다. 이 원칙은 사회복지사가 먼저 클라이언트나 관련 체계의 변화 가능성을 한계지어서는 안 된다는 의미로 사회복지사가 열린 마음으로 클라이언트의 변화 가능성을 지지할 때 더 큰 효과를 얻을 수 있다는 것이다.

④ 클라이언트와 상호 협력하여 최선을 다해 클라이언트와 일한다. 이 원칙은 사회복지사와 클라이언트는 수평적인 관계를 가지고 상호 협력함으로써 함께 문제상황을 변화시켜 나간다는 것을 의미한다.

⑤ 모든 환경은 자원들로 가득 차 있다. 이는 사회복지사가 자원의 중요성을 인식하고 환경 안의 자원을 사정하고자 한다면 기존에 예상하거나 자원이라고 생각하지 못했던 자원들을 환경 안에서 발견할 수 있다고 보는 것이다.

08

사회복지실천의 관점 : 통합적 관점

1. 통합적 관점의 등장배경
2. 문제해결모델 : 4체계모델
3. 임파워먼트모델
4. 사회복지 개입수준과 통합적 접근의 적용

08
CHAPTER

사회복지실천의 관점 : 통합적 관점

학습목표

- 핀커스와 미나한의 4체계모델을 통해 포괄적이고 전체적인 관점을 학습하도록 한다.
- 임파워먼트모델의 주요 개념들을 학습하고, 임파워먼트모델의 개입목표를 설정하고 과정을 이해할 수 있다.

〈사례〉 차털이 · 조건사기 · 폭력… 18살 가영이 "친구의 배신, 그때부터 날 놓았어요"

"차털이(문이 열려 있는 차 안에 있는 돈을 훔치는 것), 폭력, 절도해 본 적 있고요. 아, 조건사기(조건만남을 위해 성매수남을 부른 뒤 돈만 빼앗는 것) 쳐봤어요. 이번엔 보호관찰 위반 때문에 왔고요."

동그란 안경에 하나로 단정하게 묶어 올린 머리, 말간 피부의 가영이가 무심하게 자신의 비행을 읊었다. 벌써 두 번째 6호 처분(아동복지시설 보호)이다. "공부를 잘한 건 아닌데 원래는 긴 치마도 입었고 착한 애였어요. 엄마 말도 잘 듣고." 가영이는 어색한 듯 웃었다. 비행의 시작을 묻자 미간을 찌푸렸다. 잘 기억나지 않는다는 듯 고개를 갸웃하더니 중학교 2학년 때의 기억을 떠올렸다. "학교 친구들한테 술이랑 담배를 배우긴 했는데요, 걔네한테 배신당한 게 큰 충격이었어요. 그 이후로 저 자신을 완전히 놓아버린 거 같아요."

그 무렵 가영이는 소셜네트워크서비스(SNS)에서 사이버 폭력을 당했다. 믿을 만하던 친구들에게 연애 고민을 털어놓았던 게 시작이었다. 친구들이 올린 일명 '저격글'(특정인을 공격하고자 올리는 글)은 꼬리표처럼 가영이를 쫓아다녔다. 학교에선 쉬는 시간마다 화장실에 숨어 펑펑 울었고, 그런 학교가 싫어 꾀병을 부렸다. 외로운 마음에 페이스북으로 만난 친구들을 오프라인에서도 만나기 시작했다. 결국 자퇴했고, 각자 다른 이유로 가출한 친구들과 모여 모텔을 전전했다.

회복하지 못한 피해의 경험이 가영이에게 비행의 씨앗이 됐다. 서울신문 자체 설문조사 결과 가영이처럼 학교폭력(11.8%)이나 가정폭력(17.6%), 기타 폭력(7.1%)의 경험이 있다고 말한 아이들이 꽤 많았다.

가영이가 열네 살부터 지금까지 겪은 경험 대부분을 부모님은 알지 못했다. 많은 부모가 아이들과 원만한 관계를 유지하고 있다고 믿는다. 아이들의 78.5%도 주보호자와의 관계가 좋은 편이라고 답했다. 그렇지만 많은 아이들은 어려움을 겪을 때 주보호자(32.4%)보다 또래 친구나 애인(44.5%)을 먼저 찾는다고 답했다. 보호자에게 도움을 요청해 문제가 해결되리라 믿지도 않았지만, 애초에 소년들은 문제를 덮거나 그 상황을 벗어나는 데 급급했다. 소년들의 18.2%는 생활에서 어려운 점으로 가족과의 갈등을 꼽기도 했다.

그런 부모에게 아이의 비행은 갑작스럽다. 처음 절도 혐의로 파출소에 간 가영이를 마주한 엄마는 울며 가영이의 뺨을 때렸다. 가영이는 그런 엄마에게 맞서 싸웠고, 자해를 시도했다. 가영이는 애초 사이버 폭력의 피해자였던 순간에 엄마에게 사실대로 털어놓지 못한 것을 후회한다고 했다. "제가 늦둥이 막내딸이에요. 밖에서 괴롭힘 당했다고 하면, 아빠 · 엄마 마음 아프게 할까 봐, 말 못하고 밖으로만 돌았거든요. 근데 그 이후로, 엄마한테 더 큰 상처를 줬어요. 제가 뭐에 씌었었나 봐요."

〈서울신문, 2020. 11. 1〉

■ 본 기사를 읽고 먼저 드는 생각은?

1. 문제가 많은 청소년들이군. 심층적인 상담과 치료가 필요하겠어.
   ⇨ 문제를 개인에게 초점을 두는 관점
2. 힘든 청소년기를 잘 넘기지 못했군. 학교생활이 많이 힘들었나?
   ⇨ 문제를 청소년기라는 생활주기의 변화에서 오는 스트레스 또는 환경적 영향이라는 관점

1. 통합적 관점의 등장배경

통합적 관점은 사회복지실천을 개인과 환경, 임상적 실천과 사회행동, 미시체계와 거시체계와 같이 이분법적으로 구분하여 별개로 다루어 온 것에 대한 문제인식에 기반하여 이들 간의 상호관련성을 인식하는 데서 출발하였다. 또한 개별사회사업, 집단사회사업, 지역사회조직과 같이 개인이나 집단, 가족, 지역사회 각각에 제한되는 접근방법보다 여러 유형이나 규모를 가진 체계와 관계 맺을 수 있는 접근방법의 필요와 모든 사회복지실천에 공통적으로 적용될 수 있는 통합적 접근이 필요에서 등장하게 되었다(Pincus & Minahan, 1973, 문인숙 · 조성경 · 김선심 · 김융일 · 조홍식 · 윤현숙 공역, 1994 재인용).

스툼프(Stumpf, 1970)는 전통적 방법이 문제를 전체로 보지 않고 단편화시켜 클라이언트의 생활상의 문제에 전체적으로 개입하기보다는 사회복지사의 입장에서 적절히 처리할 수 있는 문제만을 부분적으로 잘라내어 돕는 형식을 취해왔다고 주장하면서(전재일, 1981 재인용) 분화되어 있던 전통적 방법에 대해 비판하였다. 브라이어와 밀러(Briar & Miller, 1971) 역시 전통적인 방법의 한계를 지적하고 있는데, 첫째, 전통적인 방법은 주로 제한된 특정 문제 중심의 개입을 하고 있어 최근의 복잡한 문제상황에 적절히 개입하기 어려운 상황이 발생하고, 따라서 전통적 방법은 이러한 외부적 환경에 의한 자체적인 한계점에 도달해 있다는 것이다. 둘째, 전통적 방법은 지나친 분화와 전문화로 서비스의 파편화 현상을 초래함으로써 다양한 문제와 욕구를 가지고 있는 클라이언

트가 여러 기관이나 사회복지사를 찾아다녀야 하는 부담감을 야기한다는 것이다. 셋째, 전문화 중심의 교육훈련은 사회복지사의 분야별 직장 이동에 도움을 주지 못한다고 지적한다. 넷째, 공통기반을 전제하지 않는 분화와 전문화는 각각 별개의 사고와 언어 및 과정을 보여줌으로써 사회복지전문직의 정체성 확립에 장애가 된다고 하였다(김융일 · 조흥식 · 김연옥, 1995 재인용).

이와 같이 분화되어 있던 사회복지실천방법을 통합하려는 시도로 1958년에 미국사회복지사협회(NASW)가 '사회사업실천의 작업정의' 보고서에서 사회복지실천을 정의했고, 그 이후 1970년대에 체계이론이 사회복지실천의 주요 이론으로 활용되면서 '환경 속의 인간(person in environment)' 개념이 확장되었다. 이 개념에 근거한 통합적 관점모델들로 핀커스와 미나한(Pincus & Minahan, 1973)의 '4체계모델', 콤튼과 갤러웨이(Compton & Galaway, 1975)의 '문제해결모델', 저메인과 기터만(Germain & Gitterman, 1980)의 '생활모델' 등이 등장하였다. 통합적 접근 노력은 사회복지실천에 공통적인 개념, 기술, 과업 및 활동이 있다고 가정하고 공통된 요인을 연관지음으로써 사회복지실천의 전문적 정체성의 기초를 마련하고자 하는 목적이 있었으며(문인숙 외 공역, 1994), 하나의 전문직으로서 자리매김하려는 사회복지전문직의 발달적 맥락(이원숙, 2008 재인용)으로 설명된다. 한편 우리나라에서는 1976년에 핀커스와 미나한(Pincus & Minahan)의 『사회사업방법론 : 통합적 접근』이 번역되어 소개되면서 통합방법론에 대한 관심이 시작되었다.

2. 문제해결모델 : 4체계모델

핀커스와 미나한(Pincus & Minahan)에 따르면, 사람은 만족스러운 삶을 영위하기 위해서는 주변 환경의 체계에 의존하기 때문에 사회복지사는 체계의 변화에 초점을 맞추어야 한다(Pincus & Minahan, 1973). 이러한 체계에는 첫째, 가족이나 친구, 동료와 같은 비공식 지원체계, 둘째, 지역사회 집단이나 협회와 같은 공식적 지원체계, 셋째, 병원과 학교와 같은 사회적 지원체계가 있다.

핀커스와 미나한(Pincus & Minahan)의 이론에 따르면, 문제가 있는 사람의 경우는 도움체계가 존재하지 않거나 적절한 자원이 부족하기 때문에 사회복지사는 클라이언트와 환경 간의 상호작용을 향상시키고 문제를 해결하도록 도와야 한다. 핀커스와 미나한의 통합적 접근의 실천과정은 네 가지 체계로 구성되어 있다. 핀커스와 미나한의 4체계모델은 포괄적이고 전체적인 관점에서 클라이언트 체계를 사정할 수 있는 기초를 제공하고, 사회복지사로 하여금 인간과 그의 공식적·비공식적 자원체계 간의 연결에 초점을 두게 된다. 또한 이 모델은 복잡한 여러 수준의 체계들과 연결되어 있는 상태로서 사람들과 일한다는 점을 강조하고 있다(김융일 외, 2000). 핀커스와 미나한이 제시한 기본 4체계는 다음과 같다.

① 클라이언트 체계

클라이언트란, 서비스나 노움이 필요한 사람을 지칭하며 사회복지사(변화매개인)와 계약이 이루어졌을 때 클라이언트가 된다. 사회복지사는 클라이언트 체계(the client system)와 결과목표에 합의에 이르러야 목적을 명확히 할 수 있다. 이 목표는 사회복지사와 클라이언트 사이의 계약으로 구체화될 수 있고 이 목표는 변화할 수 있다.

예를 들면, 비행청소년의 비행문제 해결을 위해 학교사회복지사와 함께 노력하고자 묵시적 동의를 한 학교교사, 비행문제를 상담하러 온 부모가 될 수 있다.

② 행동체계

변화매개인들이 변화노력을 달성하기 위해 상호작용하는 사람들을 말하는데 이웃, 가족, 전문가 등이 포함된다. 계획적 변화노력에서 사회복지사와 함께 일하는 사람들로 구성된 행동체계(the action system)가 클라이언트 이외의 사람을 포함할 때 그들의 결과목표 또한 고려되어야 한다. 행동체계의 구성원들이 클라이언트 체계의 결과목표에 찬성한다면 그들의 협력은 좀 더 쉽고 확고

해질 수 있지만, 그들은 또한 그들 나름대로의 개인적 이익을 위해 변화를 노력할 수도 있다.

클라이언트 체계와 행동체계의 목표가 갈등적이고 행동체계의 구성원들이 클라이언트 체계의 결과목표를 희생시키면서 그들의 결과목표를 성취하려고 한다면 사회복지사는 클라이언트 체계를 지원하여 행동체계에 영향을 미쳐야 할 것이다(양정남 외, 2016).

③ 표적체계

표적체계(the target system), 즉 변화매개인이 변화 또는 그의 목표를 달성하기 위해 영향을 미칠 필요가 있는 사람들로서 클라이언트 체계와 동일할 수도 있고 상이할 수도 있다. 표적체계는 클라이언트 체계 외부에 있을 때 클라이언트 체계의 목표에 동조적이거나 적대적일 수 있다.

예를 들면, 법원의 강제명령으로 행동치료를 받기 위해 온 비행청소년일 경우, 법원은 클라이언트 체계이고 비행청소년은 표적체계이다. 또한 부모간 갈등으로 심리적 어려움을 호소하는 자녀, 부부를 대상으로 한 가족치료의 경우, 자녀는 클라이언트 체계, 부모는 표적체계이다. 단, 부모도 문제를 인식하고 도움을 요청한다면 부모도 클라이언트 체계에 포함된다.

④ 변화매개체계

변화매개체계(the change agent system)란 클라이언트의 문제상황 변화를 위해 그 문제 관련 체계들을 확인하고 그 체계들과 함께 노력하고자 계획을 수립하고, 실천하고자 노력하는 사회복지사와 사회복지사를 고용하는 기관(사회복지관, 상담실, 각종 쉼터, 치료기관 등)과 조직을 말한다. 계획된 변화를 향해 체계와의 활동을 계획하며, 사회적 인가와 자원을 제공한다(Pincus & Minahan, 1973). 변화매개체계는 기관 나름대로 가지고 있는 활동영역, 활동권위의 확보 및 제공, 각종 자원의 제공 및 연결 등을 통해 실질적인 사회복지사의 활동방향에 영향을 미친다.

이러한 4체계모델은 후에 콤튼과 갤러웨이(Compton & Galaway, 1994)에 의해 사회복지실천을 구성하는 체계를 6체계로 나누었는데, 이는 핀커스와 미나한의 클라이언트 체계, 행동체계, 표적체계, 변화매개체계에 전문체계와 의뢰-응답체계를 첨가한 것이다. 추가된 전문체계와 응답체계를 살펴보면 다음과 같다(사회복지교육연구센터, 2014).

- 전문체계 : 전문가 단체, 전문가를 육성하는 교육체계, 전문적 실천의 가치 등이다.
- 의뢰-응답체계(문제인식체계)
  - 의뢰체계 : 서비스를 요청한 사람이다.
  - 응답(자)체계 : 법원이나 경찰, 외부 전문가 등의 요청에 의해 서비스 기관으로 오게 된 체계이다.

3. 임파워먼트모델

임파워먼트(empowerment)모델은 강점관점보다 좀 더 협의의 개념으로서, 임파워먼트는 무력감을 갖는 개인이나 가족 혹은 지역사회가 힘을 가질 수 있게 해주는 것이다. 클라이언트는 이미 문제를 해결할 수 있는 잠재적인 힘과 능력이 있다는 사실을 전제로 한다. 즉, 강점관점을 도입해 보는 것이다. 이런 강점관점으로 클라이언트를 보았을 때 클라이언트에 대해 과거와는 전혀 다른 새로운 존재로 볼 수 있게 된다(김혜영 외, 2015 재인용).

임파워먼트모델은 클라이언트를 문제중심이 아니라 강점중심으로 봄으로써 클라이언트의 잠재력 및 자원을 인정하고 클라이언트가 건강한 삶을 결정할 수 있도록 권한 혹은 힘을 부여하고자 하는 것이다(김미옥, 2007).

〈표 8-1〉 전통적 문제해결과정과 역량강화과정의 비교

전통적인 문제해결과정	역량강화과정
문제(욕구, 결함, 증상, 병리)를 가지고 있는 개인과 고위험집단을 병리 또는 질병 집단으로 분류	개인과 집단이 문제가 있음에도 불구하고 강점(소망, 열망, 재능, 기술, 지식)과 자질, 내적 자원을 가지고 있다고 믿음
문제가 있는 개인과 집단을 다루어야 할 사례와 문제로 규정	문제를 도전과 기회로 적극적으로 인식
문제, 회복과 같은 병리중심적 용어	회복력, 극복과 같은 가능성, 발전적 용어
개인, 가족, 집단의 삶을 조정하는 전문가, 질문식 인터뷰	• 개인, 가족, 집단이 자신의 삶의 전문가, 클라이언트 자신의 관점에서 정보 수집, • 대화적 · 목적적
초점 : 과거와 현재 중심	초점 : 지금, 여기, 미래 중심
전문가에 의한 원조와 치료계획 중심	개인, 가족, 집단의 협력적 동반자 관계 중심
클라이언트를 수동적 수혜자로 인식, 전문가에 의해 통제됨	클라이언트를 적극적 권리행사자, 소비자, 서비스이용자로 인식
최종목적 : 문제해결	최종목적 : 삶의 질 향상

출처 : Saleebey(1999), p. 18, 장인협(2005), p. 492 재구성.

1) 임파워먼트모델의 등장배경

1970년대에는 일반체계이론과 생태학이론이 사회복지의 주요 이론틀로서 활용되면서, 생태체계적 관점에 근거한 강점 지향 혹은 해결중심 접근의 중요성이 대두되었고, 이는 1970년대 중반에 임파워먼트모델로서 새롭게 나타나게 되었다. 따라서 이 모델은 완전히 새로운 것이 아니라 일반 사회복지에 오랫동안 내재되어 있는 강점중심 개입의 재부상이라고 할 수 있다(김혜영 외, 2015 재인용).

2) 임파워먼트모델의 주요 개념들

사회복지실천에서 임파워먼트를 어떻게 활용하는지 이해하기 위해서는 강점관점, 임파워먼트과정, 역량강화에 대한 충분한 이해가 있어야 하며, 이들이

서로 분리된 것이 아니라 연속적인 일련의 과정으로서 상호 밀접한 연관성을 갖는다는 것을 알아야 한다. 이러한 세 차원을 역동적인 상호작용 관계 안에서 살펴볼 때, 강점관점은 임파워먼트 과정을 활용하여 클라이언트의 역량을 향상시키고자 하는 사회복지사에게 중요한 준거틀이 된다(양옥경, 2010).

(1) 임파워먼트(권한부여)

권한부여는 전통적인 힘, 통제력, 소유, 또는 다른 사람에 대한 영향력, 법적 또는 행정적 권위, 삶의 능력과 권위, 물리적인 힘에 대한 개념으로 다른 사람 등에 대한 통제력, 인간으로서의 권위, 영향력의 소유일 뿐 아니라 스스로의 삶에 대한 통제력을 갖는 것을 의미한다. 특히 개인의 자신 확신, 변화의 가능성 향상, 개인의 진정과 같은 심리학적 경험 등을 강조한다.

권한부여는 개인, 대인관계, 구조적 차원 등 모든 사회체계 수준에 적용 가능하며, 클라이언트에게 임파워먼트를 하고자 하는 사회복지사는 클라이언트의 낮은 지능수준이 문제가 아니라 자원의 부족, 자원에 대한 정보의 부족, 사회구조의 문제에 불과하다는 인식이 필요하다(양옥경 · 김미옥, 1999).

(2) 전문적 관계에 대한 시각 : 협력과 파트너십

임파워먼트모델에서 클라이언트는 전문적인 파트너로서 변화과정에 능동적으로 참여하며, 자신이 처한 환경과 능력을 가장 잘 알고 있는 사람으로 간주된다. 이는 사회복지사와 클라이언트 간의 전문적인 파트너십을 형성하게 한다. 이러한 협력은 클라이언트와 전문가가 서로의 자원을 상호 협력하여 활용하기 때문에 문제해결을 위한 자원의 범위가 활성화되며, 변화 책임에 대한 전문가의 부담을 경감시키면서 성장을 촉진시킨다(김미옥, 2007).

(3) 클라이언트에 대한 시각 : 소비자

클라이언트를 소비자로 보는 개념을 가장 잘 반영하는 것이 바로 임파워먼트 접근이다. 임파워먼트 접근은 클라이언트와 사회복지사의 관계를 협력과 파트너십을 강조한 수평적인 파트너로서 보고 있기 때문이다. 즉, 클라이언트를 개입의 객체가 아니라 주체로 보기 때문에 자기결정권은 가장 잘 보호되고 반영될 수 있다. 따라서 임파워먼트 접근은 클라이언트에 대한 시각을 변화시킨다. 즉, 클라이언트는 기존의 수혜자, 환자, 도움을 받는 사람들이라는 낙인으로부터 소비자라는 개념으로 전환된다(Miley et al., 1995, 이경아 외 공역, 2004 재인용).

(4) 역량

역량(competence)은 인간체계의 구성원을 돌보는 기능을 수행할 수 있으며, 다른 체계와 효율적으로 상호작용하고, 사회적 · 물리적 환경의 자원체계에 기여할 수 있는 능력이다. 임파워먼트모델에 근거한 사회복지사는 개인 문제를 클라이언트 체계의 결점으로 보기보다는 개인적 역량과 환경적 요구 사이의 불일치로 인하여 발생한다고 본다(김혜영 외, 2015 재인용).

3) 임파워먼트모델의 개입목표와 과정

임파워먼트모델에서 사회복지사는 생태체계 관점과 강점지향적 실천을 적용한다. 먼저 사회복지사가 클라이언트의 상황과 환경을 고려하고 클라이언트의 강점과 환경적 자원을 찾고, 그들의 고정된 문제보다 일시적으로 변화되는 욕구를 표현하도록 한다. 그리고 사회복지사는 여러 다양한 체계수준의 해결을 위한 기술을 이끌어 내어 상호 관련시켜야 한다. 또한 사회복지사는 변화과정의 동반자로서 클라이언트와 협력하여야 한다. 임파워먼트는 개인, 가족, 그리고 지역사회가 그들의 상황을 개선하는 행동을 수행함으로써 개인, 개인 상호 간, 또는 정치적인 힘을 증가시키는 과정을 포함한다. 그러므로 클라이언트는 사회복지사와 협력적 관계를 가지면서 목표나 방향설정에 있어서도 스스로 통제력을 가지게 된다. 이러한 역량강화의 실천과정은 대화단계, 발견단계, 발전단계로 구성되어 있다(Miley. K. K., O' Melia, M., & Dubois, B., 2001).

〈표 8-2〉 임파워먼트모델의 실천단계와 과정 및 활동내용

단 계	과 정	활동내용
대화단계 (dialogue phase)	파트너십 형성	• 역량강화의 관계 수립 • 클라이언트의 고유능력 인식 • 사회복지사와 클라이언트 각각의 독창성 존중
	현재 상황의 명확화	• 클라이언트가 겪고 있는 도전적 상황 확인 • 여러 교류적 차원 추가 • 목적 탐색
	방향 설정	• 관계 형성을 위한 예비목적 결정 • 클라이언트의 동기 활성화 • 적절한 자원 탐색의 지도
발견단계 (discovery phase)	강점의 확인	• 클라이언트의 강점 탐색 • 도전적 상황과 문화적 정체성에 대처 • 역경의 극복
	자원의 역량사정	• 클라이언트의 다양한 교류관계(환경, 가족과 사회집단, 조직, 지역사회 제도)의 자원 탐색
	해결방안 수립	• 클라이언트와 환경자원을 활용하고 원하는 목적으로 이끌어 줄 달성 가능한 행동계획 수립
발전단계 (development phase)	자원활성화	• 자원, 자원 운영과 교육을 통하여 이용 가능한 자원을 가동함으로써 행동계획 이행
	동맹관계 창출	• 클라이언트의 본래 원조망과 서비스 전달체계 내부에서 클라이언트 상호 간 역량강화적 동맹관계 수립
	기회의 확대	• 프로그램 개발과 지역사회조직, 사회행동을 통한 새로운 기회와 자원 개발
	성공의 확인	• 성취를 확인하고 지속되는 행위를 알리기 위한 변화노력의 성공평가
	성과의 집대성	• 성공을 축하하고 긍정적 변화를 정착시키는 방식으로 변화과정 종결

출처 : Miley et al.(2001).

4) 임파워먼트모델의 평가

최근 사회복지실천현장에서 임파워먼트모델 실천은 수용시설 거주자, 청소년 집단 등에 효과적인 것으로 나타나고 있다. 최근에는 노인집단, 장애인 집

단, 노숙자 등에게까지 접근의 폭을 더욱 넓히는 추세여서 임상사회복지실천에 매우 유용한 접근방법으로 활용되고 있다(Miley et al., 1995, 김미옥, 2007 재인용).

4. 사회복지 개입수준과 통합적 접근의 적용

사회복지실천은 1970년대 후 개별사회사업, 집단사회사업, 지역사회조직의 3대 방법론으로부터 일원적 통합화를 지향하고 있다. 사회복지의 통합적 접근 방법이란 모든 사회복지사가 개인, 집단, 지역사회에 제기되는 문제에 대처해 나가고자 할 때 활용할 수 있는 방법의 통합화를 말한다(양정남 외, 2016).

밀레이(Miley)는 "통합적 방법이란 사회복지실천의 목적을 달성하기 위한 현대적 접근방법이며, 이러한 관점은 개별적 접근의 한계를 넘어 다양한 인간체계에 대한 개입으로, 사회복지실천 영역의 확장"이라고 주장하였다(Miley, 1995). 이러한 접근은 다양한 인간시스템, 즉 사회, 공동체, 이웃, 복합적 조직, 가족, 개인 등을 변화시켜 사회적 기능을 최대화시키는 것을 말한다(Skidmore et al., 2000).

통합적 접근의 일반주의 사회복지사(generalist)는 여러 상황에서 다양한 집단의 클라이언트, 즉 개인문제에서부터 사회문제까지 원조하며, 개인수준으로부터 지역사회수준까지 개입하는 기술을 사용한다. 일반주의 사회복지사는 BSW(사회복지학부 과정) 교육을 통하여 다방면의 지식을 갖추기 위한 준비과정을 거쳐야 하며 넓은 범주의 실천이론을 이해하여야 한다. 이러한 사회복지사는 여러 가지 이론 또는 그 이론들의 구성요소들을 함께 조합하여 특정 상황의 클라이언트를 위해 합리적이고 포괄적인 접근방법을 강구한다(양정남 외, 2016).

통합적 접근의 일반주의 사회복지사는 기본적인 의학적 문제를 다루고 특수한 문제는 전문의에게 의뢰하는 가정의와 유사하며 이들은 다음의 세 가지의 특징을 가지고 있다. 첫째, 사회복지기관을 방문하는 클라이언트를 최초로 만나는 전문인이다. 둘째, 사회복지사는 클라이언트의 문제규명과 욕구를 평가하는 능력을 갖추어야 한다. 셋째, 클라이언트에게 서비스를 제공하기 위한 광범위한 지식과 기술을 가져야 한다.

09

사회복지실천과 관계

1. 관계형성의 중요성
2. 관계형성의 기본 요소
3. 관계의 기본 원리
4. 관계형성의 실천원칙

09 CHAPTER 사회복지실천과 관계

학습목표

- 관계형성의 기본요소 다섯 가지를 제시하고 각각의 의미를 말로 설명할 수 있다.
- 관계형성의 기본원리 일곱 가지를 제시하고 각각의 의미를 말로 설명할 수 있다.
- 관계형성의 실천원칙 일곱 가지를 제시하고 각각의 의미를 말로 설명할 수 있다.

사회복지실천은 사회복지사(social worker)와 클라이언트(client)의 관계(relation)를 통해서 이루어진다. 즉, 사회복지실천에서 관계의 의미는 사회복지사와 클라이언트의 관계로 한정된 개념이며 본질적으로 도움을 요청하는 클라이언트와 도움을 제공하는 사회복지사 간의 통제적(혹은 제한적) 관계를 의미한다. 따라서 두 사람의 관계 형성이 사회복지실천의 핵심적인 요인이 된다. 즉, 사회복지사와 클라이언트의 관계가 사회복지서비스의 결과에 매우 중요한 영향을 미치게 된다. 그러므로 사회복지사는 관계의 의미와 전문적인 관계의 특성을 잘 이해하고 이를 바탕으로 효과적인 관계형성을 할 수 있는 능력을 갖추어야 한다.

일반적으로 관계는 두 사람 사이의 상호작용을 의미하며 상호작용을 통해서 정서적 교환이나 태도의 교환 혹은 지식이나 정보의 교환 등이 포함된다. 흔히 '관계를 맺고 관계를 유지한다'라는 표현의 의미는 지적인 정보를 교환하는 상호작용적 관계를 의미하기보다는 본질적으로 정서적인 관계성을 의미한다. 사회복지실천에서 '관계'는 일반적인 관계와 유사한 부분도 존재하지만 사회복지만의 독특성을 지니고 있다. 따라서 이 장에서는 사회복지실천에서 관계가 어떤 의미이며 일반적인 관계의 의미와 차이점이 무엇인지를 정리해 보고자 한다.

1. 관계형성의 중요성

사회복지실천에서 사회복지사에게 요구되는 가장 기본적이고 중요한 자질 중의 하나가 클라이언트와의 관계 형성이다. 클라이언트는 기본적으로 욕구와 문제를 가지고 사회복지사를 만나게 되며, 사회복지사에게 클라이언트의 문제해결이나 욕구해소를 위한 개입에 가장 기본이 되는 것이 관계이다. 즉, 관계는 사회복지사가 클라이언트를 돕는 과정을 촉진하는 매개체이다. 그러므로 관계의 질은 사회복지사의 클라이언트에 대한 영향력, 개입에 대한 클라이언트의 수용 정도 그리고 클라이언트를 원조하는 최종 결과를 결정짓는 중요한 요소가 된다. 또한 클라이언트와 맺은 원조관계는 많은 클라이언트의 긍정적인 변화의 원인이 된다.

사회복지사와 클라이언트의 긍정적인 관계 형성을 통해서 클라이언트로 하여금 '자기존중감'을 높이고 자신이 가치 있는 존재라는 느낌을 갖도록 한다. 특히 지속적인 보살핌 혹은 애정관계를 경험해 보지 못한 클라이언트에게는 사회복지사와 맺는 긍정적인 관계가 정서적 박탈에 대한 보상적인 역할을 하게 됨으로써 정서적 박탈에 대한 교정역할을 하게 된다.

2. 관계형성의 기본 요소

사회복지사와 클라이언트의 관계의 가장 큰 특징은 '전문적' 관계라는 점이다. 즉, 클라이언트는 도움을 요청하고 사회복지사는 적절한 전문적인 도움을 제공하는 관계이다. 전문적 관계는 항상 수혜자인 클라이언트의 입장에서 출발을 하여야 하며 도움을 주는 사회복지사는 그에 따른 전반적인 책임을 져야 한다. 일반적인 관계에서도 상호작용적 관계, 상호 간의 신뢰가 중요한 관계의 특성이지만 전문적인 사회복지서비스를 제공하는 사회복지사와 클라이언트의 관계는 일반적인 관계의 특성은 물론이고 전문적인 관계로서의 독특한 특성을 지니고 있다. 여기에서는 관계형성의 기본 요소들을 중심으로 전문적 관계의 특성을 다음과 같이 정리해 보고자 한다.

① 의도된 목적을 지닌다 : 의도된 목적성

전문적 관계 형성의 가장 기본은 개인적 관심을 바탕으로 관계형성을 하는 것이 아니라 일정한 목표에 의한 관심을 갖는 것이다. 그러므로 사회복지사와 클라이언트는 서로 합의한 목적을 바탕으로 관계를 유지하고 발전시켜 나가야 한다. 목적은 클라이언트의 욕구나 문제를 해결하고 나아가 삶의 질을 변화시키기 위한 원조이다.

② 사회복지사는 전문적 관계의 권위를 지닌다 : 권위성

사회복지사의 권위는 전문화된 지식, 기술, 그리고 전문직 윤리강령을 바탕으로 하는 권위와 클라이언트로부터 나오는 자발적인 위임된 힘에 따른 권위를 부여받는다. 사회복지사는 자신의 권위에 따른 권한의 종류와 범위를 알리고 어떻게 사용될 것인가를 설명해 주어야 한다.

③ 사회복지사는 자신의 원조방식에 대해 통제적이어야 한다 : 통제적 관계

사회복지사는 관계의 객관성을 유지해야 하며 자신의 감정, 반응, 그리고 충동을 자각하고 그 책임을 져야 하므로 전문적 관계이면서 동시에 통제적 관계이다.

④ 시간제한적 전문적 관계이다 : 시간제한성

사회복지사와 클라이언트는 구체적이고 정해진 시간의 범위 내에서 관계를 맺고 유지하여야 한다. 따라서 목적이 달성되었거나 목적달성이 불가능한 경우는 관계가 종결된다. 사회복지실천과정은 시작단계, 중간단계, 그리고 종결단계에 이르게 되는 시작과 종결이 정해진 과정이므로 시간제한적인 관계이다. 제한된 시간 내에 목적을 달성하기 위해서는 관계의 활용이 효과적이고 원만하게 이루어져야 한다.

⑤ 사회복지사와 클라이언트의 관계는 상호책임성을 지닌다 : 클라이언트에 대한 헌신

사회복지사는 클라이언트를 위해 헌신하여야 한다. 즉, 자신의 이익보다는 클라이언트의 이익을 위해 헌신하여야 한다. 클라이언트 역시 자신의 문제 해결을 위해 함께 헌신하여야 한다. 그러므로 어느 한쪽의 일방적인 헌신이 아니라 양자가 동시에 노력하여야 하며 이를 상호책임성이라 한다.

상호책임성을 위해 사회복지사는 타인의 욕구에 민감하여야 하고 객관성과 분명한 자기인식을 바탕으로 관계를 형성하여야 한다. 그리고 클라이언트는 사회복지사에게 자신의 문제를 진실하고 성실하게 알려야 하며 성실하고 개방적인 태도를 유지하여야 한다.

3. 관계의 기본 원리

클라이언트와 사회복지사의 전문적 관계는 좋은 신뢰관계가 바탕이 되어야 한다. 좋은 신뢰관계 형성을 위해서는 사회복지사가 클라이언트의 기본적인 욕구를 파악하고 욕구에 적절한 반응을 보여야 하며 지켜야 할 원칙들이 있다. 이러한 원칙들을 '관계의 기본 원리'라 하며 이들을 정리하면 다음과 같다.

① 타인에 대한 관심 및 원조의지

사회복지사는 기본적으로 클라이언트에게 일어난 일이나 상황에 대해서 진실한 관심을 가져야 하며 이를 바탕으로 클라이언트가 느끼는 감정에 대해 공감하고 교류할 수 있어야 한다. 클라이언트에 대한 관심은 책임감과 타인에 대한 이해를 포함하는 의미이며, 클라이언트의 삶과 욕구에 대한 '무조건적 긍정적 존중'의 의미이다. 그리고 사회복지사는 클라이언트를 도우려는 원조의지를 지녀야 한다. 즉, 클라이언트가 스스로 선택하고 통제할 수 있는 능력과 자질을 갖추도록 원조하는 자세나 태도를 지니고 있어야 한다.

② 헌신과 의무

원조과정에서 책임감을 지니고 일관성 있게 원조하는 관계를 유지하는 것을 말한다. 관계의 목적 달성을 위해서는 사회복지사와 더불어 클라이언트도 헌신과 의무를 다하는 관계를 가져야 한다. 먼저 사회복지사의 헌신과 의무는 시간약속, 클라이언트의 문제에 대한 초점을 유지하기, 성장과 변화를 가져오는 관계 유지와 같은 관계 유지의 필수적인 조건에 관한 것이다. 다음으로 클라이언트는 자신의 문제에 정직하기, 개방성, 그리고 전문적 관계 유지에 필요한 내용들에 헌신하고 시간약속 등의 의무를 지키는 것이다.

③ 권위와 권한

사회복지사의 권한은 전문적 지식과 경험을 갖추고 사회복지기관 혹은 정부로부터 위임된 제도적인 혹은 사회적인 허가(sanction)의 근거를 바탕으로 한 지위로 클라이언트에게 영향력을 행사하는 것을 권위라고 한다. 권위(authority)란 클라이언트와 기관으로부터 사회복지사에게 위임된 권한(power)이며 사회복지사는 전문적인 지식과 경험을 가지고 일정한 지위를 가지고 있기 때문에 영향력을 미칠 수 있는 권한을 지닌다.

사회복지사가 갖는 권위의 유형은 제도적 측면과 심리적 측면의 권위로 구분된다. 제도적 측면의 권위는 사회복지기관 내에서 사회복지사가 갖는 위치와 기능에서 비롯된 권위이며, 심리적 측면의 권위는 전문가인 사회복지사에게 클라이언트가 정보나 조언을 구함으로써 부여하는 권위에 해당한다.

④ 진실성과 일치성

진실성은 사회복지사가 클라이언트와 관계를 형성하고 유지하면서 일관성을 지녀야 하고 정직성과 개방성을 유지하는 것을 말한다. 정직성은 사회복지사가 자신에 대한 정직한 인식을 가지는 것과 기관의 정책이나 역할을 클라이언트에게 바로 인식시키는 것들을 말한다.

일치성은 클라이언트와 사회복지사의 관계 형성이 일관되고 정직한 개방성을 지녀야 하며, 대화의 내용이나 행동이 일관성을 유지하고 전문가로서의 자아와 가치체계에 부합되는 것을 의미한다.

⑤ 수용성

관계의 기초가 가치에 대한 개인의 권리를 수용하는 것이며 이런 개인의 가치에 대한 권리를 받아들이는 것을 수용성이라 한다. 즉, 개인의 약점과 장점, 바람직하거나 그렇지 못한 성격, 긍정적 혹은 부정적 감정 등을 있는 그대로 받아들이고 수용하는 것을 말한다.

비심판적 태도를 견지하고 능동적으로 클라이언트를 이해함으로써 클라이언트는 자신의 감정이나 기타 다양한 것들을 자유롭게 표현할 수 있다는 믿음을 갖도록 하여야 한다.

⑥ 정서적

기본적으로 관계의 형성은 정서나 태도를 주고받음으로써 형성된다. 특히 관계형성의 초기에는 언어적 의사소통을 통한 상호작용보다는 비언어적 소통을 통한 정서적 상호작용이 중요하다.

⑦ 감정이입

감정이입은 타인의 감정을 자신의 입장으로 왜곡하지 않고 타인의 입장에서 깊이 있게 느낄 수 있는 능력을 의미한다. 사회복지사는 타인의 감정을 자신의 입장을 배제하고 타인의 입장에서 느낄 수 있어야 하며, 클라이언트의 감정에 몰입하면서도 문제와 해결 가능성에 대해서 객관적으로 분석하고 이성적으로 행동하여야 한다. 감정이입이 제대로 이루어지기 위해서 사회복지사는 클라이언트의 언어적 메시지를 적극적으로 경청하여야 하며 비언어적 표현에도 민감성을 유지하여야 한다. 인간은 자신의 감정을 언어적으로 표현하는 것은 7% 정도에 불과하고 나머지 90% 이상은 비언어적으로 표현하기 때문에 비언어적 표현에 높은 민감성을 가져야 상대의 감정을 제대로 읽을 수 있다.

4. 관계형성의 실천원칙

바이스텍(Biestek, F. P., 1957)은 도움을 요청하는 모든 사람들에게는 공통적인 기본 감정 및 태도의 유형이 존재한다고 하였으며, 도움을 요청하는 사람들이 갖는 일곱 가지 욕구를 제안하였다. 그리고 일곱 가지 욕구를 충족시키고 효과적으로 문제를 해결하기 위해 필요한 7대 원칙을 제시하였다. 즉, 클라이언트의 문제를 효과적으로 해결하기 위한 사회복지사와 클라이언트의 관계형성에 필요한 일곱 가지 원칙을 제안하였으며 이는 다음과 같다.

① 개별화(individualization)

개별화란 사회복지사가 클라이언트를 만났을 때 클라이언트의 독특성을 인정하는 것을 의미한다. 즉, 클라이언트는 자신만의 고유한 역사, 능력 및 성격을 지닌 독특한 존재로 인정하는 것을 말한다. 따라서 고유한 특성을 지닌 독특한 인격체로 클라이언트를 인정하고 개별화되고 차별적 존재로 인식하고 원조하는 내용이나 방법을 적용해야 한다.

사회복지사는 클라이언트가 개별화된 존재란 인식을 바탕으로 개인의 삶의 역사, 개인의 성격 등과 관련된 정보를 수집하여 이를 바탕으로 개인의 특성에 맞는 원리나 방법을 찾아서 이를 활용하여 해결방법을 찾고 이를 바탕으로 개별화된 접근을 하여야 한다.

② 의도적 감정표현

의도적 감정표현이란 자신의 감정을 표현하고 싶은 클라이언트의 욕구를 인식하고 클라이언트가 자신의 감정을 자유롭게 표현할 수 있도록 해주는 것을 의미한다. 특히 클라이언트는 자신의 부정적 감정을 표현하는 것에 부담을 갖기 때문에 클라이언트가 부담스러워하거나 비난받을까 두려워하는 감정을 자유롭게 표현할 수 있도록 도움을 주어야 한다.

관계형성에서 의도적인 감정표현이 중요한 이유는 먼저 클라이언트가 자신의 감정을 의도적으로 표현하게 되면 억압적인 감정표현이 완화되면서 자신의 문제를 방어하기보다는 분명하고 객관적으로 바라볼 수 있게 된다. 그리고 클라이언트의 감정표현을 진지하게 경청하는 관계를 통해서 클라이언트를 지지하게 된다.

감정표현을 자유롭게 할 수 있도록 관계를 형성하기 위해서는 안정된 환경을 제공하는 것도 중요하다. 즉, 클라이언트가 자유롭고 안정된 분위기 속에서 자신의 감정을 표현할 수 있기 때문에 편안하고 안정된 환경을 제공하여야 한다.

감정표현을 어렵게 하는 조건은 초기에 성급하게 감정을 노출하도록 유도하거나 무리하게 해석을 하는 것, 감정표현을 비난하거나 성급하게 조언하거나 충고를 하는 것은 클라이언트의 감정 표현의 방해요소가 되므로 이 점을 유의하여야 한다.

③ 통제된 정서적 관여

통제된 정서적 관여(controlled emotional response)란 사회복지사가 클라이언트의 감정에 민감성을 갖고 감정의 의미를 제대로 이해하고 나아가 감정에 적절히 반응하는 관계형성을 의미한다. 클라이언트의 감정을 상대의 입장에서 이해하고 받아들이는 것을 공감(empathy)이라 하는데, 사회복지사에게 필요한 가장 중요한 능력 중의 하나가 공감능력이다. 공감을 통한 클라이언트의 감정이해를 바탕으로 적절한 반응이 이루어져야 하며 또한 원조목적에 맞도록 통제되고 조정되어야 한다.

정서적 관여가 중요한 이유는 클라이언트는 자신의 문제에 대해 공감을 얻고 싶은 욕구를 갖기 때문이다. 사회복지사의 공감적 반응을 통해서 클라이언트는 자신의 감정이 수용된다는 느낌을 갖게 되고 이를 통해서 심리적 안정을 얻는다.

④ 수용

수용(acceptance)은 사회복지사가 클라이언트를 있는 그대로 인식하고 받아들이는 것을 말한다. 즉, 클라이언트가 어떤 처지나 모습을 지녔다 하더라도 차별적 시각이나 관점으로 바라보고 반응하지 않는다는 의미이다. 클라이언트가 지니고 있는 강점 혹은 한계, 바람직한 성격 혹은 반대의 성격, 긍정 혹은 부정적 감정, 건설적 혹은 파괴적 태도 등과 같이 다양한 측면의 클라이언트의 특성들에 대해서 편견 없이 있는 그대로 인정하고 존중하는 것이다. 사회복지사는 항상 클라이언트를 인간적인 존엄성을 바탕으로 존중하여야 한다.

수용의 중요성은 클라이언트를 수용함으로써 클라이언트가 현재 있는 그대로의 자신을 나타낼 수 있고 나아가 자신에 대해 안도하고 자신을 긍정하는 바탕이 된다. 그러나 클라이언트가 비정상적인 행동을 하거나 부정적인 어떤 모습을 보이더라도 무조건 용서하거나 인정한다는 의미는 아니다. 즉, 어떤 부분이 문제이고 어떻게 개선하거나 고쳐야 한다는 사실은 분명하며 이는 적절한 지도나 개선이 필요하다. 그러나 현재 보여주고 있는 문제행동이나 그릇된 모습 때문에 클라이언트를 '문제아' 혹은 '범죄자'와 같은 낙인을 통해서 차별적으로 이해하거나 관계형성을 해서는 안 된다는 의미이다.

⑤ 비심판적 태도

비심판적 태도(nonjudgmental attitude)란 클라이언트가 지닌 문제의 원인에 대해서 클라이언트가 무엇을 잘못했는지, 유죄인지 혹은 무죄인지, 결백한 것인지 아니면 책임이 무거운지, 클라이언트의 특성상의 문제인지 혹은 가치관의 문제인지 등의 원인에 관한 판단을 하지 않고 책임의 정도를 따지지 않은 것을 말한다. 비심판적 태도를 지녀야 하는 이유는 클라이언트는 심판받지 않으려는 욕구를 지니고 있으며 원인을 따지고 추궁하는 것은 사회복지사와 클라이언트의 관계 형성을 방해하기 때문이다.

그러나 사회복지사가 문제상황의 원인이나 클라이언트의 잘못에 대해 판단을 하지 말라는 것은 아니다. 즉, 원인을 판단한다 하더라도 문제파악과 해결책을 찾는 방안이 되어야 하지 상담관계에서 심판을 하거나 강요하는 수단으로 이용되어서는 관계형성이 제대로 이루어질 수 없다는 의미이다.

⑥ 클라이언트의 자기결정권

클라이언트의 자기결정권(client self-determination)이란 클라이언트는 자신의 삶에 대해 스스로 결정할 수 있는 욕구와 능력을 지니고 있다는 원리에 바탕을 둔 원칙이다. 즉, 클라이언트의 권리와 욕구를 인정하는 것을 바탕으로 모든 의사결정 과정에 스스로 참여하고 선택하도록 하는 권리를 보장하는 것이다. 예를 들어, 치매대상자에게 장기요양서비스를 제공하는 경우라도 중증도 이상의 치매질환자가 아니라면 가장 우선적으로 대상자의 권리와 선택을 바탕으로 적절한 서비스를 제공하는 것이 원칙이다.

자기결정권의 중요성은 인간은 누구나 자신의 삶에 대해서 스스로 선택하고 결정하고 싶어 하기 때문이다. 그러므로 스스로 결정하도록 하고 클라이언트의 잠재력을 자극하고 지지하면 클라이언트는 자신의 내재적 잠재력을 발견하고 이를 실현함으로써 문제해결에 적극적으로 참여하고 자신의 삶을 변화시킬 수 있다.

자기결정권을 행사하도록 하면서 유의할 사항은 결정의 모든 것을 클라이언트에게 맡기는 것이 아니라 문제해결에 필요한 다양한 해결책을 제시하고 이들 대안들 중에서 효과적인 해결책을 스스로 선택할 수 있도록 도움을 제공하여야 한다.

자기결정권은 자신의 능력, 법적·윤리적 측면, 사회기관의 기능 등의 조건에 따라서 제한을 받을 수도 있다. 가능한 한 클라이언트의 자기결정권을 최대한 존중하여야 하지만 지적·정신적·신체적 장애 등의 문제로 스스로 결정할 능력이 없는 경우는 자기결정의 기회를 제한받을 수도 있다.

⑦ 비밀보장

비밀보장(confidentiality)이란 사회복지사가 클라이언트와의 전문적인 관계에서 알게 된 정보를 클라이언트의 동의 없이는 치료목적 외에 제3자에게 누설하지 않아야 한다는 원칙이다. 이는 사회복지실천에서 가장 기본적인 원칙이며 사회복지사의 윤리적 의무에 해당한다. 비밀이 보장된다는 전제하에 클라이언트가 사회복지사나 상담자를 믿고 자신의 문제나 감정 등을 노출하였지만 상담내용이 타인에게 알려지게 되면 클라이언트가 갖는 신뢰에 문제가 생길 뿐만 아니라 분노심이 생길 수도 있다.

비밀보장 원칙의 중요성은 비밀보장을 통해서 클라이언트가 신뢰감을 갖게 되고 이를 바탕으로 적극적인 관계형성이 가능해지기 때문이다. 신뢰감을 바탕으로 자신을 노출하게 되고 적극적인 의사소통이 가능해지기 때문에 비밀보장은 매우 중요한 원칙이다.

비밀보장의 원칙에 예외적인 경우도 있을 수 있다. 즉, 비밀보장이 클라이언트를 위험에 빠트리거나 제3자의 보호나 안전에 위협을 가져오는 경우에는 비밀보장의 원칙을 유보한다. 예를 들어, 자살의 위험이 있거나 혹은 방화 등의 행위를 통해 공공의 이익이나 제3자들 위험에 빠트리게 할 경우에는 유보할 수 있다. 이때는 비밀보장을 지킬 수 없다는 사실을 클라이언트에게 신속하게 알리고 필요한 조치를 취할 수 있도록 해야 한다. 또한 예외적인 경우로 법적으로 클라이언트의 정보를 공개하라는 법원의 명령이 있을 경우에는 정보공개를 거부할 권리를 갖지 않는다. 즉, 법원의 정보공개 요구 명령에는 따라야 한다.

10

사회복지상담(면접)의 지침

1. 면접의 목적
2. 면접의 종류
3. 면접의 기초기술

10 CHAPTER 사회복지상담(면접)의 지침

학습목표

- 사회복지상담에 있어서 상담(면접)의 목적에 대하여 이해한다.
- 사회복지상담에서 사용되는 면접에 종류에 대하여 이해한다.
- 사회복지실천현장에서 사용되는 다양한 면접의 기초기술에 대하여 이해한다.

사회복지사에게 면접은 사회복지실천의 기본적인 수단이며 기법이다. 사회복지면접은 인간의 행동과 반응에 대한 전문적 지식과 정교한 인간관계 기술을 갖춘 사회복지사가 클라이언트와 그의 문제를 이해하고 원조한다는 목적을 가지고 의도적으로 이끌어 나가는 전문적 대화다. 즉, 면접은 사회적 상호작용과 의사소통의 과정이며, 인지・정서・행동의 변화를 목적으로 한 언어적・비언어적 행동으로서 문제해결을 위한 개입이라 할 수 있다(도광조, 2005). 그러므로 면접은 사회복지실천현장에서 직접적 실천의 가장 중요한 도구이며 가장 많이 사용되는 기법으로 매우 중요한 기능을 하고 있다.

칸과 코넬(Khan & Connell)은 사회복지면접의 특징으로 첫째, 전후관계나 장(setting)이 있는 점, 둘째, 목적지향적인 점, 셋째, 한정적이며 계약적인 점, 넷째, 특수한 역할관계를 수반하는 점 등을 들고 있다. 전후관계나 장이란 면접이 이루어지는 특정한 기관의 상황적 특성을 말하는 것이며, 목적지향적이라는 점은 개입목적에 관련된 내용으로 의사소통이 제한된다는 점을 말하는 것이다. 다음으로 한정적이며 계약적이라는 것은 사회복지사와 클라이언트가 목적달성을 위해 함께 활동해야 한다는 점을 지적한 것이며, 특수한 역할관계를 지닌다는 것은 면접에서 사회복지사와 클라이언트의 역할이 서로 다르다는 점을 나타내는 것이다.

1. 면접의 목적

면접은 문제가 있는 클라이언트를 돕기 위해 사용되는 목표지향적 활동이며, 실천가에게는 클라이언트와 의사소통하는 동안 면접의 전문적인 목적을 유지시키는 책임이 있다. 헵워스와 라슨(Hepworth & Larsen, 1990)은 면접의 궁극적인 목적을 삶의 질적인 향상과 성장을 목적으로 문제를 해결하고, 이에 필요한 전략이나 행동을 모색하기 위해 정보를 주고받는 것이라고 하였다. 사회복지면접은 대개 문제상황에 처한 클라이언트에 대한 정보를 수집하고 도움을 제공하는 것이 목적이다. 즉, 사회복지면접의 궁극적인 목적은 문제를 파악하고 문제상황에 처한 개인과 그 상황을 이해하고 적합한 원조방법을 제공하여 문제를 효과적으로 해결하려는 데 있다.

한 사례에 대한 사회복지면접(예를 들어, 총 12회)의 궁극적인 목적이 공유된다 해도 매번 하게 되는 단위면접(예를 들어, 첫 번째 면접과 두 번째, 또는 세 번째 면접)의 목적은 조금씩 다를 수 있다. 바꾸어 말하면 초기 면접과정에서는 무엇보다도 서로 신뢰관계를 형성하는 일이 가장 큰 비중을 차지할 것이고, 조사·사정 단계에서의 면접은 더 많은 유용한 정보를 얻어내는 것이 일차적인 목적이 될 수 있으며, 개입실행 단계에서는 면접을 통한 문제해결과 억눌린 감정의 환기를 통한 치료적 효과에 목적이 있을 수 있다(엄명용 외, 2007). 따라서 면접에 임하는 사회복지사는 맡은 사례에 있어서 면접의 궁극적인 목적과 함께 매 세션마다 세부적인 면접목표를 정해서 면접진행과정에서 이를 주지

하고 있어야 할 것이다.

또한 사회복지면접의 목적은 사회사업이 기능에 따라 사회조사를 하기 위한 정보적인 것, 평가에 도달하기 위한 사정을 위한 것, 변화를 위한 치료적인 것으로 나눌 수 있다(Kadushin, 1990).

면접의 목적과 관련해서 사회복지사가 주의를 기울여야 할 점은 도우려는 마음만으로는 부족하다는 것이다. 문제상황에 대한 충분한 이해가 이루어지지 않은 상태에서 개입하려고 하면 효과적으로 문제를 해결할 수 없는 것은 물론 클라이언트의 실망과 분노를 초래하게 된다. 면접자는 서두르지 말고 클라이언트가 가진 문제와 그것을 둘러싸고 있는 상황, 그리고 클라이언트 개인에 대한 정보를 수집하는 작업을 우선해야 한다. 또한 열의가 지나친 나머지 자기가 일하고 있는 사회복지기관의 기능이나 사회복지사로서의 역할을 넘어서는 개입도 문제다. 대개의 사회복지기관은 기관의 목적, 재정 그리고 지역사회의 특성에 따라 활동의 종류나 범위가 제한되어 있기 때문에 기관에 소속된 사회복지사는 자기 기관의 기능에 따라 할 수 있는 일이 한정된다. 따라서 사회복지사는 자기 기관의 특수한 기능과 활동의 범위를 명확히 인식하여야 한다. 클라이언트의 욕구가 소속기관의 서비스 범위를 넘어설 때에는 다른 기관에 의뢰하는 것이 효과적이다.

2. 면접의 종류

면접의 종류에는 면접의 목적에 따라 클라이언트에 대한 정보를 얻고자 하는 목적으로 이루어지는 정보수집 또는 사회조사 면접, 평가에 도달하기 위한 사정을 위한 것과 치료적 목적을 가지는 변화를 위한 면접으로 분류할 수 있다.

1) 정보수집 또는 사회조사 면접

초기 면접단계에서는 클라이언트가 어떠한 문제를 가지고 왔는지, 어떤 도움이 필요한지 등을 질문하고 답하게 될 것이다. 또한 이 초기 면접에서는 클라이언트에 대한 일반적인 사항, 예를 들어 나이, 가족관계, 학력 등에 관한 정보를 주고받게 된다. 대부분의 사회복지기관이나 사회복지시설에서는 초기 면접 질문지가 준비되어 있다. 초기 면접과정에서 파악해야 할 내용은 대체로 다음과 같다(Zastraw, 1995, 이영분 외, 2001 재인용).

① 일반적 사항 : 나이, 성별, 학력, 결혼상태, 주소 등
② 현재의 문제 : 현재 문제상황, 과거력(과거에 유사한 문제가 있었는지, 이를 위한 노력, 치료형태, 치료기관 등), 과거 병력
③ 가족력 : 클라이언트의 원가족과의 관계, 부모－형제관계, 핵가족 중심의 부부관계, 자녀관계 등
④ 개인력 : 아동기의 성장과정, 발달단계상의 문제, 학교생활, 직장생활, 결혼생활 등
⑤ 사회적 · 직업적 기능 정도

이러한 정보나 자료에 기초해 클라이언트의 개인적 · 사회적 문제의 시작과 과정, 원인 등을 살피게 되고, 개입이나 치료를 위한 기반을 마련해야 할 것이다.

2) 사정을 위한 면접

사정을 위한 의사결정 면접은 서비스의 적격 여부를 평가하고 결정하기 위한 것으로 사정면접이라고 할 수 있다. 즉, 제공할 구체적 서비스에 대하여 의사결정을 하는 면접이다. 사정(assessment)은 문제가 무엇인가, 어떤 원인 때문인가, 그 문제를 해결하거나 줄이기 위해 무엇이 변화되어야 하는가에 대해 답하는 사회복지실천과정의 핵심적 단계이다. 예를 들어, 아동복지 담당 사회복지사는 위탁보호 신청자나 입양 신청자와 함께 기관이 그에게 아동을 맡겨

도 좋은가를 결정하기 위해 면접을 하고 노인복지 담당자는 클라이언트가 재가복지서비스 대상자로서 적합한가를 결정하기 위해 면접한다. 이 경우에서의 면접은 정보수집보다 목적지향적 특성이 있으며, 사정면접의 목적은 어떤 결정을 내리는 데 도움이 될만한 필요한 정보만을 선택적으로 얻는 것이다(한국전문대학사회복지협의회, 2005). 클라이언트의 현재 문제상황, 그 문제해결의 목표 그리고 목표달성을 위한 개입방법의 결정 등이 사정면접을 통해 이루어지게 된다.

3) 치료적 면접

치료를 위한 면접의 목적은 면접을 통해 클라이언트의 변화를 돕기 위한 것과 클라이언트의 더 나은 사회적응을 위해 환경을 변화시키기 위한 것이다. 클라이언트의 변화를 돕기 위한 치료면접은 주로 클라이언트의 자신감과 자기효율성 강화, 필요한 기술훈련, 문제해결능력 향상 등을 목적으로 한다. 환경변화를 목적으로 하는 면담은 클라이언트와 관련된 중요한 사람들과 이루어지기도 하고 클라이언트의 권리와 이익을 옹호, 대변하기 위해 사회복지기관, 지역사회, 관련 공무원들과 이루어지기도 한다. 이러한 목적을 가진 면접은 사회적 상황을 변화시키려는 노력을 포함한다. 변화가 일어남에 따라 면접 그 자체는 치료도구가 되며, 피면접자는 감정, 태도, 행동상의 변화를 시도한다. 면접이 치료적 목적을 가질 수 있지만 변화를 추구하는 클라이언트가 면접에 나타나지 않을 수도 있다. 이러한 경우에는 클라이언트의 생활에 있어서 중요한 사람들과 면접을 할 수 있다. 이때 사회복지사는 클라이언트를 대신하여 중재나 대변자로 활동한다. 중재나 대변에 관여하는 사회복지사는 클라이언트를 대신하여 그들에게 영향을 미치려는 전략적 위치에 있는 중요한 사람들과 면접을 한다. 이 경우 면접의 목적은 클라이언트의 이익 면에서 사회환경 내의 힘의 균형을 변화시키는 것이다.

이러한 면접은 클라이언트가 변할 수 있도록 또는 클라이언트의 사회적 상황이 변화할 수 있도록 돕기 위한 것이다. 이 면접에서는 클라이언트의 감정,

태도, 행동을 효과적으로 변화시키기 위해 클라이언트에게 자신감, 자기효율성을 강화하고 필요한 기술을 훈련하고 문제를 해결할 수 있는 능력을 키운다. 그러한 변화의 결과로 클라이언트가 더욱 나은 사회적 기능을 수행하도록 지원하는 것이다.

3. 면접의 기초기술

면접을 잘하기 위해서는 인간의 상호교류에 대한 분석과 이해도 필요하지만 궁극적으로는 클라이언트를 이해하고 그를 도우려는 진정한 마음을 전달하는 것이 무엇보다 중요하다고 하겠다. 면접이란 대화의 방식을 사용한 두 사람 간의 의사소통이며, 의사소통을 잘하기 위해서는 언어적·비언어적 의사소통의 기법을 숙지할 필요가 있다. 그러나 의사소통의 기법들에 능숙하다고 해서 노련하고 효과적인 면접을 할 수 있는 것은 아니다.

클라이언트를 이해하고 돕기 위해서 면접자는 우선 자신의 잣대를 버려야 한다. 사람은 누구나 지금의 위치에 이르기까지 자기만의 독특한 사회화 경험을 가지고 있고, 사회화 과정을 통해 인간과 세상을 이해하는 자기 나름의 준거틀을 가지고 있다. 그런데 사회복지사는 때로 자기의 개인적·전문적 준거틀에 의해 클라이언트의 행동과 경험의 의미를 알 수 있다고 생각하기 쉽다. 앤더슨과 카터(Anderson & Carter, 1999)는 클라이언트를 이해하기 위해서는 자기의 준거틀을 버리고 클라이언트의 견해와 인식을 클라이언트를 통해 알고자 하는 태도(not knowing posture)를 가져야 한다고 하였다. 즉, 사회복지사의 눈으로 보는 선입견적인 견해와 예상을 버리고 항상 클라이언트로부터 설명을 듣고자 하는 자세를 취해야 한다는 것이다. 클라이언트를 통해 사실과 의미에 도달하려면 몇 가지 면접방법에 숙달해야 하는데, 그 방법들은 경청, 관찰, 질문, 자기노출, 해석, 표현 촉진하기, 반영, 명료화, 직면, 요약, 정보제공, 조언으로 정리할 수 있다.

1) 경청

사회복지실천과정에서의 경청은 단순히 클라이언트의 말을 들어주는 것 이상의 의미가 있다. 클라이언트들은 누군가가 자신의 이야기를 들어주기를 바라고, 자신이 진정으로 받아들여지고, 이해되기를 바란다. 따라서 사회복지사는 클라이언트의 언어적·비언어적 의사표현에 집중하여야 하며, 특히 클라이언트의 의사표현에 내재된 의미와 내용, 감정에 집중해야 한다.

고든(Gordon, 1969)은 클라이언트에 대한 염려와 관심을 증명하기 위한 방법으로 적극적인 경청을 제안하였다. 적극적인 경청은 클라이언트의 자기수용과 부정적인 감정의 정화 등과 같은 치료적 효과가 있다.

적극적인 경청은 치료적 경청과 반응을 의미하는 것으로 다음의 세 가지 목적이 있다(최송식, 2008).

첫째, 클라이언트로 하여금 그들의 염려와 느낌을 정확하게 듣고 있다는 것을 알게 한다.

둘째, 사회복지사의 오해를 바로잡을 기회를 제공한다.

셋째, 클라이언트에 대한 수용을 보여준다.

또한 적극적인 경청에서의 유의사항은 다음과 같다.

- 충분히 오랫동안 적극적으로 경청한다.
- 적극적인 경청을 한 후에 해결책은 나중에 제시한다.
- 적극적인 경청이 동의를 의미하는 것은 아니다.
- 사회복지사가 잘못 이해했을 수도 있다.
- 사회복지사 자신의 비언어적인 의사표현, 즉 몸짓, 자세, 태도 등에 주의하라.

클라이언트의 말을 들어주는 것은 사회복지사의 주요 활동 중 하나이다. 말을 들어주는 것은 유용한 치료개입의 핵심적 특징이다(정명숙 역, 2007). 배우자로부터 신체적으로 폭행을 당했거나 정서적·언어적으로 학대를 당한 여성, 끔찍한 사고나 질병으로 가족을 잃은 사람들, 치매환자 혹은 중증장애인을 수

발하고 있는 가족 등은 자신의 경험, 감정, 억압된 정서에 대해 말하는 것을 들어주는 것만으로도 도움이 된다고 말한다.

경청은 말하는 사람이 사용하는 어휘, 억양, 신체언어 등을 함께 파악하는 것이다. 경청하는 면접자는 말하는 사람의 의도, 시선의 의미, 멈춤까지 파악하면서 듣는다. 사실 듣기에 집중하는 것은 어려운 일이다. 우리의 마음은 가끔씩 다른 일들로 바쁘다. 상대방의 인상, 사실의 해석, 해야 할 이야기에 대한 생각 외에도 다른 일상적인 생각들로 머릿속이 복잡하다. 따라서 듣는 데만 집중할 수 있도록 이러한 잡념에서 벗어나고 내·외부의 소음을 차단해야 한다. 우리가 다른 사람의 말을 들을 때는 선입견이나 편견이 개입될 수 있다. 즉, 각자의 방식으로 여과된 청취를 하게 된다. 성별, 인종, 지위, 종교적 신념, 생활양식 등에 따른 개인적·문화적 여과망이 작동하게 되는 것이다.

경청은 단순히 듣기가 아닌 상대방의 사고와 감정을 이해하기 위한 적극적인 청취활동이다. 좋은 면접자는 맥락적 경청을 한다. 경청하는 면접자는 클라이언트의 이야기를 중심으로 한 미묘한 전후관계를 파악한다. 맥락적 경청은 말의 이면에 숨겨진 것, 실제 관점, 말하는 사람의 삶 속에 들어있거나 삶의 배경으로 하여 나타난 사실들을 듣는 것이다. 경청의 가장 큰 의미는 클라이언트가 생활하고 활동하며 존재하는 맥락에 의해 영향을 받는 개인으로서 하는 말을 듣는 것이다.

또한 경청에서 주의할 점은 침묵에 당황하지 않는 것이다. 경험이 없는 면접자는 침묵을 질문과 의견으로 깨뜨려야 한다고 오해하기 쉽다. 그러나 침묵은 많은 기능을 갖고 있다. 새로운 주제로 전환하거나, 클라이언트가 중요한 사건을 떠올리는 시간을 갖게 하거나 말한 것에 관해 다시 생각하거나 무엇을 말할지 결정하는 과정이 될 수 있다.

침묵이 면접을 통제하거나 불쾌한 주제에 관해 말하는 것을 피하기 위한 시도일 때도 있다. 무엇을 말해야 할지 불확실하거나 다른 사람이 말하게 하고 싶은 것을 반영하는 것일 수도 있다. 클라이언트가 침묵하는 경우에는 생각을 정리해 표현하기 위해, 강렬한 감정을 진정시키기 위해, 혹은 정말 할 말이 없어서일 수도 있다. 침묵은 존중되어야 한다. 클라이언트가 침묵할 때 사회복지사는 최소한의 말만 하고, 클라이언트가 한 마지막 말을 반복하거나 클라이언트가 마지막으로 한 생각을 다른 말로 표현해 줄 수 있다. 그러나 클라이언트가 너무 많은 말을 한 것 같이 느껴서 갑자기 말을 중단해 버리는 경우처럼 침묵을 깨뜨려야 할 상황도 있다. 자신에 대해 너무 많은 말을 하게 될 경우 클라이언트는 불안을 나타내기 쉽다. 이러한 불안이 다루어지지 않으면 고백적인 면접 후 클라이언트가 적대감을 보이거나 다음 면접약속을 어기는 일이 일어날 수 있다.

클라이언트의 말을 경청하고 있다는 것을 전달하려면 적절한 의견을 말하거나 질문을 하여 요점을 파악했다는 것을 표현하거나 놓치기 쉬운 중요한 일면에 대해 의견을 보태어 반응을 보이면 된다. 반응을 보이지 않으면 관심이 없는 것으로 보이기 쉽다.

쉐퍼 등(Sheafor et al., 1997)은 적극적 경청의 요령 다섯 가지를 다음과 같이 제시하였다.

① 클라이언트가 표면적으로 나타내는 말뿐만 아니라 그 이면에 숨겨져 있는 감정까지도 세심하게 살핀다.
② 분명하고, 침착하며, 흥미를 나타내는 어조를 구사한다.
③ 관심과 열린 마음을 갖고 클라이언트의 말을 잘 듣고 있다는 것을 나타내는 몸짓(표정, 눈빛, 고개를 끄덕이는 일)을 적절히 사용한다.
④ 클라이언트가 한 말 중에서 불분명하거나 추가적인 정보가 필요하면 적절한 질문을 한다.
⑤ 무엇을 주장하거나 의견제시를 위한 말보다는 클라이언트를 보다 더 잘 이해하기 위한 말을 한다.

2) 관찰

면접의 모든 측면이 관찰하는 것이라고 할 수 있지만 여기서는 면접대상자가 말하지 않는 비언어적인 측면 또는 말하는 방식이나 모순된 내용과 같은 부분에 대한 관찰에 초점을 두고자 한다.

사회복지사는 면접에 앉은 자세, 표정, 음성의 고저 등 비언어적 측면을 관찰함으로써 클라이언트에 대한 정보를 파악할 수 있다. 신체자세와 비언어적 몸짓 등은 감정을 드러내는 중요한 단서가 된다.

또한 사회복지사는 클라이언트의 시작과 종결하는 말에 주목할 필요가 있다. 클라이언트가 처음에 자기 문제를 설명하는 과정에서 문제를 보는 시각과 원조를 구하는 태도가 드러난다. 적극적으로 원조를 요청하는 것인가 아니면 수동적으로 방관자적 입장을 취하고 있는가, 혹은 신뢰하고 있는가 아니면 불신에 가득 차 있는가가 나타난다. 예를 들어, “집사람이 선생님께서 저를 도와주실 수 있을 것이라고 해서 왔습니다”라는 말로 면접을 시작하는 클라이언트는 그 자신보다 배우자가 원조 요청에 적극적임을 알려준다. 종결 시 클라이언트가 하는 말은 면접의 의미를 함축하거나 자신의 문제해결능력을 나타낸다. 만약 클라이언트가 “이제 필요한 정보를 얻었으니 안심이 좀 됩니다”라고 말한다면 면접이 긍정적이었다는 피드백과 함께 문제해결의 실마리를 찾았다는 자신감을 내포한다.

대화 중 화제를 바꾸는 주제의 전환이나 반복도 관찰의 대상이다. 클라이언트는 너무 많은 말을 했다고 생각하여 더 이상 자신을 드러내지 않기를 바랄 때나 계속하기가 괴롭다는 표시로, 혹은 표면상으로는 다른 이야기지만 무의식 속에서 관련이 있는 이야기일 경우 화제를 돌리려 한다. 일정한 주제를 반복하거나 같은 주제를 우회적으로 되풀이하는 것은 그 주제가 클라이언트에게 중요하다는 의미다. 말의 내용의 불일치도 중요한 관찰대상이다. 클라이언트의 말이 모순되거나 의미가 불분명할 때가 있는데, 이는 양가감정, 혼란, 죄책감으로 인한 결과이기 쉽다.

이러한 관찰 결과는 클라이언트의 특성, 자기표현능력, 문제해결 역량 등 클라이언트에 대한 이해를 증진시킬 수 있는 중요한 정보를 제공해 준다.

관찰은 클라이언트가 이야기하고 행동하는 모든 것에 주의를 기울여 클라이언트와 그의 문제를 이해하는 데 필요한 정보를 얻는 것이다. 그러나 관찰은 한계가 있으므로 사회복지사가 알고자 하는 것을 선택하여 관찰하는 의도적이고 계획적인 활동이라고 할 수 있다(Loewenberg, 1996, 임은희, 2004 재인용).

관찰은 클라이언트가 상담실 문을 열고 들어오면서부터 시작된다. 초기 면접 이전에 대기실에서의 클라이언트 모습은 일상생활에서 자기 자신을 어떻게 통제하는가를 알 수 있는 정보를 주는 것이다. 낯선 대기실에서 앞으로 일어날 일에 대한 초조함, 불안, 두려움 그리고 비자발적 클라이언트의 경우 분노, 원망 등의 비언어적 행동들이 나타날 것이다. 어떤 사람은 계속 왔다 갔다 하고, 또 다른 사람은 대기실 벽에 걸려있는 사회복지사의 자격증이나 기타 안내물들을 유심히 살피기도 할 것이다. 또 어떤 사람은 대기실의 잡지들을 짜증스럽게 넘기면서 시계를 볼 수도 있다. 대기실에서의 이러한 태도는 클라이언트의 개입에 대한 태도와 평소 불안함과 두려움을 어떻게 다루어 왔는지를 알 수 있게 한다.

면접에 있어서 클라이언트가 이야기하는 것은 물론이고 클라이언트가 말하지 않는 것과 같은 의미 있는 침묵 등도 똑같이 주의를 기울여야 한다.

면담 중에는 역시 클라이언트의 언어적 표현뿐 아니라 비언어적 표현에도 민감해야 한다. 여기에는 표정, 손놀림, 눈 맞춤, 얼굴 붉힘 등이 포함된다. 이러한 비언어적 표현이 언어적 표현과 일치하는가 하는 것은 클라이언트의 감정과 표현의 차이를 밝히는 데 매우 중요하다.

또한 신체적인 긴장, 얼굴 붉힘, 흥분, 낙담 및 클라이언트가 이야기할 때의 태도나 모습에도 주의를 기울여야 한다. 언어적 표현과 비언어적 표현이 일치하는가 등도 포함된다.

비언어적 표현 중에 사회복지사가 가장 다루기 힘든 것은 침묵이다. 침묵은 언제, 어떤 대화 도중 발생했는가를 파악하여야 한다. 대부분 이야기할 주제가 클라이언트에게 위협적이거나 말하기 어려운 것일 때 침묵이 나타난다. 또한 개인에 대한 관찰이 항상 정확하다고 볼 수 없다. 예를 들어, 어떤 사람에게는 상냥하고 애교있게 보이는 것이 다른 사람에게는 적개심으로 인식될 수도 있다.

사회복지사는 관찰대상을 자신의 흥미, 편견, 태도 및 훈련 등에 따라 선택하고 개인적인 해석을 첨가하기도 한다. 따라서 사회복지사는 자신의 관찰이 정확하다고 생각해서는 안 되며 또한 쉽게 속단하여서도 안된다. 그러므로 관찰을 통해 얻은 정보가 다른 정보와 일치되는지를 판단하며 사용해야 한다.

사회복지사는 클라이언트의 비언어적 몸짓으로부터 민감하게 주제에 대한 신호를 알아낼 수 있으므로 사회복지사는 다음의 사항을 관찰해야 한다(남연희 외, 2011).

(1) 신체언어(body language)

클라이언트가 앉아 있는 모습, 얼굴 표현(얼굴이 붉어지거나 초조해한다), 목소리의 음조의 변화, 손가락으로 탁자를 치는 행동, 팔짱을 끼는 행동이 무엇을 전달하는가를 알아야 한다.

(2) 처음 꺼내는 말과 종결하는 말의 내용

이 내용은 클라이언트가 자신의 자아 또는 환경에 대해 어떤 태도를 가지고 있는지 암시를 준다.

(3) 화제의 이동

대화 도중 어떤 주제가 나올 때 화제를 바꾸는 경우는 특별한 주제가 고통스럽거나 토론하기 싫다는 것을 의미하기 때문에 그 이유는 나중에라도 알아내야 할 필요가 있다.

(4) 반복적인 주제의 제시

클라이언트가 계속해서 한 주제를 제시하는 경우에는 클라이언트에게 매우 중요한 문제이거나 클라이언트가 도움을 받기 원하는 문제이다.

(5) 불일치

클라이언트의 진술 간에 차이가 나는 것은 면접내용이 클라이언트 자신에게 매우 위협적인 것이거나 공개하고 싶지 않다는 것을 시사한다.

3) 질문

사회복지면접에서는 구체적으로 필요한 정보를 얻기 위해 주로 질문을 한다. 면접은 질문을 하고 그 대답을 듣는 단순한 행위가 아닌 사람과 사람 사이의 상호작용이기 때문에 질문하는 태도나 어조가 질문의 내용을 전달하는 단어보다 더 중요하다. 이는 간단한 실험으로 확인할 수 있다. 다양한 표정과 억양으로 "최근에 아이의 학교에 간 적이 있습니까?"라고 질문하고 질문에 응답하는 입장에서 어떻게 느끼는지를 들어보는 실험을 해보면 질문이 단순히 단어의 조합이 아니라는 것을 알 수 있다.

일반적으로 질문방식은 개방형과 폐쇄형으로 구분된다(Hepworth et al., 2006; Ivey & Ivey, 2003; Kadushin & Kadushin, 1997).

(1) 개방형 질문

개방형 질문은 클라이언트가 선택해서 설명하고 논의하며 대답하도록 하는 질문방식이다. 따라서 개방형 질문에서 클라이언트는 자신이 중요하다고 여기는 정보를 이야기하고 중요하게 생각하는 문제에 초점을 맞출 수 있다. 개방형 질문은 클라이언트가 자신의 생각과 감정을 탐색할 수 있게 해준다.

조금 더 상세하고 구체적으로 이야기하도록 돕는 개방형 질문들은 여러 가지 정보를 수집하는 데 도움이 된다. "그 일에 관해 좀 더 상세히 말해 주시겠습니까?" 혹은 "구체적으로 어떠한 상황에서 감정이 폭발하는지 가장 최근의 상황을 말해 주시겠습니까?"와 같이 추가적으로 상세한 내용을 파악하거나 명료화하기 위한 질문을 할 수 있다.

개방형 질문을 할 때는 "왜"를 묻는 질문을 과다하게 사용하지 않도록 주의

해야 한다(Coulshed & Orme, 1998). 사람들은 종종 이유를 알지 못하고 자신과 자신의 상황을 더 분명히 이해하기 위해 도움을 요청하기도 한다. 이러한 경우 '왜'보다 '무슨 일' 혹은 '무엇'으로 질문하는 것이 바람직한데, 예를 들면 노인 클라이언트에게 외출하는 것을 왜 두려워하는가를 묻는 대신에 외출하면 무슨 일이 발생할 것으로 생각하는가를 묻는 것이다.

간단한 개방형 질문들은 클라이언트가 자유롭게 말하거나 특정한 주제에 대해 말하도록 촉진하는 데 사용될 수 있다(Bogo, 2006).

- 이 일에 관해 좀 더 말해줄 수 있습니까?
- 그것은 어떠했습니까?
- 이러한 상황이 일어나는 동안 무엇을 느낍니까?
- 이러한 상황이 일어나는 동안 무엇을 생각합니까?
- 이 상황에 대한 사람들(클라이언트의 삶에 중요한 사람들)의 반응은 어땠나요?
- 이 상황에서 당신이 보이는 태도에 대한 사람들(클라이언트의 삶에 중요한 사람들)의 반응은 어땠나요?

면접의 특정 시점에서 의도적으로 사용할 수 있는 개방형 질문들은 다음과 같다(Bogo, 2006).

- 무슨 일로 여기 오게 되었습니까?(면접을 처음 시작할 때 사용한다)
- 새로 발생한 문제(클라이언트가 문제로 확인한 영역)와 관련해 상황을 어렵게 만드는 것은 무엇입니까?(클라이언트가 제시한 문제에 대해 상세하게 이야기하도록 하기 위해 사용한다)
- 지금은 어떻습니까?(과거와 현재 시점과 관련해 문제를 탐색하기 위해 사용한다)
- 과거에는 새로운 상황에 대해 어떻게 반응했습니까?(특징적 반응패턴과 잠재적 강점에 관한 정보를 끌어내기 위해 사용한다)
- 제가 이해하는 것을 도와주면 좋겠는데, 당신에 관해 알아야 하는 것이 무엇이 더 있지요?(중요한 정보를 도출하기 위해, 특히 첫 면접을 마무리할 때 사용한다)

- 오늘 무슨 이야기를 하고 싶습니까? 가장 긴급한 것이 무엇입니까?(면접 시작에서, 특히 초기 단계에서 사용한다)
- 지난주 우리가 나눈 이야기에 관해 그 뒤에 더 생각해 본 것이 있나요?(지난주 면접내용과 연결하기 위해 사용한다)

(2) 폐쇄형 질문

폐쇄형 질문은 주로 사실적 정보를 얻기 위해 사용된다. 폐쇄형 질문은 클라이언트와 그 상황에 관해 정확한 사실을 알기 위해, 특히 초기 단계에서 유용하다. 폐쇄형 질문이 초기 단계에서 좀 더 많이 활용되는 것은 사실이나 구체적인 내용을 명료화하고 누락된 정보를 보충하기 위해 원조과정 전반에 걸쳐 사용될 수 있다. 폐쇄형 질문은 사회복지사가 서비스 수급자격이나 필요한 개입유형을 결정해야 하는 상황에서도 사용된다. 예를 들어, 사회복지사는 재가서비스 수급자격을 결정하기 위해서는 신체적 기능, 의학적 상태, 일상생활 활동을 수행하는 능력에 관한 많은 폐쇄형 질문을 한다. 폐쇄형 질문은 클라이언트가 자신의 상황에 압도되어 있거나, 불안이 심하거나, 어디서부터 말을 시작해야 할지 모르겠다고 할 때도 유용하게 사용된다. 면접이 초점을 잃거나 클라이언트의 이야기가 관련은 있지만 덜 적절한 주제로 이탈한 경우에도 폐쇄형 질문이 유용하다.

한편 개방형 질문은 폐쇄형 질문보다 더 많은 정보를 얻는 데 도움이 된다. 상황에 따라 개방형 질문과 폐쇄형 질문 중 어느 형태가 적절한지를 고려해야 한다. 개방형 질문의 활용이 일반적으로 중요하나 폐쇄형 질문이 필요한 경우가 있다. 예를 들어, 클라이언트가 "더 이상 집에 있기가 힘들어요. 지난주 어느 날은 밤에 차를 타고 나가 어딘가 처박고 전부 끝내고 싶었어요"라고 말하는 경우 "지금 상황에 대해 어떻게 할 계획인가요?" 혹은 "왜 집을 안 떠나나요?"와 같은 개방형 질문보다 "실제 자살을 시도해 보았나요?"와 같은 폐쇄형 질문으로 현 상황의 위험 정도를 평가하는 것이 적절하다.

이상적인 해결책은 말하도록 질문하는 것, 즉 '가정해 본다면'으로 시작하는 가정형 질문은 추가적으로 많은 정보를 얻게 해준다. 이러한 질문은 또한 클라이언트가 앞으로 일어날 상황으로 가정하고 있는 것에 직면시킬 수도 있다. 예를 들면, 위탁보호된 청소년이 위탁가정과 갈등 속에 있고 집을 떠나겠다고 위협하는 상황에서 "집을 떠났다고 가정해 보면 어떨 것이라고 생각하니?"라고 질문하여 탐색해 볼 수 있도록 함으로써 위탁부모가 자기에게 무슨 일이 일어나든 신경 쓰지 않을 것이라는 걱정 혹은 두려움을 탐색하게 하는 것이다(Coulshed & Orme, 1998). 가족치료 영역에서 개발된 순환적 질문도 유용한 질문 방법이다. 순환적 질문은 위협적이지 않은 방법으로 클라이언트 체계와 관련된 사람들의 관점을 직접적으로 표현할 수 있게 하는 질문기법이다. 예를 들면, "엄마가 언니와 다투고 있는 동안 아빠는 무엇을 하고 계셨니?"와 같은 식으로 질문하는 것이다.

질문이 무의식적 동기나 감정을 파악하는 것 자체에 초점이 맞추어지면 클라이언트로 하여금 소외감을 느끼게 하고 클라이언트 자신이 분석되고 있음을 알아채게 만든다. 또한 개인적 호기심으로 질문을 너무 적게 하면 탐색해야 할 영역을 충분히 파악할 수 없으며 너무 많은 질문은 클라이언트를 혼란스럽게 할 수 있다. 유도적인 질문이나 단답형 답변을 이끌어 내는 질문을 피한다. 질문속도는 클라이언트의 페이스에 맞추도록 한다. 너무 천천히 질문하는 것은 관심이나 이해의 부족으로 비칠 수 있는 반면, 너무 빠른 질문은 중요한 단서를 놓칠 수 있고, 클라이언트를 혼란시키며, 클라이언트의 말에 흥미가 없는 것처럼 보인다.

(3) 피해야 할 질문 유형

헵워스 등(2006)이 제시한 피해야 할 질문유형을 소개하면 다음과 같다.

① **'왜'로 시작되는 질문** : 이러한 질문은 힐난하는 것 같은 뉘앙스를 주기 때문에 클라이언트는 자기행동을 정당화시키려는 방어적 태도를 취한다.

② **유도형 질문** : 사회복지사가 클라이언트의 응답을 어느 한 방향으로 이끌어 가려는 것도 잘못된 질문형식이다.

③ **중첩형 질문** : 여러 가지 질문을 한꺼번에 묻는 질문형식이다. 질문의 초점이 흐려져서 클라이언트가 피상적으로 대답하거나 중요한 정보를 빠뜨리게 된다.

④ **모호한 질문** : 클라이언트가 질문의 방향을 분명하게 이해하지 못하거나 받아들이지 못하는 형태의 질문이다. 이럴 때 사회복지사는 클라이언트가 그의 관심사나 상황을 더 구체적으로 묘사하도록 돕기 위하여 초점을 좁히는 기술을 사용할 수 있다.

4) 자기노출

사회복지사는 클라이언트의 말을 경청하고 그 내용이나 감정에 반응하는 과정에서 클라이언트의 이야기에 대한 자신의 경험, 생각과 감정을 표현하는 자기노출을 할 수 있다. 사회복지사가 자신에 관한 이야기를 하는 것에는 여러 가지 목적이 있다. 개인적 경험을 이야기하는 것은 클라이언트의 경험이나 감정에 대한 이해를 전달함으로써 관계를 긍정적으로 진전시킬 수 있고 상황을 보는 새로운 방식과 가능한 선택을 설명하기 위해 사용될 수 있다.

특정한 클라이언트에게 사적인 사건이나 개인적 감정을 이야기하는 자기노출은 사회복지사의 동기와 암시적 의미와 관련해 검토되어야 한다. 다음의 질문들이 유용할 수 있다(Bogo, 2006).

- 사회복지사는 자기노출이 공감을 전달하고, 유대를 증진시키며, 클라이언트가 행동을 취하도록 동기화시킬 것이라고 믿는가?
- 자기노출이 사회복지사와 클라이언트 간의 유사성을 강조하거나 힘의 차이를 줄이려는 시도에서 비롯되고 그러한 목적을 달성할 것으로 보는가?

사회복지사의 자기노출이 부적절한 경우도 있다. 자기노출이 클라이언트와 관계없는 사회복지사의 개인적이고 정서적인 욕구 또는 관계욕구를 충족시키기 위한 목적이 있는 경우다. 예를 들어, 젊은 여성 사회복지사는 만성 정신장애인 주간보호 프로그램에 참여하는 우울증 환자인 중년 남성 클라이언트가 자기 집안이 대단하다고 자랑하는 이야기를 들으며 짜증이 났다. 사회복지사는 그에게 자신의 부모님 또한 그의 가족과 같은 동네에 살고 같은 종교단체와 사회단체의 성원이라고 말하였다. 사회복지사의 말은 클라이언트와의 공통점을 드러내는 것으로 볼 수도 있지만 그 이면에는 클라이언트가 중하위 계층인 사회복지사보다 자신이 더 우월하다고 과시하는 것을 생각한 사회복지사의 인식에서 이러한 자기노출이 이루어진 것이다. 사회복지사의 자기노출로 인해 클라이언트가 비밀보장에 관해 걱정하게 된다면 이는 클라이언트에게 도움이 안 되는 자기노출이다. 이 클라이언트는 자신이 우울증 환자라는 것을 수치스럽게 여겼고 자존감이 낮았다. 가족배경에 관한 클라이언트의 과시는 그의 낮은 자존감을 회복하려는 시도이자 사람들에게 자신이 정신병 환자 이상이라는 것을 전달하려는 것이었다. 이 사례에서와 같은 사회복지사의 자기노출은 전형적으로 부적절한 경우다.

사회복지사의 너무 적은 자기노출은 거리감을 만들고 너무 많은 자기노출은 클라이언트를 당황스럽게 하거나 자기노출에 대한 압박으로 다가올 수 있다(Hill & Knox, 2002). 클라이언트에게 도움이 될 수 있는 범위에서의 자기노출이 바람직하며 사적 대화가 되지 않도록 해야 한다. 즉, 사회복지사의 자기노출은 상담의 과정에서 클라이언트에게 도움이 되는 경우에 한해서만 그 타당성이 인정될 수 있다.

사회복지사는 클라이언트의 문제해결을 돕기 위해 종종 정보나 조언을 제공한다. 많은 경우 클라이언트에게 직접적인 조언을 하는 것은 무익할 수 있다. 오히려 클라이언트에게 필요한 것은 혼돈으로부터 벗어나기 위한 도움, 즉 그들의 상황을 판단하는 데 도움이 되는 부가적인 정보를 제공함으로써 스스로 결정하도록 격려해 주는 것이다. 직접적 조언이 필요한 경우도 물론 있다. 예컨대 "내가 어떻게 해야 한다고 생각합니까?"라고 절박하게 묻는 클라이언트에게는 직접적 조언이 필요할 수 있다. 이렇게 하는 것이 클라이언트에 대한 관심과 도움이 되고자 하는 뜻을 나타내는 상징이 될 수 있기 때문이다. 또 클라이언트에게 최대한의 자기 결정을 허용해야 하지만 클라이언트에게 필요한 도움을 주지 않고 보류하는 것이 되어서는 안 되기 때문에 직접적 조언을 요구하는 클라이언트에게는 적절한 조언을 해줄 수 있다.

5) 해 석

사회복지사는 면접 시 클라이언트가 행동과 대화를 통해 보여주는 상황 저변에 대한 많은 단서를 해석할 수 있어야 한다. 해석은 과거의 감추어진 의미가 아닌 현재의 행동, 사고 또는 감정과 관련 요소에 초점을 두어야 한다. 클라이언트의 어려움 깊은 곳에 있는 결정적 요인을 파악하기 위해 사회복지사는 가설을 만들고, 검증하고, 대부분을 기각하고, 새로운 가설을 만들기와 검증하기를 반복하는 과정에서 해석을 하게 된다. 사회복지사가 해석한 내용을 클라이언트에게 말하는 것은 대부분의 경우 부적절하다.

원칙적으로 클라이언트는 자신의 페이스로 결론에 도달해야 한다. 사회복지사는 근원적 요인들을 해석한 후 그 해석에 기초한 실문과 의견을 동해 클라이언트가 그 요인들을 깨달을 수 있도록 도울 수 있다. 예를 들어, 말하기를 두려워하는 클라이언트에게 "어머니가 늘 그렇듯이 내가 당신을 비난할까 봐 두려워하는군요"와 같은 이야기를 하는 것이다. 혹은 클라이언트에게 좀 더 상세하게 충분히 말하도록 격려함으로써 클라이언트 스스로 깨닫도록 돕는다.

사회복지사와 클라이언트 간의 전문적 원조관계가 안정된 경우에는 클라이언트에게 직접 해석을 전달할 수도 있다. 해석은 클라이언트로 하여금 사건들 간의 관계를 이해하고, 문제가 되는 감정과 행동을 다른 관점에서 고려하며, 실제 생활에서 더 효과적으로 행동하도록 도울 수 있다. 해석을 직접 전달할 때는 적당한 시기 선택에 대한 감각이 필요하다.

6) 표현 촉진하기

정보를 끌어내기 위해 클라이언트의 표현을 촉진하는 기술은 다음과 같은 경우이다.

첫째, 사회복지사가 클라이언트의 정보노출을 촉진시키기 위해 계속 말을 하도록 반응을 보이는 것이다. 예를 들면, 고개를 끄덕이거나 "그래요", "그렇군요" 등의 반응을 보이면서 클라이언트를 이해하고 있음을 느끼게 해주는 것이다.

둘째, 클라이언트가 말한 것을 간단하게 반복해 주거나 또는 새로운 단어로 바꾸어 재진술하는 것이다. 예를 들면, 클라이언트가 "제가 얼마나 마음이 아프겠어요"라고 하소연하면 클라이언트의 말을 반복하여 "정말 마음이 아프시겠어요"라고 하는 것이다. 새로운 단어로 바꾸어 말하는 것은 "어떻게 살아야 될지 정말 막막해요"라고 클라이언트가 말을 하면 사회복지사는 "정말 절망적인 것 같군요"라고 표현할 수 있다. 이러한 사회복지사의 반응은 클라이언트로 하여금 공감을 전달하여 보다 많은 자신의 이야기를 하도록 촉진시킨다.

셋째, 클라이언트의 표현을 촉진할 때는 오해나 실수를 최소화하기 위해 가급적이면 구체적으로 표현하도록 요구해야 한다. 클라이언트의 표현이 애매모호하거나 복잡할 때 다양한 의미를 가진 애매모호한 단어를 명확히 하는 것이 좋다. 예를 들면, "그 사람이 너무 냉정하다는 것은 구체적으로 어떻게 대한다는 것을 뜻하는 것입니까? 예를 들어서 설명해 주시죠" 또는 "그러니까 남편이 바람을 피울까 봐 두렵다고 말씀하시는 거죠? 맞습니까?"라고 하는 것이다.

촉진기술은 ① 클라이언트가 말을 시작하거나 계속하도록 할 때 활용하는 것으로 추가로 설명할 것을 권유하는 방법, ② 한 가지 진술내용과 다른 진술내용을 연결시킴으로써 계속해서 말을 할 수 있도록 하는 방법, ③ 중단된 문장이나 말을 끝맺도록 하는 방법 등이 있다. 그러나 중단된 문장이나 말을 끝맺도록 촉구하는 것이 때로는 강압적인 것이 될 수 있으므로 주의해서 사용해야 한다(남연희 외, 2011).

7) 반 영

반영은 클라이언트의 말과 행동에서 표현된 기본적인 감정과 생각, 태도, 상담자에게 전달하는 메시지의 내용 등을 사회복지사가 듣고, 이를 다시 다른 말로 표현해 주는 것이다. "당신은 ~에 대해서 ~하게 느끼고 있군요"의 형식으로 반영한다. 예를 들면, 직장에서 상사와의 어려움을 호소하는 클라이언트에 대하여, "당신은 직장 상사의 꾸중을 듣는 것에 대해서 힘들게 느끼고 있군요"와 같이 부연설명하여 반영한다.

① 감정 반영

감정 반영은 클라이언트의 감정과 느낌 등을 사회복지사가 듣고, 음성과 비음성적 언어로 표현해 주는 기술이다. 감정 반영을 하는 방법은 다음과 같다.

- 감정 파악 : 클라이언트 이야기의 정서적 부분에 주의를 기울인다. 행동에 주의를 기울인다. 감정을 적절히 표현하기 위한 광범위한 단어를 사용한다. 내담자 감정 전부를 파악한다.
- 감정 반영 : 클라이언트가 느끼는 듯한 감정을 명확하고 간결하게 요약한다. 뒤섞여 있는 감정을 반영해 준다. 클라이언트의 말을 그대로 되풀이하지 않는다. 현재 시제를 사용하면서 현재 감정에 초점을 둔다. 폭넓은 표현방식을 사용한다.
- 감정 반영을 통해 클라이언트는 자신이 느끼는 것을 깨닫게 됨 : 클라이언트는 자신의 가정을 받아들이고 살펴보게 된다. 클라이언드가 경험하고 있는 것을 상담자가 이해한다는 것을 보여주게 된다. 상담자와 클라이언트 사이에 탄탄한 관계형성이 이루어진다.

② 내용 반영

클라이언트의 문제, 환경이나 그들이 다른 면에 대한 표현을 이해하고 있음을 전달하는 것이다. 사회복지사는 대부분 클라이언트에게 문제와 상황에 대해 말하도록 요청하는 것으로 시작한다. 클라이언트가 어느 정도 말을 하고 나서 사회복지사가 그 메시지를 정확하게 다시 말하는 것은, 그 내용에 대해 이해하고 있음을 반영하는 것이다.

8) 명료화

명료화는 클라이언트의 말 속에 내포되어 있는 것을 클라이언트에게 명확하게 해주는 것을 말한다. 다르게 표현하면, 명료화는 주로 클라이언트가 더욱더 명확하게 말하도록 격려하는 것으로, 클라이언트가 한 말에 대해 사회복지사가 이해했음을 입증하는 질문이다. 그런데 면담의 흐름을 방해할 수 있는 '바꾸어 설명하기'와 같이 어떤 사람은 명료화로 말미암아 쉽게 기분이 나빠질 수도 있다. 왜냐하면 자신이 의사소통을 잘못하는 것으로 받아들이거나, 은근한 비난으로 여길 수 있기 때문이다. 명료화하는 방법의 예는 다음과 같다.

- 사회복지사가 이해한 것을 확인할 때 : 나는 당신이 ~를 말하고 있다고 생각하는데, 제가 생각한 것이 맞나요?
- 모호하거나 익숙하지 않은 용어의 의미를 명료화할 때 : 당신이 가족과의 관계에 대해서 상당히 고통스러웠던 것 같네요. 고통스럽다는 것이 구체적으로 어떤 것을 의미하는지 말씀해 주시겠어요?

9) 직 면

직면은 클라이언트가 자신의 문제를 유지하거나 그에 영향을 미치는 사고, 감정, 행동과 대면하는 것을 말한다. 직면은 클라이언트에게 말과 행동 사이의 불일치나 모순을 직접 지적하는 것을 의미한다. 그러나 직면은 상대방을 공격하거나 비평하는 것이 아니다. 클라이언트가 어떻게 모순점을 파악하고 해소해 가는지를 클라이언트에게 알려주는 것이다.

따라서 직면은 클라이언트가 자신의 사고, 믿음, 감정과 행동에서 모순과 불일치의 맹점을 알고, 역기능적 행동을 생산하거나 영속화하려는 경향이 있을 때 사용하는 것이 좋다. 그러나 이 기술은 분별력 있게 사용해야 한다. 시기적으로 부적절하고 과도한 직면은 클라이언트에게 심리적으로 손상을 입힐 수 있다. 직면 방법은 다음과 같다.

- 모순점을 파악하고, 관찰된 불일치에 초점을 맞춤 : 클라이언트의 약점뿐만 아니라, 강점과 연관된 모순점에도 초점을 둔다.
- 직면할 때 : 클라이언트 말 속의 모순적 요소를 짚고, 그런 모순점을 살펴볼 수 있게 이끈다. 감정을 살펴볼 준비를 한다. 말 속에 비난, 판단 혹은 문제 해결책을 포함시키면 안 된다.

10) 요약기술

요약기술은 한 주제에서 다른 주제로 넘어가기 전에 그동안 논의된 바를 간단히 요약하여 핵심을 잡아주거나, 지나치게 긴 클라이언트의 말을 정리하여 장황한 주제가 어떻게 연결되는지를 간략히 설명해 주는 것을 말한다. 또한 한 세션이 끝날 때마다 그날 세션에서 다루었던 내용을 정리함으로써, 그 내용이 다음 세션으로 연속될 수 있도록 도와준다. 이처럼 요약하기는 면접과정에서 나온 주요 내용을 연결하여 요약해 주는 것이다.

그리고 요약하기는 면담내용이 정확한지를 확인하는 기회를 제공한다. 즉, 클라이언트가 전달하려는 바가 분명하지 않을 때, 클라이언트가 무슨 말을 하고 있는지 혼돈에 빠졌을 때, 상담자 역시 클라이언트를 충분히, 확실히 이해하고 있는지 의심스러울 때 등이다. 아울러 클라이언트가 너무 오래 말할 때에도 요약하기는 좋은 기술이다.

11) 정보제공 및 조언

(1) 정보제공

정보제공이란 사람, 활동, 행사, 자원, 대안, 결과나 절차 등에 관한 자료 혹은 사실을 말로 전달해 주는 것을 말한다. 정보제공은 상담과정에 클라이언트를 준비시키고, 설명이나 지침을 주고, 대안적 관점을 제시하기 위한 기술이다.

정보제공 시에는 클라이언트의 욕구에 적절한 자료나 사실을 알려준다. 클라이언트가 정보를 잘 받아들이고 있는지 확인한다. 직접적이고 명확하며, 구체적이고 실질적이어야 한다. 클라이언트가 활용할 수 있도록 정보를 부분으로 나누고, 정보제공 후에는 왜곡이 있었는지 평가하고, 바로잡기 위해 다른 상담기술을 사용한다.

(2) 조언

어떤 상담이나 심리치료에 조언은 포함되기 마련이다. 다만, 기억해 두어야 할 문제는 조언을 언제, 어떻게 주느냐 하는 점이다. 특히 조언은 짧은 시간에 중요한 문제를 결정해야 할 때 유용하다. 이때 사회복지사는 줄 수 있는 가능한 정보를 클라이언트에게 제공하여, 클라이언트가 가장 바람직한 의사결정을 내릴 수 있도록 도와야 한다.

조언은 클라이언트가 심한 갈등과 긴장을 경험하고 있으며, 일상생활을 효과적으로 처리해 나갈 수 없게 된 위기적 상황에 당면해 있을 때 필요하다. 그러나 조언이나 도움을 지나치게 많이 줄 때 클라이언트의 반발과 의존심을 키울 수도 있다. 따라서 사회복지사는 언제나 민감하게 행동해야 한다.

간혹 사회복지사는 자기가 궁지에 몰렸을 때 클라이언트에게 지시·조언·충고 등을 한다. 예를 들면, 클라이언트가 상담과정에 잘 순응하지 않을 때 조언을 하는 경우가 있다. 상담심리학 용어로는 클라이언트가 저항을 나타낼 때, 상담자는 이를 자기에 대한 공격으로 느끼고, 방어책의 수단으로 지시나 조언하기도 한다.

다른 예는 클라이언트가 자기의 크고 작은 모든 고민에 대하여 사회복지사에게 조언과 충고를 요구할 때다. 이때 사회복지사가 계속해서 조언이나 충고를 하더라도 이 상황에서 조언이나 충고는 대체효과를 보기 어렵다. 왜냐하면 클라이언트의 반복적인 조언의 욕구로, 사회복지사는 '조종당하고 있다'라는 느낌을 받을 수 있기 때문이다.

11

사회복지실천의 과정 : 접수

1. 실천과정의 개념
2. 실천과정의 구성
3. 사례 발굴 및 접수

11 CHAPTER 사회복지실천의 과정 : 접수

학습목표

- 사회복지실천의 과정을 이해한다.
- 사회복지실천의 구성을 이해한다.
- 접수의 개념을 이해한다.
- 접수단계에서 사회복지사의 과제를 이해한다.

일반적으로 사회복지실천과정은 사회복지사가 클라이언트와 클라이언트를 둘러싼 개인과 집단 그리고 다양한 환경 내의 체계들을 변화시키기 위해서 사회복지사의 전문적 가치와 지식 및 기술에 기초하여 개입하는 일련의 과정이라고 할 수 있다.

클라이언트에 대한 사회복지사의 전문적 개입은 사회복지실천과정의 절차를 면밀하게 구조화하여 효과적인 개입이 될 수 있도록 학자들마다 다양한 입장을 표명하고 있다.

헵워스와 라슨(Hepworth & Larsen)은 사회복지실천과정을 탐색, 사정, 계획 단계에서 변화와 문제해결 단계, 종결과 평가 단계로 보았으며, 존슨(Jonson)은 사정단계, 계획단계, 직접적 개입활동 단계, 간접적 개입활동 단계, 평가 및 종결 단계로 보았다.

국내의 학자들도 장인협(1999)은 사정, 계획, 개입, 평가, 종결의 5단계로 보았으며, 최덕경 등(2016)은 접수, 자료수집, 문제와 욕구사정, 계획수립, 계약, 개입, 종결, 평가 단계로, 김혜영 등(2012)은 접수, 자료수집 및 사정, 계획수립, 개입, 평가 및 종결 단계로 보았다.

이렇듯 사회복지실천과정은 학자들마다 이론을 전개하는 입장이 다르지만 이 장에서는 접수단계, 자료수집 및 사정 단계, 계획과 개입 단계, 종결 및 평가 단계로 나누어 보고자 한다.

1. 실천과정의 개념

사회복지실천과정은 사회복지실천의 핵심과정이라고 할 수 있다. 사회복지사는 서비스 원조과정에서 자신이 가지고 있는 사회복지사로서의 가치와 지식, 그리고 기술을 가지고 서비스를 준비하게 된다.

즉, 사회복지사 자신이 가지고 있는 가치와 지식, 기술로 클라이언트의 환경에 개입하여 변화를 일으키는 과정이라고 할 수 있다. 따라서 전문적인 개입과정과 실천과정의 단계를 거치면서 서비스를 성공적으로 제공하여 문제해결을 돕는 일련의 과정이라고 이해할 수 있다.

앞서 설명한 바와 같이 사회복지실천과정은 기본적으로 초기, 중기, 종결의 3단계로 구분할 수 있는데, 초기단계에서는 접수 및 자료수집, 사정을 하며, 중기단계는 계획 및 개입을 하게 되고, 종결단계는 평가 및 종결을 하는 단계이다.

〈표 11-1〉 사회복지실천과정에 대한 학자들의 입장

학자들	사회복지실천과정
Hepworth & Larsen (1990)	접수와 관계형성－자료수집과 사정－계획과 계약－개입과 모니터링－평가와 종결
Jonson(1998)	탐색, 사정, 계획－변화와 문제해결－종결과 평가
장인협(1999)	사정－계획－개입－평가－종결
최덕경 외(2016)	접수－자료수집－문제와 욕구사정－계획수립－계약－개입－종결－평가
김혜영 외(2012)	접수－자료수집 및 사정－계획수립－개입－평가 및 종결

2. 실천과정의 구성

그러나 보편적으로 각각의 과정들은 명확하게 구분되기보다는 내용이나 과제가 중복되고 순환되기도 한다. 애쉬맨과 헐(Kirst-Ashman & Hull)은 사회복지를 실천하는 데 기초로 가져야 할 것이 지식, 기술, 가치라고 하였으며, 실천과정은 접수－사정－계획－개입－평가－종결－사후지도로 보았고, 사후지도(frow up)에는 재사정과 계약종결이 있다.

접수(intake)는 쉽게 말해 사회복지사가 클라이언트로 결정할지 여부를 판단하는 것이다. 하지만 접수를 하러 온 사람을 클라이언트라고 부르지는 않는다. 기관의 정책과 맞고 서비스를 받을 자격이 된다면 클라이언트가 되는 것이고, 그런 다음 정확한 서비스를 제공하기 위해 클라이언트가 가지고 있는 문제를 사정하고, 어떠한 방법으로 서비스를 제공할 것인지 계획을 세운다. 그리고 개입이 이루어지며, 개입 후 평가, 원하는 대로 서비스가 이루어졌다면 이 서비스는 종결을 맺게 된다. 그런 다음 사후지도(frow up)를 하면서 또 다시 문제가 발생한다면 재사정을 해서 계획－개입－평가－종결－사후지도로 가는 것이고, 아무런 문제가 없다면 사후지도(frow up)에서 끝나는 것이다.

이 과정을 그림으로 살펴보면 다음과 같다.

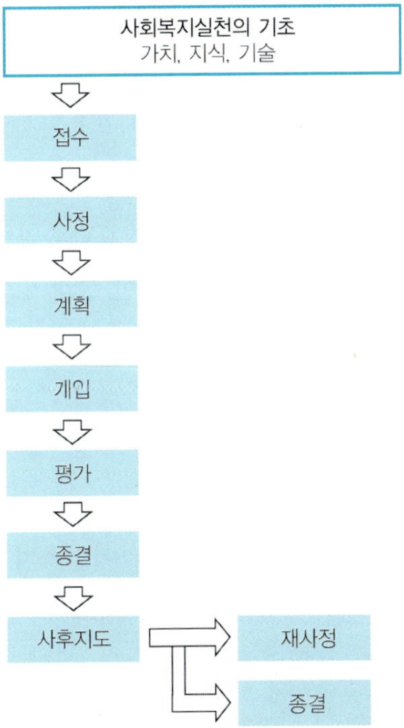

그림 11-1 사회복지실천의 전 과정

출처 : 최덕경 외(2016); Kirst-Ashman & Hull, Jr.(1999).

이 장에서는 접수 단계, 자료수집 및 사정 단계, 계획과 개입 단계, 종결 및 평가 단계로 나누었으며, 여기에 대한 세부설명을 하고자 하며, 사회복지실천 과정은 다음과 같다.

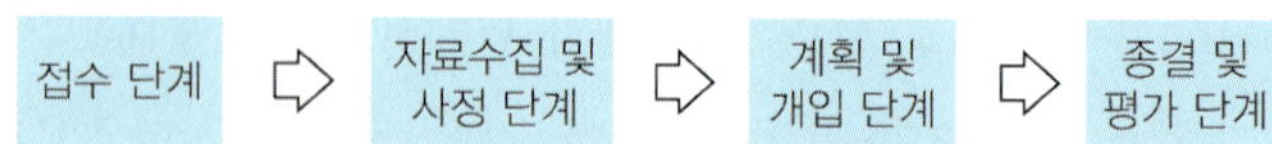

그림 11-2 사회복지실천과정

첫째, 접수 단계에서는 서비스 제공과정의 첫 단계로 문제나 욕구를 가지고 있는 사람이 사회복지서비스를 받기 위해 기관을 방문했을 때, 문제나 욕구를 확인하고 기관의 정책에 부합하며, 서비스를 받을 수 있는 자격요건을 갖추었는가의 여부를 판단하는 단계이다.

이때 클라이언트가 사회복지사와 기관에 대해 어떤 기대를 하고 있는지 분명히 하는 것이 중요한데, 기대를 명확히 한다는 것은 도움을 요청하는 사람과 제공하는 사람 모두에게 혼동이 없어야 하기 때문이다. 주요 과업으로 문제확인, 관계형성을 통한 클라이언트의 참여유도, 서비스의 동의 또는 의뢰가 있다.

둘째, 자료수집 및 사정 단계에서 자료수집이란 클라이언트의 문제를 이해하기 위해 필요한 사실을 모으는 것으로, 클라이언트 개인과 그의 환경에 대한 객관적 자료를 확보하는 활동이다(최덕경 외, 2012).

자료수집을 통해 클라이언트의 문제점을 파악할 수 있으며, 개입의 가능성과 개입에 도움이 되는 자료나 클라이언트에게 도움이 될 수 있는 기틀을 마련하는 일련의 지속적 과정이라고 할 수 있다.

또 사정(assessment)이란 수집된 정보와 자료를 바탕으로 클라이언트가 직면한 문제상황을 확인하고 이해하여 사회복지사가 클라이언트에 대해 개입할 것인가, 또한 어느 부분까지 서비스를 제공할 것인가를 결정하는 과정이다.

이렇듯 자료수집이 클라이언트와 문제를 이해하는 데 도움이 될 만한 자료를 모으는 것이라면, 사정은 수집·정리된 자료를 분석하고 심사숙고하여 문제를 규정해 내는 작업으로 자료수집과 사정은 전후의 관계가 아니라 순환적으로 일어나며, 사정을 하기 위해 자료수집을 하지만 사정을 하다가도 자료수집단계로 돌아갈 수 있다(사회복지연구센터, 2010). 궁극적으로 사정은 클라이언트와 사회복지사가 개입을 위한 표적문제를 결정하고 개입목표를 설정할 수 있도록 돕는 것이라고 할 수 있다.

셋째, 계획과 개입 단계에서 계획이란 자료수집과 클라이언트의 문제 인식과 상황에 대한 사정이 끝난 후 실질적인 문제해결을 위한 과정이 시작되는 단계이다. 계획은 수집된 자료를 바탕으로 사회복지사와 클라이언트가 협의를 통해 문제를 정의하고 목적을 구체화시키며, 표적문제를 달성하기 위한 구체적인 계획을 수립하여야 한다. 개입은 사회복지실천의 핵심적 단계로 계획을 실천하기 위해 구체적인 실천기법들이 적용되며 문제가 해결되는 단계이기도 하다. 특히 이 단계에서는 사회복지실천이론과 실천모델의 개입방향에 기초하여 클라이언트 한 사람 한 사람에게 필요한 적절한 개입방법을 선택하여 문제를 해결하는 노력이 필요하다.

넷째, 종결 및 평가 단계로 종결은 사회복지사가 사회복지실천의 개입활동을 마무리하는 단계로 사회복지사와 클라이언트와의 전문적인 관계가 끝나게 되는 사회복지실천의 마지막 과정이다. 특히 이 과정에서 사회복지사와 클라이언트는 모두 이별에 대한 복잡한 감정을 서로 갖게 되는데, 이에 대한 정서적 반응을 다루어 주어야 한다.

마지막으로 평가단계는 실천의 목적과 목표가 달성되었는가를 점검하고 실행에 효과적이었던 방법과 전략들을 밝혀내는 과정이다. 이렇게 평가에서는 사회복지실천활동의 효과성과 효율성을 평가하게 되는데, 한정된 자원으로 전문직으로서의 가치에 적합한 배분을 하였는가, 서비스의 목적을 달성하였는가를 검토하게 되며, 책임성을 명확히 한다는 점에서 매우 중요하다.

3. 사례 발굴 및 접수

1) 접수의 개념

사회복지기관에서 서비스대상자를 만나게 되는 경로는 다양하다. 도움이 필요한 사람이 직접 기관을 찾아오기도 하고, 또는 타 기관에 의해 의뢰로 오는 사람도 있고, 전화상담도 이루어지고 있으며, 사회복지기관에 근무하는 사회복지사들이 일상생활 속에서 발굴되기도 한다.

이렇듯 서비스를 필요로 하는 사람이 사회복지기관에 찾아왔을 때 서비스를 제공하는 기관의 정책과 서비스에 부합될 때 사회복지사는 그 사람의 문제와 욕구를 파악하여 서비스를 제공할 것인가의 여부를 판단하는 과정을 초기면접 또는 접수(intake)라고 한다.

접수는 도움을 요청한 사람이 가지고 있는 욕구와 문제를 확인하고 사회복지사가 근무하는 기관에서 서비스를 제공할 수 있는가의 여부를 판단하는, 즉 서비스를 받을 수 있는가의 적격 여부를 판단하는 과정이라고 이해하면 된다.

접수의 환경은 아늑하고 자유로운 분위기 속에서 이루어져야 하며, 기관 방문자의 프라이버시가 충분히 보장된 곳에서 이루어지도록 환경을 조성하는 것이 필요하다.

또한 접수단계에서는 정확한 판단을 내리기 위해서 클라이언트의 상황을 잘 파악해야 하는데, 클라이언트의 특성과 문제 또는 욕구의 내용, 클라이언트가 가지고 있는 자원과 대처능력에 대한 파악이 필요하다. 더불어 클라이언트의 연령, 성, 성 정체성, 사회경제적 지위, 문화 등 인간의 다양성에 대한 사회복지사의 감수성이 요구된다고 볼 수 있다(엄명용 외, 2017).

2) 접수 시 과제

접수는 서비스를 제공하는 최초의 과정으로 문제나 욕구를 가진 사람이 사회복지기관을 방문(잠재적 클라이언트)했을 때, 기관에서 서비스를 제공할 수 있는가의 여부를 결정하는 중요한 과정으로 지식과 경험이 풍부한 사회복지사가 접수를 담당하는 것이 좋다.

접수과정을 거쳐 사회복지기관에서 적합한 서비스를 줄 수 있다고 판단될 때 문제나 욕구를 가졌던 사람은 비로소 클라이언트가 되고, 서비스의 적격자가 되지 못하면 서비스 수혜 대상자가 되지 못한다.

이때 경험이 풍부한 사회복지사라면 사회복지기관을 찾은 사람에게 맞는 다른 서비스 기관을 지역사회 안에서 찾아 연결할 것이다. 이처럼 접수를 담당하는 사회복지사의 역할은 크다고 할 수 있으며, 이때 갖게 되는 사회복지사에 대한 인식은 사회복지를 접하게 되는 모든 사람에게 중요한 인식을 갖게 한다.

(1) 주요 과제

① 클라이언트의 문제 확인

클라이언트는 욕구나 문제를 가지고 사회복지기관을 찾은 사람 중에서 기관의 정책이나 서비스에 부합될 때 그 서비스를 받는 사람을 말한다. 클라이언트의 욕구와 문제를 확인한다는 것은 사회복지기관에 대한 바라는 바를 확인한다는 것이다. 표면적으로 드러난 서비스 신청자의 호소문제를 중심으로 기대를 명확히 해야 하며, 사회복지사와 서비스 신청자가 신뢰관계를 형성하는 첫걸음이기도 하다.

먼저 문제를 확인할 때는 클라이언트가 주로 호소하는 문제에서부터 출발해야 하며, 그 문제가 클라이언트에게 얼마나 중요하며 무엇 때문에 이 문제가 발생하게 되었는지 그 원인에 대한 탐색을 해야 한다(이영실 외, 2014). 이때 클라이언트가 호소하는 문제는 사회복지사의 관점에서 볼 때 실제 근본적인 문제가 아닐 수도 있으며, 문제를 정확하게 인지하지 못하는 경우도 있으므로 사회복지사는 클라이언트의 실제 문제가 무엇인지 정확하게 판단하는 힘이 필요하다.

② 의뢰(referral)

의뢰는 잠재적 클라이언트인 서비스 신청자가 원하는 서비스를 해당 기관에서 제공받지 못할 때 서비스를 받을 수 있도록 다른 기관을 소개하고 연결해 주는 것이다. 즉, 서비스 신청자의 욕구나 문제해결을 위한 일들이 해당 기관의 정책과 기능에 맞지 않는다면, 서비스를 제공할 수 없기 때문에, 이에 대한 충분한 설명이 따라야 하며, 해당 서비스를 받을 수 있도록 다른 기관에 서비스 신청자를 의뢰하는 것이다.

성공적인 의뢰를 위해서는 클라이언트의 동의가 필요하고, 클라이언트에게 의뢰기관에서 받게 될 서비스의 내용과 한계에 대해 정확하게 설명해 주어야 하며, 지나친 기대감을 갖지 않도록 하여야 하며, 그러면서도 클라이언트가 의뢰되는 것에 대한 거부감을 갖지 않도록 해주어야 한다.

따라서 적절한 의뢰를 위해서 사회복지사는 자신이 소속되어 있는 기관의 정책이나 서비스는 물론이고 다른 기관들의 정책이나 서비스, 그 기관의 담당자, 지역사회 내의 자원들을 자세히 파악하고 있어야 한다.

이때에도 사회복지사는 다른 기관으로 의뢰를 하였다고 해서 자신의 역할이 끝나는 것이 아니라, 의뢰된 사람이 적절한 서비스를 받고 있는지 반드시 확인하는 것이 필요하다. 그리고 초기 면접지를 의뢰기관에 보내도록 하여 서비스 신청자의 욕구나 문제를 의뢰기관 담당자가 알 수 있도록 해주는 것이 필요하다. 물론 의뢰기관에서도 적절한 접수단계를 거치겠지만, 클라이언트가 기관을 옮길 때마다 반복적으로 똑같은 내용을 사회복지사에게 이야기하는 것은 시간낭비만 될 뿐이다.

③ 관계형성

관계형성은 기관을 찾는 클라이언트가 일반적으로 갖게 되는 불안이나 두려움을 극복하기 위해서 사회복지사와 갖게 되는 긍정적 관계를 말하며, 이를 라포(rapport)형성이라고 한다. 사회복지를 실천하는 데 있어 사회복지사와 클라이언트 사이에서 상호작용이 원활하게 이루어지기 위해서는 좋은 관계형성이 필수적이며, 이런 관계형성은 문제를 해결하는 데 있어 중추적인 역할을 한다.

클라이언트는 접수단계에서 사회복지사와 기관에 대한 첫인상을 갖게 되고, 이 첫인상은 클라이언트가 앞으로의 활동에 참여하는 데 영향을 주게 된다. 그러면 사회복지사는 어떻게 해야 할까? 당연히 첫 만남에서 서로에게 호의적이고 적극적이며 긍정적인 경험이 될 수 있도록 효과적인 의사소통을 해야 한다. 상식적으로 생각해 볼 때 처음 만나는 사람에게 내 처지와 문제를 꺼낸다는 것이 쉬운 일일까? 단언컨대 아무도 쉽게 자기 이야기를 꺼내기는 쉽지 않을 것이다. 따라서 사회복지사는 클라이언트에 대하여 긍정적이고 확신 있는 태도를 유지하는 것이 좋으며, 클라이언트의 이야기에 적극적인 경청을 하는 것이 중요하다.

더불어 사회복지사가 자신의 입장을 이해하기 위해 노력한다는 생각과 느낌을 받을 수 있도록 감정이입적 반응을 하도록 한다. 여기서 감정이입이란 다른 사람의 감정과 경험을 이해하는 능력으로 클라이언트 내면의 생각과 느낌을 정확하게 인지하고 이해하는 것을 말한다. 사회복지사가 거짓 없이 있는 그대로의 정직하고 솔직한 모습을 보인다면 관계의 질을 결정짓게 되고 클라이언트의 참여 동기에 큰 영향을 주게 될 것이다.

④ 양가감정 수용 및 저항감 해소

클라이언트는 변화를 원하는 마음과 변화를 원하지 않는 마음을 동시에 갖게 되는데, 이를 양가감정(ambivalence)이라고 하며, 사회복지사는 이런 클라이언트의 감정을 수용해야 한다.

우리가 사회복지 현장에서 만나게 되는 모든 사람들은 모두가 사회복지사의 계획대로 움직여 주는 사람들이 아니다. 이런 경우 사회복지사는 좌절하지 말고 그들의 행동 이면에 숨겨져 있는 저항의 이유를 알아내야 한다.

그리고 저항은 변화에 대한 두려움이나 서비스 요청을 주저하거나 제공된 서비스를 받지 않으려는 형태로 나타나게 되며, 서비스를 제공하는 과정에서 비협조적인 태도 등으로 표현된다. 따라서 사회복지사는 양가감정을 수용하고 자유롭게 표현하며 저항을 해소해 주어야 한다(김혜영 외, 2012).

리피트와 왓슨(Lippit & Watson, 1958)은 변화와 관련된 모든 당사자에게는 변화하려는 동기와 변화에 저항하려는 힘이 동시에 존재한다고 하였으며, 자발적인 클라이언트보다 비자발적인 클라이언트는 저항감이 더 강하기 때문에 사회복지사에 대해 더 적대적이며, 방어적인 태도를 취한다고 하였다(엄명용 외, 2017).

그래서 클라이언트의 저항을 받아주고 이해해 주기 위해서는 자기결정이나 선택을 지지해 주고, 서비스 제공과정에서의 역동성을 보아야 하며, 사회복지사는 클라이언트에 대해 자신이 편견을 가지고 있는지 살펴보아야 한다. 그리고 클라이언트를 바라볼 때 강점관점을 가져야 하며, 서비스를 제공할 때 사회정의로의 접근이 필요하다(이윤로, 2012).

즉, 자기결정이나 선택을 지지해 준다는 것은 클라이언트가 무엇이 필요한가, 자기 상황을 어떻게 바라볼 것인가를 찾아내는 것이 사회복지사의 몫이 되는 부분이며, 사회복지사도 의사소통의 문제에 일정부분 책임을 지어야 한다는 것이다. 또한 사회복지사는 클라이언트에 대한 자신의 반응을 살피고, 문제가 있다면 건설적인 방법으로 변화시켜 나갈 수 있도록 해야 하며, 이때 슈퍼비전이 필요할 수도 있다. 강점관점이라는 것은 도움을 요청하는 사람도 그 시점에서 그가 할 수 있는 최선을 다하고 있음을 인정하고, 자신도 무엇인가 공헌할 것이 있다는 것을 인정해야 한다는 것으로 신체적 · 정신적으로 건강한 사람들임을 기억해야 한다.

마지막으로 사회 정의로의 접근은 서비스 과정에서 어려움이 있거나, 주저함을 가지고 있거나, 적대감을 가지고 있다는 이유로 서비스를 거부하거나 지연 시킨다면 사회복지사로서 윤리적이지 못한 부분이기 때문에 서비스에 대한 욕구가 있다면 누구나 서비스를 받게 하는 것이 사회 정의로의 접근이다(이윤로, 2012 재구성).

⑤ 클라이언트 동기화시키기

클라이언트가 어떻게 사회복지기관에 접촉하게 되었는지를 탐색하는 일도 사회복지사에게는 매우 중요한 사항 중 하나이다. 자발적으로 사회복지기관을 찾아온 클라이언트는 문제해결에 있어서 긍정적인 감정을 가지고 있으며, 사회복지사에게 우호적이며 협조를 하게 된다.

반면 비자발적인 클라이언트의 감정은 대부분 부정적이며, 변화의지가 없으며 더 이상 변화를 기대하기 힘들다. 서비스 과정은 기본적으로 변화를 일으키는 과정이기 때문에 변화의 의지가 없는 비자발적인 클라이언트는 서비스 진행과정에서 실패를 가져오기 쉽다.

비자발적인 클라이언트는 원해서 찾아오는 것이 아니라는 사실을 명심하고 이들을 자발적인 참여자로 변화시키려면, 초기단계에서의 저항감과 두려움 등 부정적인 감정을 완화시키는 것이 중요하며, 사정단계에서는 개인의 욕구에 대한 파악 및 이해와 수용이 중요하다(김혜영 외, 2020).

그래서 사회복지사는 자발성을 보일 때까지 클라이언트를 격려하고, 지지하여 문제가 해결될 수 있다는 희망을 갖게 하는 동기화가 필요하다.

자발적 클라이언트는 변화에 대한 동기부여는 되어 있으나 두려움을 가지고 있으므로 이제까지 견뎌온 의지를 격려하며, 문제가 해결될 수 있다는 희망을 갖게 하여 동기화시키도록 한다(김혜영 외, 2020).

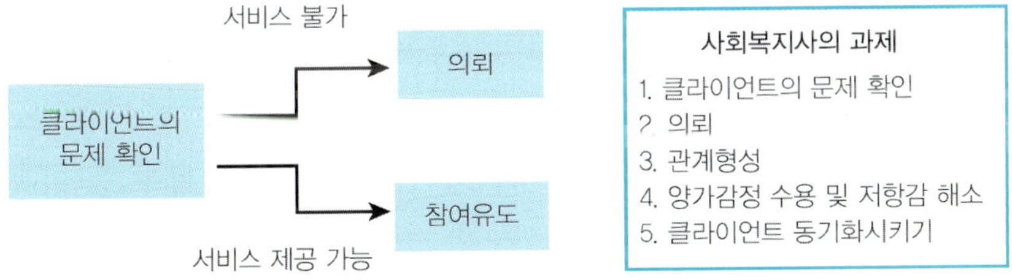

| 그림 11-3 | 접수단계의 내용 및 사회복지사의 과제

출처 : 사회복지연구센터(2010) 재구성.

(2) 접수내용

① **초기 면접지**(intake sheet)

초기 면접지는 사회복지사가 클라이언트가 신청한 내용을 기록하는 양식으로, 기관들마다 구체적인 내용이나 형식은 다르지만, 대개는 공통된 내용들을 가지고 있다. 클라이언트가 직접 작성하기도 하고, 때로는 사회복지사가 간단한 면담을 통하여 면접이 끝난 후 작성하기도 한다.

② 면접지에 포함되어야 하는 내용

사회복지기관에서는 〈표 11－2〉에서와 같이 초기 면접지를 이용하여 잠재적 클라이언트와 면담하면서 작성하기도 하고, 혹은 사회복지사가 자신이 질문할 내용들을 머릿속에 기억하고 있다가 면담 후에 내용을 기록하기도 한다.

초기 면접지의 내용은 기관들마다 다르지만 보편적으로 많이 쓰이고 있는 내용들을 담아보았다. 사회복지사는 본인이 근무하고 있는 기관에 맞게 조정해서 쓸 필요가 있다. 처음부터 너무 많은 질문을 하거나 민감한 정보(예를 들어, 경제상황이나 건강상태 등)를 들추게 되면 오히려 역효과를 초래할 수 있다.

따라서 초기 면접지의 내용을 다 질문하기보다는 추후 더 질문할 내용들을 선별하여 활용하는 것이 좋다.

- 클라이언트의 기본 정보 : 이름, 성별, 나이, 종교, 주소, 학력, 결혼 여부, 전화번호, 직업 등
- 가족관계 : 같이 살고 있는 가족을 중심으로 가족구성원의 이름, 나이, 직업, 종교, 교육 정도 등
- 주요 문제 : 사회복지사에게 요청한 도움 문제, 서비스 신청자가 느끼는 문제
- 인테이크 경위 : 기관을 찾아오게 된 이유 등
- 클라이언트 건강상태 : 건강정도, 질병명, 유병기간, 장애 유무 등
- 경제상황 : 월 소득액, 월 지출액 등
- 주거상황 : 주거형태, 구조, 난방 여부 등
- 환경상황 : 가족력, 위생상태, 지역사회 관계, 고용현황, 자녀양육 등

〈표 11-2〉 초기 면접지

Intake Sheet A

<table>
<tr><td colspan="4">클라이언트 개인사항</td><td rowspan="4">사진</td></tr>
<tr><td>성 명</td><td>(남 · 여)</td><td>접수일자</td><td></td></tr>
<tr><td>생년월일</td><td></td><td>직 업</td><td></td></tr>
<tr><td>대상자 선정</td><td>Y E S / N O
□ 긴급 □ 우선 □ 일반</td><td>연락처/
긴급연락처</td><td></td></tr>
<tr><td rowspan="3">대상자 분류</td><td colspan="4">□ 독거노인 □ 노인부부 □ 한부모세대 □ 조손세대 □ 소녀가장 □ 부부+자녀</td></tr>
<tr><td colspan="4">□ 일반수급 □ 조건부수급 □ 자활특례 □ 저소득 □ 일반</td></tr>
<tr><td colspan="4">□ 의료보호 1종 □ 의료보호 2종 □ 의료보험 □ 기타</td></tr>
<tr><td>현주소</td><td colspan="4"></td></tr>
<tr><td>Intake 경위</td><td colspan="4">□ 대상자 발굴 □ 동사무소 의뢰 □ 타 기관 의뢰 □ 전년도 대상자 □ 기타</td></tr>
</table>

<table>
<tr><td colspan="8">클라이언트 가정사항</td></tr>
<tr><td rowspan="6">가족사항
및
동거 여부</td><td>성 명</td><td>관계</td><td>생년월일</td><td>직 업</td><td>동거 여부</td><td>종 교</td><td>비 고</td></tr>
<tr><td></td><td></td><td></td><td></td><td></td><td></td><td></td></tr>
<tr><td></td><td></td><td></td><td></td><td></td><td></td><td></td></tr>
<tr><td></td><td></td><td></td><td></td><td></td><td></td><td></td></tr>
<tr><td></td><td></td><td></td><td></td><td></td><td></td><td></td></tr>
<tr><td></td><td></td><td></td><td></td><td></td><td></td><td></td></tr>
</table>

<table>
<tr><td rowspan="3" colspan="2">건강상태</td><td>건강 정도</td><td colspan="2">□ 양호 □ 보통 □ 허약</td><td>만성질환</td><td></td></tr>
<tr><td>질 병 명</td><td colspan="2"></td><td>유병기간</td><td></td></tr>
<tr><td>장애 유무</td><td colspan="4">□ 진단시기(년 월 일) □ 장애등급 ( )급
□ 지체 □ 시각 □ 청각 □ 언어 □ 내장(內臟) □ 정신지체</td></tr>
<tr><td rowspan="2">경제
사항</td><td>월
소득액</td><td>원</td><td>수입내역</td><td colspan="3">공적부조(원), 후원금(원),
친인척지원(원), 공공근로사업(원),
기타(원)</td></tr>
<tr><td>월
지출액</td><td>원</td><td>지출내역</td><td colspan="3">월세(원), 교육비(원), 의식주(원),
의료비(원), 기타(원)</td></tr>
<tr><td rowspan="2">주거
사항</td><td>형 태</td><td colspan="5">□ 자가 □ 전세(보증금 만 원) □ 월세(/) □ 영구임대 □ 무료</td></tr>
<tr><td>구 조</td><td colspan="2">총 ( )평 방 ( )층 ( )칸 화장실 □ 단독 □ 공동</td><td>난 방</td><td colspan="2">□ 기름 □ 가스 □ 연탄 □ 기타</td></tr>
</table>

Intake Sheet B

클라이언트 환경사항	
가족력	가계도, 사회적 지원망 기록
위생상태	방, 화장실, 부엌, 가정용품 등의 물리적 환경에 대한 기록
지역사회관계	이웃과의 관계, 지역자원 활용상황, 연계상황 등을 기록
고용현황	과거 직업력, 현 직업활동, 직업능력 등을 기록
자녀양육	자녀 및 손자의 양육, 학업능력, 학교생활 등에 대한 기록
욕구 및 문제	1. 클라이언트 개별적인 욕구와 문제 및 가족체계의 욕구와 문제 2. 사회복지사가 보는 욕구와 문제(타 전문가의 욕구와 문제 포함)
사회복지사의 의견	
판정회의 결과	

출처 : 당진건강가정지원센터(2007) 재구성.

12

사회복지실천의 과정 : 자료수집과 사정

1. 자료수집
2. 사정의 목적
3. 사정의 도구
4. 통합적 사정

12 CHAPTER 사회복지실천의 과정 : 자료수집과 사정

학습목표

- 자료수집의 방법을 이해한다.
- 자료수집의 내용을 이해한다.
- 사정의 목적을 이해한다.
- 사정의 도구들을 이해한다.
- 통합적 사정의 방법을 이해한다.

자료수집과 사정은 클라이언트의 문제 확인 후 서비스가 가능하다고 판단되었을 때, 클라이언트의 문제해결을 돕고자 클라이언트와 그를 둘러싼 환경체계에 개입하기 위해 객관적인 정보를 수집하고 관찰하여 이를 바탕으로 분석하여 서비스 개입 계획을 세우게 된다.

이렇듯 자료수집은 개입의 가능성을 판단하고 개입에 도움이 될 수 있는 자료들로 마련하여야 하며, 수집한 자료를 바탕으로 클라이언트 문제를 사정하도록 한다.

사정은 보통 자료수집이 끝난 후에 이루어지지만 사정을 하면서 추가적으로 수집을 하기도 한다. 즉, 클라이언트가 자신의 문제를 규명하는 것을 돕고 그들의 문제와 상황을 평가하고 판단하기 위한 과정이자 산물이 사정이라는 것을 알 수 있다(이효선 · 정푸름, 2012; Cowger, 1994).

사정은 클라이언트의 문제가 무엇인지 이해하고, 문제의 원인을 규명하며 이것을 해결하거나 감소시킬 수 있는 방법에 대해 전문적인 판단을 하는 활동임을 기억해야 한다.

1. 자료수집

자료수집은 클라이언트가 가지고 있는 문제를 이해하고 분석하는 데 있어서 필요한 사실을 모으는 과정으로 서비스가 진행되는 동안에도 필요하지만 이 단계에서 집중적으로 이루어진다.

자료수집은 사정(assessment)을 위해서 먼저 수행하기도 하지만, 사정을 진행하면서 추가적으로 수집하는데, 클라이언트의 문제를 면밀히 이해하기 위해서는 개입에 도움이 되는 자료를 수집하여야 한다.

1) 자료수집 방법

자료를 얻기 위한 방법으로 재스트로(Zastrow, 1995)는 클라이언트가 작성한 양식, 클라이언트의 이야기, 클라이언트의 비언어적 행동, 클라이언트의 직접적 관찰, 부수적인 정보, 심리검사, 다른 사람들과의 상호작용, 사회복지사가 상호작용을 통해 느끼는 경험이 있다(김혜영 외, 2012; 최덕경 외, 2016)고 하였다.

① 클라이언트가 작성한 양식

클라이언트가 처음 기관을 방문했을 때 작성한 초기 면접지로 가장 객관적인 정보로 활용된다.

② 클라이언트의 이야기

클라이언트의 이야기를 통해 얻을 수 있는 정보는 가장 유용한 정보원이기도 하다. 클라이언트 자신이 문제행동에 대한 진술, 그에 대한 느낌, 또한 문제를 해결하기 위해 했던 노력 등 개인의 의견이 포함된다.

그러나 사회복지사의 직접적인 관찰에 의한 것이 아니기 때문에, 클라이언트의 잘못된 기억이나 인지적 왜곡, 편견 등에서 오는 객관적 결여 등과 같은 문제점을 가지고 있다. 따라서 사회복지사는 객관성과 타당성 확보를 위한 순환적 질문이 필요(양점남 · 최선령, 2014)하며, 부수적인 자료의 수집이나 의뢰처 등의 자료를 참고로 하여야 한다.

③ 클라이언트의 비언어적 행동

면접 중에 클라이언트가 보이는 비언어적 행동도 정보의 출처가 될 수 있다. 사회복지사는 클라이언트의 이야기를 적극적으로 경청하는 것도 필요하지만 이와 함께 클라이언트의 비언어적 행동에 세심한 관심을 기울이고 이를 파악하고 해석해야 한다.

비언어적 행동은 목소리의 떨림, 대화 도중의 침묵, 꽉 다문 입술, 떨리는 손, 일정 단어에 찌푸리는 얼굴 표정, 계절에 맞지 않는 옷차림, 위생상태, 목소리의 고저, 팔짱을 끼고 있는 등 다양한 행동으로 나타난다. 사회복지사는 일일이 이런 행동에 대한 지적을 하기보다는 클라이언트의 내면에 숨겨진 의도를 인지하여야 한다.

④ 클라이언트의 직접적 관찰

직접적 관찰은 사회복지사가 클라이언트와 그의 삶에 중요한 다른 사람과의 상호작용을 직접적으로 관찰하는 것으로 우연이 아닌 의도적 계획으로 보아야 한다. 클라이언트의 가정환경이나 주변 환경체계와의 관계를 직접적으로 살피는 것이 어렵다고 한다면 기관 내에서 실연의 방법으로도 재현이 가능하다.

배우자와의 상호작용이나 가족구성원 간의 상호작용, 집단 내에서의 상호작용의 패턴을 확인하고 관찰함으로써 개입계획에 대한 필요한 자료를 수집할 수 있다(양정남 · 최선령, 2014).

⑤ 부수적인 정보

부수적인 정보는 가족이나 이웃, 친구, 다양한 기관, 학교, 직장 동료 등으로부터 수집이 가능하다. 직접 이들과 만나서 정보를 얻으면 좋으나 그렇지 못한 상황이라고 한다면 편지나 메일 등으로 확인이 가능하며(이영실 외, 2014), 전화도 가능하다.

이와 같은 방법으로 정보를 얻기 위해서는 정확한 소재지 파악이 필요하며, 클라이언트의 동의를 반드시 받아야 한다. 동의를 얻지 않고 부가적인 정보를 얻는다면 전문가의 윤리적 측면에서도 옳지 않다.

⑥ 심리검사

객관적으로 인정받은 다양한 각종 검사도구의 활용은 사회복지실천의 개입에 대한 효과성을 높이는 데 많은 도움이 되고 있어 그 사용이 증가되고 있다. 사회복지사가 심리검사도구를 활용할 수 없다면 전문가를 통해 검사를 의뢰하고 그 결과를 사정에 포함시키면 된다.

심리검사 유형으로는 의사소통 유형 검사, 자아존중감 검사, 사회성숙도, 우울증 검사, 알코올중독 검사, MMPI, MBTI, 에니어그램, 자아개념 검사, 치매진단 검사 등이 있다. 이런 도구들로 얻을 수 있는 직접적인 정보의 질은 제한적이기는 하지만 중요한 단서가 되기도 한다.

⑦ 다른 사람들과의 상호작용

클라이언트의 삶에 중요한 영향을 미치는 다른 사람과의 상호작용을 직접 관찰함으로써 사회복지사가 정보를 얻는 방법이다. 배우자와의 상호작용, 가족구성원과의 상호작용, 집단 내에서의 상호작용, 지역사회와의 교류 등 면접실에서 보이는 태도나 가정방문 등을 통해서 보게 되는 클라이언트의 행동과 상호작용(최덕경 외, 2014)을 보고, 클라이언트의 문제에 영향을 주는 환경체계를 이해하는 데 도움이 된다.

⑧ 사회복지사가 상호작용을 통해 느끼는 경험

클라이언트와 사회복지사가 상호작용하는 패턴은 클라이언트가 다른 사람들과 어떻게 상호작용하는가를 보여준다. 그래서 이런 직접적인 상호작용은 클라이언트의 문제행동에 중요한 정보를 제공해 주기도 하며, 사회복지사는 이런 상호작용 속에서 느끼는 사회복지사의 감정이 클라이언트의 문제행동을 이해하는 데 중요한 실마리를 제공해 준다(최덕경 외, 2014).

2) 자료수집 내용

클라이언트의 문제를 분석하고 해결하기 위해 필요한 자료를 수집하는 과정이기 때문에 객관적인 자료나 정보, 클라이언트의 주관적인 사실에 관한 인식의 파악 등이 포함된다(이영실 외, 2014). 자료수집의 내용으로는 클라이언트의 일반적 사항, 개인력, 가족력, 경제상황, 주거상황, 지역사회관계, 클라이언트의 강점과 약점을 수집한다.

① 클라이언트의 일반적 사항

클라이언트의 이름, 나이, 성별, 결혼관계, 직업, 종교, 전화번호, 주소 등과 같은 인적사항 등 기본 정보를 수집한다.

② 개인력

클라이언트 개인의 생애주기에 따른 영아기, 유아기, 아동기, 청소년기, 청년기, 장년기, 노년기 등으로 구분하여, 인간관계, 생활사건, 경험사건, 사회적 관계 등에 관한 정보를 수집한다. 가계도를 통해 더 상세한 기록을 하도록 한다.

③ 가족력

클라이언트 원가족의 가족관계, 현재 가족의 가족관계, 가족의 권력구조, 가족체계 등에 관한 정보를 수집한다.

④ 경제상황

월 소득액으로 수입내역을 알아야 하며, 월 지출액으로 지출내역이 얼마인지에 관한 정보를 수집하도록 한다. 경제상황 정도는 초기 상담에서 클라이언트가 이야기하기를 꺼리는 경우가 많기 때문에 사회복지사의 역량이 필요하기도 하다.

⑤ 주거상황

주거형태 및 구조(예를 들어, 방이 몇 개인가, 화장실은 몇 개인가) 그리고 난방으로는 어떤 것을 사용하고 있는가를 수집한다.

⑥ 지역사회 관계

이웃과의 관계는 어떠한가, 지역자원은 잘 활용하고 있는가, 또 연계상황이 있다면 그것은 어떤 것인가 등을 수집한다.

⑦ 클라이언트의 강점과 약점

클라이언트의 강점과 약점을 파악하는 것은 클라이언트가 자신의 문제를 얼마나 잘 인지하고 있는가를 파악하는 데 도움이 되며, 위기상황에 어떻게 행동을 하고 대처해 가는가를 규명하는 데도 도움이 된다.

2. 사정의 목적

사회복지사가 사정을 하는 목적은 클라이언트의 표적문제에 개입하기 위한 개입목표를 세우기 위해 시행하는 것으로 이해하면 된다. 문제를 개인이나 가족, 집단, 기관, 지역사회를 보다 잘 이해하고, 클라이언트의 변화상황에 관련이 있는 요인을 발견하고 분석하여야만 클라이언트에게 맞는 적절한 개입방법을 세울 수 있기 때문이다.

1) 사정의 개념

사정을 얼마나 정확히 했느냐에 따라 개입결과가 달라질 수 있기 때문에 사회복지실천에서 사정은 매우 중요하다. 흔히 우리가 사용하는 사정은 처음부터 사용된 것이 아니었다. 처음에는 ‘진단(diagnosis)’이라는 용어로 불렸는데, 진단이라는 용어를 사용하게 되면서 클라이언트를 강점보다는 병리에 초점을 맞추게 되었으며, 이로 인해 인간은 누구나 성장할 수 있다는 잠재력과 가능성을 배제하는 결과를 초래하게 되었다(Hepworth & Larsen, 1993).

이렇게 클라이언트의 강점을 개발하지 못한다는 지적과 병리적 접근은 사회복지의 가치를 실현하지 못한다는 이유로 '진단' 대신 '사정'이라는 용어를 사용하게 되었다.

이렇듯 사정은 수집된 자료를 바탕으로 클라이언트가 가지고 있는 욕구와 문제의 원인을 규명하고, 개입을 하기 위하여 정보를 수집, 분석, 종합화하는 실천활동이다. 따라서 사회복지사는 클라이언트의 문제와 강점 및 약점, 자원을 이해하고, 문제에 영향을 주는 환경을 파악하여 클라이언트와의 환경 간의 상호교류를 이해하여야 한다.

2) 사정의 특성

사정이란 클라이언트의 욕구와 문제상황을 이해하고 이에 대한 근거를 바탕으로 계획에 연결시키는 것이기 때문에, 전문적인 판단이 필요하다. 또한 사정을 얼마나 정확하게 하느냐에 따라 개입의 효과가 달라질 수 있기 때문에, 사정 특성의 올바른 이해가 필요하다.

특히 사정이 갖는 특성은 '상황 속의 인간'이라는 이중적 관점을 갖는 것으로 클라이언트 개인의 욕구나 문제를 이해할 때, 클라이언트를 둘러싸고 있는 그의 환경체계까지 이해하는 것을 말한다. 헵워스와 라슨(김혜영 외, 2012; 양옥경 외, 2008; 최덕경 외, 2016; Hepworth & Larsen, 2006; Johnson & Yanca, 2007; Kirst-Ashman & Hull, 2008)은 사정의 특성을 다음과 같이 설명하고 있다.

① 사정은 계속적인 과정이다

일반적으로 사정은 처음 어떤 서비스를 줄 것인가 개입계획을 세울 때 판단하게 된다. 그래서 사회복지실천이 시작되는 초기 사정만을 생각할 수 있는데, 사정은 서비스가 진행되는 동안에도 새로운 정보가 나타날 수 있기 때문에 서비스 초기단계에서부터 서비스가 종결되는 단계까지 꾸준히 계속된다.

② 사정은 인간과 환경에 대한 이중초점을 갖는다

이중초점을 갖는다는 것은 클라이언트의 문제를 사정할 때 클라이언트의 문제뿐만 아니라 환경과 자원 등을 고려하여 '환경 속에 인간'이라고 하는 점까지도 고려한다는 것이다. 즉, 클라이언트뿐만 아니라 다른 인간에 대한 정보 및 클라이언트를 둘러싼 환경에 대한 정보, 또 이들 간의 상호작용에 대한 정보를 지속적으로 수집하고 분석하여 문제 해결을 위한 개입계획을 마련해야 한다.

③ 사정은 클라이언트와 사회복지사의 상호작용을 기초로 한다

사정은 사회복지사 단독으로 진행하는 것이 아닌 클라이언트와의 상호작용 속에서 이루어져야 한다. 클라이언트가 사정의 단계에서 소외되는 것이 아니고, 사회복지사와 파트너라는 생각을 가질 수 있도록 참여시켜야 한다. 이런 상호작용 속에서 클라이언트는 힘을 얻게 되며, 자신이 수혜자가 아닌 중요한 파트너라는 생각을 가지게 된다.

④ 사정은 전개과정이 요구된다

사정은 지속적으로 수집된 정보를 바탕으로 하여 전체적인 클라이언트 상황을 이해하고, 부분적인 이해를 모아 전체적인 맥락 속에서 통합하여 사고하는 전개과정이 포함된다.

⑤ 사정은 수평적 탐색과 수직적 탐색 모두가 중요하다

초기 사정단계에서는 수평적인 탐색으로 현재의 관계나 능력, 기능들을 중심으로 클라이언트의 욕구를 발견하고 점차적으로 시간이 지나면서는 수직적인 탐색으로 클라이언트의 과거력, 개인력, 문제의 히스토리(history) 등에 대한 정보를 수집한다.

⑥ 클라이언트를 이해하는 데 지식적 근거가 필요하다

클라이언트를 이해하기 위해서 사회복지사는 전문적 지식, 즉 사회복지적 지식을 이용하여 사정을 하여야 한다. 사회복지적 지식은 인간행동 및 발달에 관한 지식, 가족구조 및 관계에 관한 지식, 집단 및 지역사회에 대한 지식, 사

회복지 정책 및 행정에 관한 지식, 그리고 클라이언트 개별 사례에 맞는 지식이 필요하다.

⑦ 클라이언트의 욕구발견과 문제를 규명한다

사정을 통해 클라이언트가 생활하는 환경에서 클라이언트의 욕구는 무엇인가, 또 욕구를 방해하는 장애물은 무엇인가를 명확히 밝혀내는 과정이다.

⑧ 클라이언트의 강점을 발견한다

사정단계에서 클라이언트의 문제나 한계를 밝혀내는 것도 중요하지만 문제를 해결하는 데 있어 클라이언트의 강점은 매우 유용하다. 클라이언트의 강점이 문제해결의 수단을 제공하기 때문이다.

이 밖에도 클라이언트의 문제와 욕구에 따라 사정이 달라져야 하는 개별화가 필요하다. 그러나 어떠한 사정도 완벽할 수는 없으며, 클라이언트를 완전히 이해하는 데는 한계가 있기 마련이니 사정은 클라이언트를 이해하는 보조적인 수단이나 방법으로 이해하는 것이 옳다.

3) 사정의 과제

(1) 문제 발견

사정의 과제로 첫 단계에서는 문제를 발견하는 일이다. 클라이언트가 제시한 문제에 초점을 두고 여러 가지 문제에 대해 탐색을 하게 된다. 그러나 클라이언트가 제시한 문제는 본질적인 문제가 아닐 수도 있기 때문에, 사회복지사는 전문가적 입장에서 진짜 클라이언트의 문제가 무엇인지를 찾아야 한다.

그래서 섣부른 판단은 금물이며, 문제의 범위를 클라이언트의 주변, 집단, 조직으로 확대해서 살펴보아야 한다. 특히 재스트로(이효선 · 정푸름, 2012; Zawtrow, 2007)는 클라이언트의 문제체계를 사정하기 위해 15가지 질문을 할 것을 정의하였는데 이는 다음과 같다.

① 무엇이 특별한 문제인가?
② 클라이언트는 문제를 어떻게 바라보는가?
③ 문제체계에는 누가 연관이 되어 있는가?
④ 문제체계에 속한 사람들은 어떻게 상호작용하고 있는가?
⑤ 문제의 원인은 무엇인가?
⑥ 문제행동이 일어나는 곳은 어디인가?
⑦ 문제행동은 언제 발생하는가?
⑧ 문제행동의 강도, 빈도, 기간은 어떠한가?
⑨ 문제의 행동력은 무엇인가?
⑩ 클라이언트가 원하는 것은 무엇인가?
⑪ 클라이언트는 문제해결을 위해 어떠한 노력을 했는가?
⑫ 문제에 대응하기 위한 클라이언트의 기술은 무엇인가?
⑬ 문제에 대응하기 위한 클라이언트의 외부자원으로는 무엇이 필요한가?
⑭ 클라이언트의 자원, 기술, 강점은 무엇인가?
⑮ 문제해결을 위한 개입은 무엇인가?

(2) 정보수집

자료수집과 사정은 동시에 이루어질 수 있으며 순환될 수 있다. 결국 문제를 깊이 이해하기 위해서는 계속적인 자료를 수집하는 것이 좋다.

(3) 문제형성

문제형성(formulation)은 또 다른 말로 문제규정, 문제정의로 불리기도 한다. 문제형성은 사회복지사가 이제까지 모았던 정보를 분석하여 전문적인 시각에서 문제를 판단하는 과정이다. 클라이언트가 호소하는 욕구와 문제 그리고 충족되지 않은 욕구, 또 욕구충족을 방해하는 요인들이 무엇인가를 탐색하여 문제를 정의하는 것이다(박귀영 외, 2015).

욕구는 인간이나 사회체계가 주어진 상황에서 합리적 기대에 맞게 반드시 필요한 것이며, '충족되지 못한 욕구가 무엇인가?'를 찾는 것이 중요하며, 이때 클라이언트가 제시한 문제를 '충족되지 못한 욕구'로 바꾸어 재진술하면 문제를 형성하는 데 도움이 된다.

3. 사정의 도구

개인과 가족에게 유용한 사정도구로는 가계도, 생활력 도표, 생태도, 가족조각, 사회적 관계망 그리드 등이 있으며, 집단의 사정도구로는 소시오그램 등이 있다.

1) 가계도(Genogram)

가계도는 2~3세대 이상에 걸친 가족구성원에 관한 정보와 그들 간의 관계를 도표로 기록하여 작성하는 방법으로 가족이 지니고 있는 문제점을 조사하고, 가족구성원 세대 간에 내려오는 반복된 행동패턴과 정서적 관계를 탐색할 수 있는 유용한 도구이다.

가계도를 통해서 인구사회학적 정보를 얻을 수 있고, 원가족과의 융합관계, 미분화된 문제, 핵가족 정서체계, 정서적 단절 등도 가계도를 통해서 파악할 수 있다. 그러나 가계도는 현재 제시된 문제의 원인을 규명하는 것이지만 사회복지사 혼자서 작성하는 것이 아니고 클라이언트와 함께 작성하여야 한다(Zastrow, 1995).

또한 가계도는 종이와 필기도구를 사용하여 할 수 있는 평가도구로 상징적 기호들로 구성되며, 사회복지사는 가계도를 작성하고 해석하기 위한 여러 가지 기호들을 능숙하게 활용하고 해석할 수 있는 기술이 있어야 한다(이영실 외, 2014).

(1) 가계도 작성방법

가계도의 작성방법은 남성은 네모, 여성은 동그라미로 그리며, 클라이언트는 이중 테두리를 해준다. 자녀는 출생순서대로 그려주며 가족구성원에 대한 출생, 결혼, 이혼, 사망 등을 표기하고 가족구성원들의 관계를 표시해 준다.

초기 면접에서 작성을 주로 하게 되며, 사회복지사와 클라이언트 체계가 공동으로 작업을 하게 된다. 가족의 구조를 구성하고, 앞서 설명한 바와 같이 가족구성원에 대한 정보를 표기하며, 가족관계를 도식으로 표현한다.

가계도를 통한 분석할 수 있는 내용은 가족구조에 대한 이해, 가족 내에서 클라이언트의 위치, 가족사건에 대한 이해, 가족의 상호작용 유형, 문제의 발견 등이다.

(2) 가계도 도식

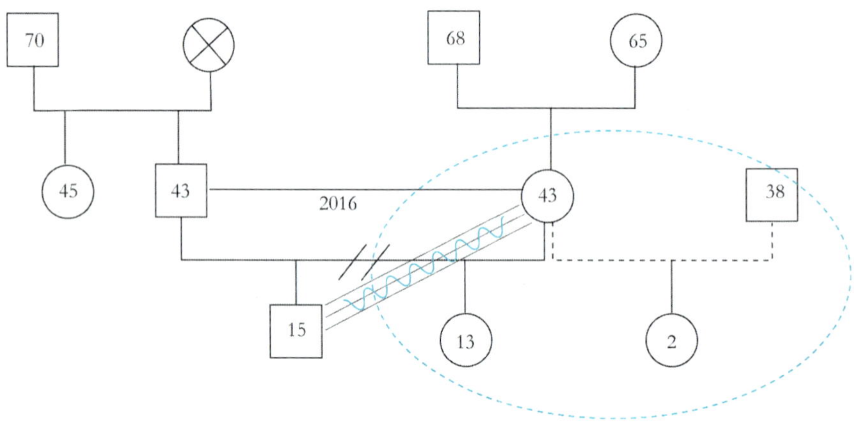

▌그림 12-1▐ 가계도 예

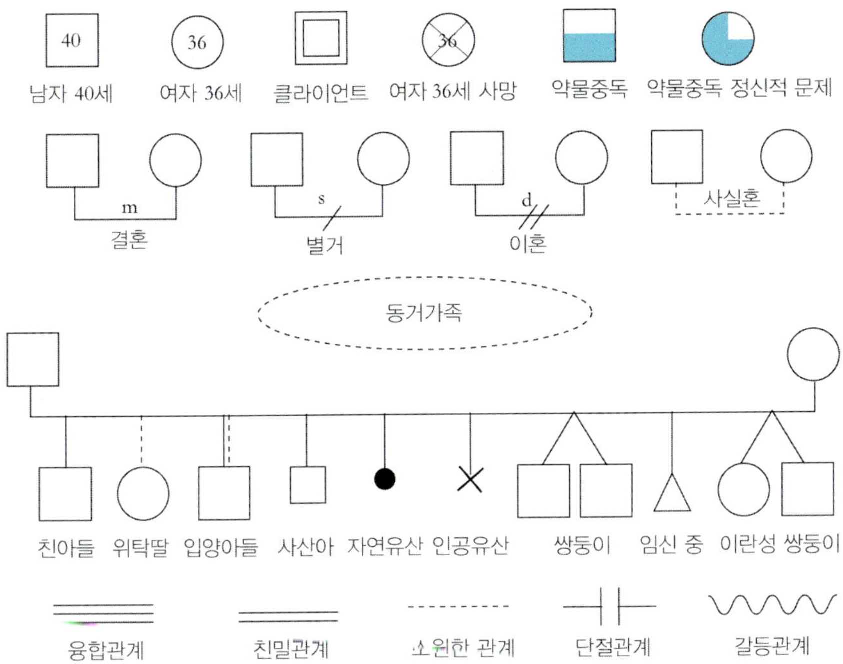

| 그림 12-2 | 가계도 도식

출처 : McGoldrick, Gerson, & shellenberber(1999), 이효선 · 정푸름(2012) 재구성.

2) 생태도(Eco-map)

생태도는 앤 하트만(Ann Hartman)에 의해 1975년에 개발되었으며, 가족과 가족 생활공간에 있는 사람이나 기관 간의 연계 등을 그림으로 나타낸 사정도구로 클라이언트와 환경의 관계, 가족과 환경과의 관계에 대한 정보를 찾는 데 유용하다. 특히 생태도는 가족과 다른 체계들과의 관계의 선으로 표시하는 것으로 클라이언트의 생태학적 관점에서 이해하는 데 도움을 준다(박귀영 외, 2015; 최덕경 외, 2016).

(1) 생태도 작성방법

생태도는 가족구성원의 가계도를 먼저 작성하는데 원을 중앙에 그리며 클라이언트와 그 가족을 표시한다. 다음으로 개인이나 가족의 외부 자원체계를 찾는데, 가족이 상호작용하고 있는 주변 환경체계, 즉 직장, 학교, 친구, 확대

가족, 원가족 등을 중심원 주변에 각각 원으로 표시한다.

다음으로 가족과 외부 자원체계 간의 에너지 흐름을 기호로 표시하는데, 가족구성원 개개인에게 영향을 주는 환경체계들을 다양한 기호로 표현한다. 가족과 관련 체계 사이의 자원이나 의사소통 교환인 에너지의 직접적인 흐름의 방향은 화살표로 나타낸다.

직선은 긍정적 관계를 나타내며, 선의 굵기가 굵을수록 강한 관계를 나타내고, 선이 가늘수록 약한 관계를 나타낸다. 그리고 점선은 미약한 관계를 나타내며, 사선은 긴장관계나 갈등관계를 나타낸다.

생태도의 해석방법은 클라이언트와 가족의 생활공간에 존재하는 직접적 환경체계를 확인할 수 있으며, 가족구성원과 자원체계 간의 에너지 흐름의 분석이 가능하며, 환경체계 중에서 변화를 줄 수 있는 내용의 확인이 가능하다.

이렇게 가족구성원에게 영향을 미치는 환경체계 중에서 개선할 사항을 클라이언트와 사회복지사가 공동으로 인식하고 이를 해결할 수 있는 공식적·비공식적 자원목록을 찾을 수 있다.

(2) 생태도 도식

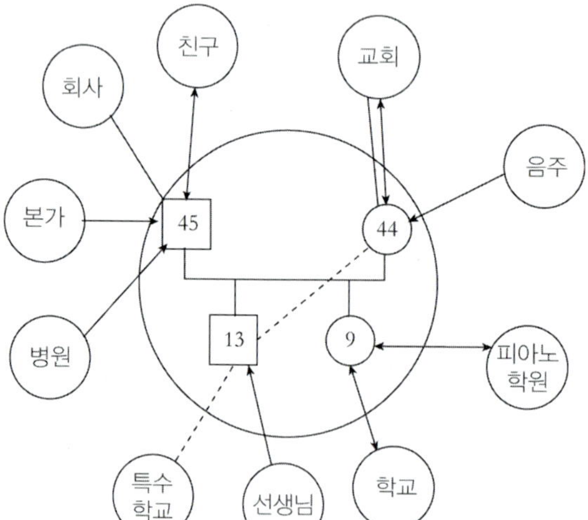

▌그림 12-3▌ 생태도 예

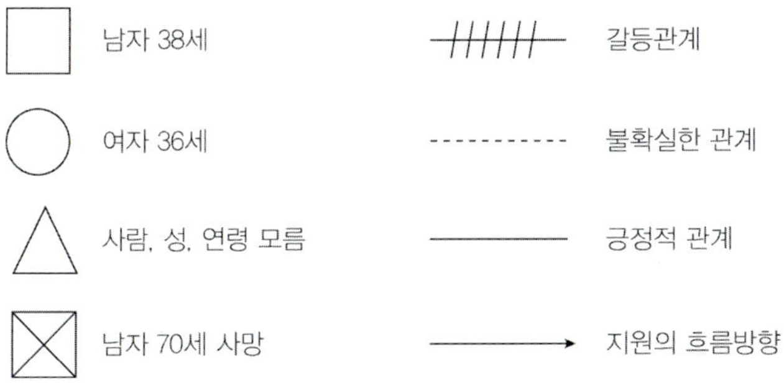

그림 12-4 생태도 도식

3) 사회적 관계망 도표(Social Support Network Grid)

사회적 관계망 도표는 트레이시와 휘태커(Tracy & Whittaker)에 의해 1990년 개발되었으며, 클라이언트의 주변 사람들 중에서 의미가 큰 사람을 선정하여 이를 중심으로 사회적 관계망[1]을 사정하는 도구이다. 이때 분명한 것은 사회적 관계망 도표는 각각의 사람들을 관계내용을 절대적인 평가가 아닌 노표에 드러난 사람 간의 상대적 평가를 한다는 것이다(이재선 외, 2016).

사회복지사는 클라이언트와 함께 사회적 관계망 도표를 작성하는 데 있어 클라이언트의 설명에 과장이나 축소가 있을 수 있으므로, 중요한 사람이 누락되지 않도록 각별한 신경을 써야 한다.

클라이언트의 사회적 관계망이 적절하게 형성되어 있다면 스트레스 상황에서도 잘 벗어날 수 있으며, 또한 문제해결도 성공적으로 촉진시킬 수 있다.

(1) 사회적 관계망 작성 방법

클라이언트의 사회적 관계망을 사정하기 위해 사회복지사와 클라이언트가 함께 사회적 관계의 지지 정도와 질을 살펴봐야 하며, 지지의 방향과 기관 등을 살펴본다. 다음으로 가족, 친척, 직장이나 학교, 조직, 친구, 이웃, 전문가의 7개 영역에서 사회망 구성원을 찾는다. 그리고 개인과 사회망 구성원들 간의

1) 사회적 관계망이란 클라이언트의 환경범위에 있으면서 영향을 미치는 중요한 사람들 또는 체계를 말한다(양정남・최선령, 2014).

관계에 대해 질문을 한다.

이때 개인과 사회망 구성원들 간의 관계에 대한 질문 시 물질적 지지, 정서적 지지, 정보나 조언, 비판, 친밀감, 접촉빈도, 알고 지낸 기간 등을 기록한다.

(2) 사회적 관계망 도표

〈표 12-1〉 사회적 관계망 도표

지지 제공자	생활 영역	물질적 지지	정서적 지지	정보/조언	도움 방향	비판	친밀도	접촉 빈도	알고 지낸 기간
	① 가족 ② 친척 ③ 직장/학교 ④ 조직 ⑤ 친구 ⑥ 이웃 ⑦ 전문가	① 거의 없다 ② 가끔 ③ 자주	① 거의 없다 ② 가끔 ③ 자주	① 거의 없다 ② 가끔 ③ 자주	① 양방향 ② 내가 그에게 ③ 그가 나에게	① 거의 없다 ② 가끔 ③ 자주	① 양방향 ② 내가 그에게 ③ 그가 나에게	① 매일 ② 매주 ③ 한 달에 한번 ④ 1년에 서너 번	① 1년 미만 ② 1~3년 ③ 3~5년 ④ 5년 이상
엄마	①	②	①	②	③	③	②	①	④
이모	②	①	①	②	③	②	③	③	④
친구(엄친아)									
친구(너무해)									
선생님									
사회복지사									

출처 : 이재선 외(2016) 재구성.

4) 생활력 도표(Life Chronology)

생활력 도표는 클라이언트의 생애 동안 발생한 사건이나 문제의 발전과정을 사정하는 데 쓰이는 도구이다. 가족구성원 삶의 중요한 사건을 시계열적으로 나열하거나 삶의 시기별로 중요한 발전과정에 대한 전개에 대해 표나 그래프로 나타낸다(이영실 외, 2014; 최덕경 외, 2016).

아동과 청소년 대상의 활용에 유용하며, 문제의 발생시점과 문제를 촉발시킨 사건 등을 파악할 수 있고, 클라이언트의 현재 기능 수행에 미치는 발달단계상 특정 시기의 생활경험을 이해할 수 있다.

다양한 출처를 통해 얻은 자료를 종합하여 정리할 수 있고, 생활력 도표를 사용함으로써 문제행동의 원인에 관한 가설을 세우며, 개입지점의 초점을 잡는 데 도움을 줄 수 있다(최덕경 외, 2016).

(1) 생활력 도표 작성 의의

특정 발달단계의 생활환경을 이해하는 데 도움이 되며, 출생부터 개입시점까지 클라이언트의 삶의 다양한 시기에 관련된 특징들을 조사하고, 다른 자료들과 종합하여 클라이언트를 이해하는 데 도움이 된다.

(2) 생활력 도표 예시

〈표 12-2〉 생활력 도표

클라이언트 : 최OO(여 36세) 2017년 8월

연 도	연 령	장 소	가족상황	주요 사건	문 제
1982	1	천안	본인	미숙아로 태어남	황달이 심함
1992	10	천안	본인	엄마 가출	초등학교 무단결석
2000	18	서울	본인	동거	첫아이 출산
2002	20	서울	본인	동거남 가출	생활고
2004	22	아산	본인	둘째 아이 출산	아이 아빠 없음
2006	24	서울	둘째 아이	교통사고	장기입원
2010	28	서울	본인	동거 시작	동거남의 아이들과 갈등
2012	30	서울	본인	가정폭력	우울증
2014	32	서울	본인	첫아이 가출	자살시도

5) 소시오그램(Sociogram)

소시오그램은 모레노와 제닝스(Moreno & Jennings)가 1950년 개발하였으며, 상징을 사용하여 집단 내 성원 간의 상호작용을 표현하는 사정도구이다. 소시오그램은 집단구성원 간의 전체 유형이나 집단 내의 하위집단들 간의 역학관계, 구성원 간의 서열관계 등을 파악하게 된다(김혜영 외, 2012).

집단의 발달단계에 따라 여러 번 작성이 가능하며, 집단구성원 간의 개인적 수용과 거부, 집단 내의 대인관계를 평가하게 되며, 또한 집단 내 대인관계에서 끌리는 정도, 집단구성원 간의 선호도와 무관심, 배척하는 정도와 유형의 파악이 가능하다.

집단대상 사정의 수단으로 편리하기는 하지만, 개별 구성원 간의 선호의 이유가 설명되지 않아 개입 시 활용하기는 쉽지 않다. 그렇지만 클라이언트 개입 후 클라이언트의 행동의 변화를 파악하는 데는 매우 유용한 도구라고 할 수 있다(Kirst-Ashman & Hull, 2008).

(1) 소시오그램 작성 방법

도표를 상·하단으로 구분하여 상단에 있는 구성원이 비공식적으로 지위수준이 높다고 볼 수 있으며, 하단에 있는 구성원은 낮은 지위를 가지고 있다고 보면 된다. 서로 가까운 구성원은 가깝게 표시하며, 관계가 소원한 구성원끼리는 멀리 띄어 그려서 호감도의 강도를 표현한다.

실선은 호감을, 점선은 무관심을, 끊어진 선은 불편한 관계를 의미하며 화살표가 선호의 방향을 나타낸다. 관계의 강도나 거부를 나타내기 위해 다른 색으로 선을 그리기도 한다.

일반적으로 소시오그램에서 남자는 △로 표시하지만 일부는 □로 표시하기도 한다. 또한 남녀 구분 없이 ○로 표시하는 경우도 있다.

이렇듯 소시오그램을 통해서 알 수 있는 정보는 집단구성원의 성별, 구성원들 간의 친화력과 반감의 방향, 하위집단의 형성 여부, 소외된 성원이 있는가의 여부, 결속의 강도 등을 알 수 있다.

(2) 소시오그램 예시

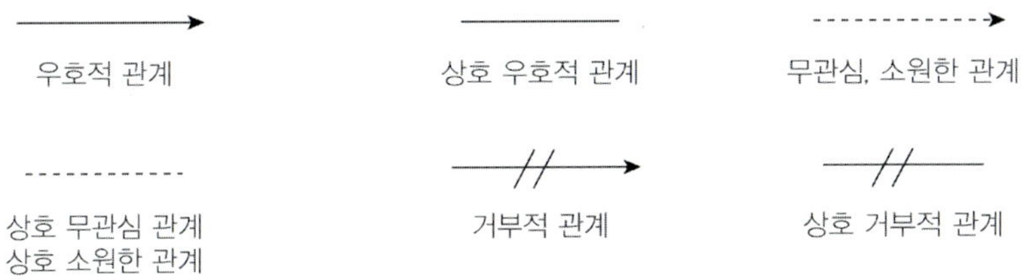

그림 12-5 소시오그램 도식

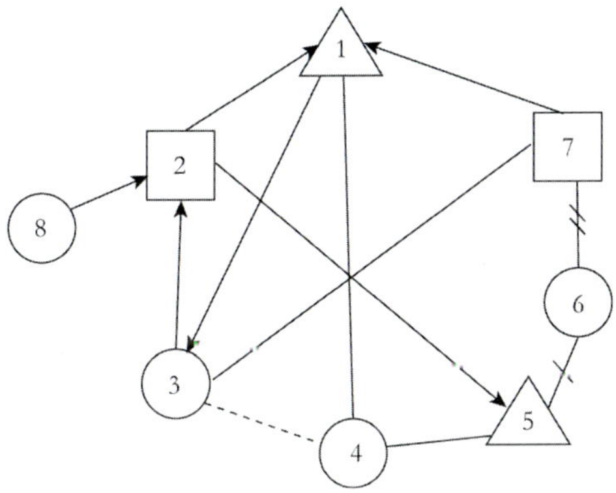

그림 12-6 소시오그램 예

출처 : 사회복지교육센터(2010) 재구성.

4. 통합적 사정

한국정신보건사회복지학회(1997)는 통합적 사정의 틀로 정신건강전문요원 인턴훈련을 위한 심리사회적 사정틀을 개발하였다. 심리사회적 사정체계는 사회복지사가 클라이언트의 중요한 심리사회적인 측면과 환경적 측면과 관련된 구조화된 개입을 형식화한 도구이다(권진숙 외, 2014).

심리사회적 사정체계는 사회복지실천을 위한 길잡이 역할을 하고, 다학제간 관계에서 다른 전문직들과의 관심을 갖게 하며, 궁극적으로는 적절한 정보수집을 하고, 분석을 통해서 클라이언트의 문제에 개입하기 위한 계획수립과 개입을 위한 통합적 선행과제라고 주장하였다(권진숙 외, 2014).

이를 풀어보면 정보수집에서는 클라이언트의 기본적 인적사항과 주요 문제, 현 문제와 과거 병력, 여기에서는 주로 현 문제의 경과와 이전의 정신과적 병력을 본다. 다음으로 의뢰과정과 면접 당시의 클라이언트 상태를 보게 되는데, 특히 정신상태 검사항목을 참고하도록 하고 있다. 클라이언트 개인력에서는 클라이언트의 생애주기에 따른 발달단계에 따른 전반적인 이해내용을 담고 있으며, 가족력에서는 가족구성원들과의 관계, 원가족과의 관계 등을 가계도나 생태도를 통해 기술하도록 한다.

심리사회적 사정에서는 심리사회적 문제 및 환경적 문제를 보는데, 클라이언트의 사회적 문제와 역할문제, 교육, 직업, 주거, 건강, 범죄 문제까지를 고려하여 문제를 파악하여야 한다. 그리고 클라이언트의 강점과 약점, 이용자원체계를 사정을 위한 이론적 근거로 기술하여야 한다.

다음으로 목표 및 계획에서는 개입을 위한 이론적 근거와 장단기 목표, 치료계획을 구체적으로 기술하고, 사회복지사의 의견과 논의를 거쳐 최종적으로 슈퍼바이저의 의견을 참고하도록 한다.

〈표 12-3〉 심리사회적 사정틀

◘ 정보수집
1. 인적사항 성명, 나이, 성별, 주소, 연락처, 학력, 결혼 유무, 경제상태, 약물복용 상태, 의뢰경로, 정보제공자, 정보신뢰도 등
2. 주요 문제 클라이언트와 정보제공자가 이야기하는 주관적인 문제
3. 현재 문제 및 과거 병력 현재 문제 경과와 정신과적 병력의 이전 상태
4. 의뢰과정과 면접 당시의 클라이언트 상태 정신상태 검사 결과 참조
5. 개인력 클라이언트 생애발달 단계에 따른 상황 이해
6. 가족력(가계도, 생태도) 가족구성원과의 관계, 원가족과의 관계

◘ 심리사회적 사정
1. 심리적 · 사회적 · 환경적 문제 사회적 역할 문제, 교육적 문제, 경제적 문제, 건강문제, 범죄문제 등
2. 강점과 약점 클라이언트의 자원과 한계 파악
3. 이용자원 체계 공식적 · 비공식적 자원 및 사회적 지지망 등
4. 사정을 위한 이론적 근거 클라이언트를 문제 원인에 대한 이론적 가설 등
◘ 목표 및 계획
1. 개입을 위한 이론적 근거 구체적 이론을 바탕으로 한 개입방향과 모델을 기술 사정의 이론과 맞지 않을 경우에는 이유 기술
2. 장단기 목표 클라이언트와 사회복지사가 합의한 목표를 장기, 중기, 단기 목표로 기술
3. 치료적 계획 목표에 따른 치료과업과 계획 기술
◘ 사회복지사의 의견과 논의
◘ 슈퍼바이저의 의견

출처 : 권진숙 외(2014) 재구성.

13

사회복지실천의 과정 : 계획과 개입

1. 목표설정
2. 통합적 계획수립과 계약
3. 통합적 개입

13 CHAPTER 사회복지실천의 과정 : 계획과 개입

학습목표

- 클라이언트의 문제 해결과 실천목표의 달성을 위해 사회복지실천의 계획단계를 이해한다.
- 사회복지실천과정 중 개입단계에서 필요한 다양한 실천기술들을 이해한다.

사회복지사와 클라이언트가 자료를 수집하고 사정하는 과정을 거치고 나면 그것을 기초로 사회복지실천과정의 계획수립 단계로 들어가게 되는데, 계획과정은 변화에 초점을 둔 실행과 사정을 연결하는 교량역할을 한다(Johnson et al., 2007).

즉, 사회복지실천과정에서 계획단계는 본격적으로 사회복지사가 클라이언트를 원조함에 앞서 중요한 정보를 토대로 개입을 준비하는 과정이라 할 수 있다.

개입계획은 클라이언트의 표적문제를 선정하고 개입의 방향 및 장단기 목표를 설정하며, 이를 성취하기 위한 구체적인 개입전략이 포함된 계획을 세우는 과정을 말한다. 리이드와 엡스타인(Reid & Epstein, 1972)은 개입계획에 있어 중요한 조건으로 ① 클라이언트에게 가장 의미 있는 문제의 범주를 규명하고, ② 각 문제를 명시적 행동 용어를 사용하여 재진술하며, ③ 클라이언트와 함께 중요한 순서대로 문제의 우선순위를 정하고, ④ 클라이언트와 최우선적으로 해결할 문제에 대하여 합의할 것을 제안하였다. 일반적으로 사회복지사가 원조과정의 계획수립을 위해서는 전문성, 개별성, 역동성, 융통성, 실용성 등을 고려하여야 한다. 특히 중재계획을 세울 때는 활동의 네 가지 한계인 시간, 기술, 윤리 및 기관의 기능을 고려해야 한다(전재일 외, 2004).

계획은 사정에 기초를 두고 있고, 사정의 산물이며, 문제해결과정의 일부분으로 합리적인 선택에 기초하고 가능한 한 범위 내에서 판단이 이루어져야 한다. 사정과정이 상황 속의 인간을 이해하고 잠재적인 자원을 규명하는 것이라면, 계획과정은 사정내용을 바람직한 결과를 기술하는 목적 진술로 바꾸는 것이다(Johnson et al., 2007).

계획과정에서는 클라이언트 중심의 관점 및 과정을 유지하는 것이 중요하다. 이는 실행단계에서 클라이언트가 주체적으로 참여하고 행동하기 위해서는 실행을 위한 중요한 의사결정이 이루어지는 계획단계에서 클라이언트의 욕구와 실행의지가 반영되어 참여동기를 높이는 것이 중요하기 때문이다. 따라서 계획수립과정에 클라이언트가 반드시 참여할 수 있게 해야 하며, 계획을 최종 확정하기 전에 클라이언트와 함께 검토하고 합의하는 과정을 거쳐야 한다.

계획내용이 분명하고 구체적이어서 실천의 방향과 내용, 책무성이 분명하게 드러날 수 있게 해야 하지만 실천과정에서 추가되는 정보와 사정에 따라 계획의 수정이 불가피할 수 있음을 또한 고려해야 한다. 목적과 목표 설정, 행동단계 구성 시 클라이언트의 환경과 배경에 민감해야 하며, 문화적인 가치와 다양성이 통합될 수 있도록 클라이언트에 따라 개별화해야 함도 잊지 말아야 한다(김혜영 외, 2015).

1. 목표설정

1) 목 적

표적문제가 선정되면 사회복지사는 클라이언트와 함께 개입의 장단기 목적을 설정하게 된다. 사회복지실천과정의 개입계획에서 개입목적의 설정은 매우 중요한데, 그 이유는 사회복지사와 클라이언트에게 개입과정의 방향을 분명하게 제시하고 지속성을 유지하며, 종결 후에 실천과정 및 개입의 결과에 대한 달성 여부를 평가하는 기준이 되고, 목표 설정을 위해 사회복지사와 클라이언트 사이에 합의과정이 이루어지기 때문이다(Johnson et al., 2007).

일반적으로 목적(goal)은 성취하기 원하는 것에 대한 폭넓고 일반적인 진술로 개입을 통해 얻고자 하는 장기적이고 궁극적인 결과이며, 해결책을 제시하는 방향이면서 목표보다 광범위하고 추상적인 개념이다.

사회복지실천에 있어서 목적이란 클라이언트와 사회복지사가 사회복지실천 노력을 통해 전체적・최종적으로 성취하기 원하는 바람직한 결과를 의미한다. 목적은 클라이언트의 문제와 욕구를 정의하고, 이에 영향을 미치는 요인 및 자원을 근거로 설정하게 되며, 문제나 욕구가 해결된 상태 혹은 사회복지실천 활동을 통해 일어나기 원하는 변화를 의미하는 개념이다(김혜영 외, 2015).

상황에 따라 다른 유형의 변화와 목적이 필요하겠으나 사회복지실천 상황에서 접할 수 있는 목적의 유형을 살펴보면 다음과 같다(Johnson et al., 2010, 김혜영 외, 2015 재인용).

① **관계 유지** : 환경 속의 인간을 변화시키기가 어렵고 클라이언트에게 필요한 도움을 줄 수 있는 의미 있는 사람이 부족할 때 관계유지를 목적으로 한다.

② **특정 행동의 변화** : 클라이언트가 특정한 증상이나 행동패턴으로 어려움을 겪고 있지만, 그것을 제외하고 대체로 자신의 상황에 만족하고 있다면 문제가 되는 특정 행동 변화를 목적으로 한다.

③ **관계 변화** : 관계에 문제가 있을 때 관계의 변화를 목적으로 한다.

④ **환경의 변화** : 환경의 어떤 부분이나 개인과 환경 사이의 교류에 변화가 필요하다고 인식할 때 환경의 변화를 목적으로 한다.

⑤ **방향성 변화** : 가치가 갈등적이거나 불분명할 때, 클라이언트 체계가 목적이나 변화노력의 방향에 대해 불분명하다고 느낄 때, 또는 희망하는 사항에 장애가 있는데 이의 해소가 어렵거나 불가능할 때 방향성의 전환을 목적으로 한다.

그 외 재정적 지원, 고용, 건강보호, 주거와 같이 구체적인 재화, 서비스 또는 필요한 자원을 획득하는 것을 포함시킬 수 있다(Goldstein, 1973, 이원숙, 2008 재인용).

클라이언트와 사회복지사가 목적에 동의하는 것이 필요하나, 서로 다른 관점을 가지는 경우가 많기 때문에 사회복지실천과정에서 다루어야 할 목적을 정하는 것은 쉽지 않다. 또한 환경 속의 인간을 사정하는 과정에서 변화를 필요로 하는 많은 부분들을 사정하게 되고, 클라이언트가 실제 복합적인 이슈를 가지고 있는 경우가 많기 때문에 사회복지실천과정에서 다룰 목적을 결정하는 것은 쉽지 않다. 그러나 실천의 우선순위와 초점을 분명히 하지 못한다면 우리의 실천노력이 방향을 잃을 수 있기 때문에 클라이언트와 사회복지사가 다룰 표적문제 및 목적의 우선순위를 결정하는 것이 필요하다.

표적문제 및 목적을 분명히 하고 우선순위를 정하기 위해 고려해야 할 지침은 다음과 같다(Sheafor et al., 2008, 김혜영 외, 2015 재인용).

첫째, 클라이언트에게 가장 시급한 사안으로 클라이언트의 안전에 위협이 되는 사항, 예를 들어 폭력, 성폭행, 범죄피해, 자살 가능성 등에 대한 위기개입을 필요로 하는 상황인지를 우선적으로 고려하는 것이 필요하다.

둘째, 클라이언트가 변화하기 원하는 문제나 관심사와 그것의 우선순위를 분명히 하고, 이것이 반영되도록 해야 한다.

셋째, 사회복지사가 합법적인 권위를 가진 법원, 보호관찰소, 아동보호기관 등으로부터 위임받은 문제가 있다면 이를 포함시켜야 한다.

넷째, 클라이언트의 상황에서 가장 부담이 되는 문제, 역점을 두거나 고치지 않으면 클라이언트에게 가장 부정적인 결과를 낳을 수 있는 문제는 무엇인지, 역점을 두거나 고친다면 클라이언트에게 가장 긍정적인 결과를 낳을 수 있는 문제는 무엇인지를 검토한다.

다섯째, 어느 정도의 시간, 에너지, 자원을 투입했을 때 역점을 두거나 고칠 수 있는 것은 무엇이며 그렇지 않은 것은 무엇인지, 특히 사회복지실천과정에서 사용할 수 있는 시간, 에너지, 자원이 제한된 경우, 제한된 투입요소로 실행 가능한 것은 무엇인지를 검토한다.

위의 사항을 클라이언트와 사회복지사가 상호 협력적으로 검토하고 평가하는 과정을 통해 시급하게 해결되어야 하는 것, 클라이언트가 중요하게 생각하는 것, 변화과정에 위임받은 이슈의 반영, 해결 가능성, 실행 가능성을 고려하여 두세 가지 범위 내로 항목을 결정하는 것이 좋다.

2) 목 표

목표(objective)는 본질적으로 개입과정의 바람직한 결과 혹은 기대를 말한다(Brown, 1992). 사회복지실천과정에 있어서 목표는 개입의 본질에 영향을 미치고 변화과정에 사회복지사와 클라이언트가 수행하는 역할, 바람직한 목표에 따라 이행되는 활동유형에도 영향을 미친다(김기태 외, 2012). 목표는 목적을 세분화한 것으로 단기적이며 구체적이라는 점에서 목적과 구별된다. 목적은 클라이언트의 복지나 삶의 질 향상이라고 할 수 있고 이러한 목적은 단기적 개입목표들이 달성됨으로써 이루어질 수 있다. 목표는 사회복지실천과정의 종결단계에서 개입의 성공 여부를 평가하는 기준이 되며(엄명용 외, 2016), 개입방향을 명확히 하는 데 이바지할 수 있다. 개입의 목표란 클라이언트가 현 상황에서 벗어나기 위한 바람직한 변화의 방향, 목적을 세분화하여 특정 사항에 초점을 둔 구체적이고 행동적이며, 측정 가능한 방식으로 진술한 것이라 할 수 있다. 또한 목표는 사회복지사와 클라이언트의 노력이 향하고 있는 바람직한 결과로 문제가 해결된 상태, 개입을 통해 나타나기를 바라는 구체적이며 긍정적인 변화이다.

사회복지실천의 목표에 대해 홀리스(Hollis, 1972)는 클라이언트의 고통을 완화시키고 개인상황 체계 내에서의 기능을 강화시키며, 클라이언트의 안락함, 만족함 및 독립성을 증대시키는 것이라 했다. 펄만(Perlman, 1970)은 사회복지실천 목표는 사람들로 하여금 사회적으로 건설적이며 개인적으로 만족한 삶을 이룩하도록 돕는 것이라고 했다.

헵워스 등(Hepworth et al., 2006)은 개인과 상황 간의 상호작용에의 초점을 전제로 사회복지사들이 추구해야 할 일반적인 목표들을 미국의 사회사업대학교육협의회(CSWE)에서 제시한 여섯 가지를 중심으로 다음과 같이 분류하고 있다(김기태 외, 2012).

① 사회복지실천은 인류의 복지를 증진시키고 빈곤, 억압, 기타의 사회적 부정의를 경감시켜야 한다.
② 사회복지실천은 개인, 가족, 집단, 조직과 지역사회로 하여금 목적을 달성하고 자원을 개발하며, 고통을 예방, 경감하도록 함으로써 그들의 사회적 기능을 증진시켜야 한다.
③ 사회복지실천은 인간의 기본적인 욕구를 충족시키며, 인간의 능력을 개발하는 데 도움이 되는 사회정책, 서비스, 자원, 프로그램 기획, 구성, 실행하는 데 초점을 둔다.
④ 사회복지실천은 인간의 기본적인 욕구를 충족시키며, 인간의 능력을 개발해 주는 사회정책, 서비스 프로그램을 구성하고 실행하는 것을 추구한다.
⑤ 사회복지사는 사회적·경제적 정의를 증진시키는 사회활동이나 정치행동과 옹호를 통하여 정책과 서비스와 자원을 추구한다.
⑥ 사회복지실천은 상기 다섯 가지 목표와 관련된 전문적 지식과 기술의 개발과 검증에 초점을 둔다.

목표설정이 중요한 이유는 사회복지사와 클라이언트에게 개입과정의 방향 제시와 변화의 과정에서 클라이언트를 적극적으로 참여하게 하는 수단이기 때문이며, 개입이 종료된 이후에는 서비스 결과를 효과적으로 점검 및 평가함에 있어 책임성을 확립하는 수단을 제공하기 때문이다.

목표를 설정하기 위해서는 몇 가지 유의해야 할 점이 있는데 헵워스와 라슨(Hepworth & Larsen, 1990)이 제시한 지침은 다음과 같다(양옥경 외, 2005).

① 목표는 반드시 클라이언트가 바라는 바와 연결되어야 한다.
② 목표는 명백하게 측정 가능한 형태로 진술되어야 한다.
③ 목표는 달성 가능해야 한다.
④ 목표는 사회복지사의 지식과 기술에 상응하는 것이어야 한다.
⑤ 목표는 성장을 강조하는 긍정적 형태여야 한다.

⑥ 목표가 사회복지사의 중요한 권리나 가치에 맞지 않는다면 동의하지 않아야 한다.
⑦ 목표는 반드시 기관의 기능과 일치해야 한다.

사회복지실천과정에서 목표를 설정하였을 때 시몬스 등(Simons et al., 1979)은 첫째, 목표설정의 상호성, 둘째, 개입계획의 촉진, 셋째, 평가 메커니즘의 제공과 같은 세 가지 이점이 있다고 하였고, 헵워스 등(Hepworth et al., 2006)은 다음과 같은 장점이 있다고 하였다.

첫째, 사회복지사와 클라이언트는 성취될 목표에 대한 동의를 확실히 하게 한다.

둘째, 원조과정의 방향과 계속성을 제공하며, 불필요한 방황을 예방한다.

셋째, 적절한 전략과 개입을 선정하고 발전시키는 것을 용이하게 한다.

넷째, 사회복지사와 클라이언트가 그들의 진행상황을 조절하는 것을 돕는다.

다섯째, 구체적인 개입과 원조과정의 효율성을 평가하는 척도로 활용한다.

2. 통합적 계획수립과 계약

1) 계획수립

계획과정은 수집된 자료를 근거로 사회복지사와 클라이언트가 공동협의에 의하여 다루어야 할 문제를 정의하고 목적을 구체화시키며, 문제로부터 목적으로 옮겨가기 위해 중재방법을 제공하는 과정을 말한다.

계획수립 시 활용되는 지식의 범위는 인간의 기능, 사회환경 및 인간과 사회환경 간의 상호작용에 관한 것을 포함하게 되며, 사회복지사는 특정 클라이언트의 상황에 이들 지식을 적용하여야 한다. 서비스 계획은 사회기능의 개념과 일치하는 것으로 변화의 표적은 클라이언트일 수도 있고 환경 또는 양자의 상호작용이 강조될 수도 있다. 그리고 전문직에 이용될 수 있는 광범위한 변화전략을 알아야 하고 클라이언트에게 가장 적절한 전략을 공동으로 선택하여야 하고, 사회복지사가 서비스를 제공할 수 없다면 지역사회 내의 다른 곳에 그것을 배치할 수 있도록 해야 한다(전재일 외, 2016).

일반적으로 사회복지사가 원조과정의 계획수립을 잘 구성하기 위해서는 전문성, 개별성, 역동성과 융통성, 실용성 등을 고려하여야 한다. 이러한 요소들을 좀 더 구체적으로 살펴보면 다음과 같다(고기홍, 2014; 조학래, 2016).

첫째, 원조과정의 계획수립은 전문적 지식을 기반으로 한다. 즉, 사회복지사는 인간행동과 발달에 대한 광범위한 지식, 문제・원인・해결방법에 대한 전문적 지식, 원조과정에 대한 전문적 지식 등이 있어야 원조과정의 계획을 치밀하게 세울 수 있다.

둘째, 원조과정의 계획수립은 개별화되어 있다. 즉, 사회복지사는 모든 클라이언트를 획일적인 방법으로 원조하는 것이 아니라 각 클라이언트에게 맞춤형 원조과정 계획을 세운다.

셋째, 원조과정의 계획수립은 역동성과 융통성을 고려한다. 즉, 사회복지사는 상황이 역동적으로 변한다는 점을 고려하기 때문에 원조과정의 계획을 융통성 있게 점검 및 조정한다.

넷째, 원조과정의 계획수립은 실용적이다. 즉, 사회복지사는 원조과정의 계획수립 절차는 실천에서도 쉽게 활용할 수 있도록 간단하게 구성한다. 만약 원조과정의 계획수립 절차가 어렵고 복잡해서 많은 시간과 에너지를 소모하거나 계획수립 이후에 적용할 수 없다면 바람직한 계획수립이라고 할 수 없다.

사회복지실천과정에서 문제에 대한 이해가 사회복지사와 클라이언트 사이에서 공유되고 나면 개입활동의 목표를 설정하여야 한다. 목표를 설정하기 위한 전략으로는 우선 표적문제를 찾아내야 한다. 클라이언트의 문제는 복합적인 경우가 많기 때문에 개입의 목표를 설정하기 위해서는 사정과정에서 드러난 여러 문제들 중에서 가장 중요하고 시급히 해결해야 할 문제를 선정하는 일이 필요한데, 이를 표적문제 선정이라 하며, 표적문제의 결정에는 사회복지사와 클라이언트 간의 협의가 중요하다.

이때 가장 중요한 사람은 클라이언트인데 클라이언트의 자기결정권은 사회복지실천에서 지켜져야 할 기본적인 가치인 동시에 클라이언트의 동기와 적극적인 참여가 핵심요소이기 때문이다. 표적문제는 클라이언트가 중요하게 생각하고 시급하게 해결되기를 원하며, 문제상황을 대표하는 해결의 가능성이 비교적 뚜렷한 문제들로 정한다.

개입은 먼저 구체적이고 분명한 목표가 정해져야 개입활동이 효과를 볼 수 있다. 목표는 사례를 종결하는 시점에서 개입이 성공적이었는지 아닌지를 평가하는 기준이 되므로 측정이 가능하고 구체적인 내용으로 표현되어야 한다. 즉, ① 누가, ② 무엇을, ③ 어느 정도, ④ 어떤 상황에서, ⑤ 언제까지 할 것인가에 대한 답이 제시될 수 있도록 표현되어야 하며, "무엇을 하지 않는다"보다는 "무엇을 할 것이다"라는 식으로 긍정적으로 표현되는 것이 바람직하다. 예를 들면, "살빼기"보다는 "클라이언트가 체중을 현재 75kg에서 60kg으로 줄이고 6개월간 그 체중을 유지하기"로 표현되어야 효과적인 목표라고 할 수 있다.

목표가 정해지면 이에 도달하기 위해 개입활동이 구성되고 수행되지만 목표가 불변하는 것은 아니나. 개입과정에서 클라이언트의 문제나 상황이 변하면 목표도 변할 수 있기 때문이다. 초기에 정한 목표가 상황의 변화로 더 이상 의미가 없다고 생각될 때에는 목표를 과감히 수정하는 융통성이 필요하다(엄명용 외, 2006).

목표 설정의 일반적인 지침에 대해 헵워스 등(Hepworth et al., 2010)은 다음과 같이 정리하고 있다(김혜영 외, 2015).

첫째, 목표는 분명하고 구체적이며 측정 가능한 형태로 진술되어야 한다. 변화하고자 하는 바가 무엇인지 분명할 때만이 실천활동을 구체화할 수 있고, 그 결과를 평가할 수 있기 때문이다. '누가, 무엇을, 어느 정도, 어떤 상황에서, 언제까지' 할 것인지에 대한 답이 제시되도록 구성하는 것이 좋다.

둘째, 목표는 달성 가능한 것이어야 한다. 비현실적인 목표는 달성하기 어려울 수밖에 없고, 달성하기 어려운 목표는 클라이언트를 좌절하게 할 수 있으므로 클라이언트의 능력과 자원을 고려하여 목표를 설정해야 한다. 현실적이고 달성 가능하지만 클라이언트에게 의미 있는 도전과 기대가 병행될 수 있도록 적정수위의 목표를 설정할 수 있어야 할 것이다.

셋째, 목표는 성장을 강조하는 긍정적인 형태로 표현하는 것이 좋다. '~하지 않기'보다는 '~하기'로 진술되어야 함을 의미하는데, 부정적인 행동의 제거보다는 생성되고 확대되어야 하는 행동에 대해 진술하는 것이 더 적절하다. "먹을 때 난장판을 만들지 않는다" 보다는 "식탁예절을 배우고 따른다"로 목표를 구성하는 것이 그 예가 될 것이다.

넷째, 목표는 사회복지사의 가치, 지식, 기술에 상응하는 것이어야 한다. 클라이언트의 가치가 존중되어야 하지만 클라이언트가 원하는 사항이 사회복지사의 가치에 위배되는 것이라면 목표로 동의하기 어렵다. 또한 사회복지사가 활용할 수 있는 지식과 기술 내에서 달성 가능한 목표가 적절하며, 만일 필요로 하는 지식과 기술이 사회복지사의 능력 밖이라면 자격이 되는 다른 전문가에게 의뢰하거나, 그것이 여의치 않다면 지도·감독을 통해 목표에 접근할 수 있게 해야 한다.

다섯째, 목표는 기관의 정책, 절차, 기능과 일치해야 한다. 사회복지사가 기관의 조직 내에 있는 한 사회복지사의 변화노력은 기관의 정책, 절차, 기능과 일치해야 하며, 만약 일치하지 않을 경우 다른 기관으로 의뢰를 고려해야 한다.

목표 설정 시 고려사항을 SMART 형식으로 축약해 설명하기도 하는데 구체성(Specific), 측정 가능성(Measurable), 성취 가능성(Achievable), 현실성(Realistic), 시기적절성(Timely)의 다섯 가지이다.

목표를 구성할 때는 변화노력을 위해 초점을 맞출 체계를 분명히 하는 것이 필요하다. 이러한 초점체계를 존슨과 얀카(Johnson & Yanca, 2007)는 관심단위(attention unit)로 명명하는데, 이러한 관심단위는 전반적인 목적과 관련되지만, 구체적인 목표와 관련하여 관심단위(초점체계)가 달라질 수 있기 때문에 목표를 설정할 때 반드시 함께 고려되어야 할 사항이다. 관심단위는 사람, 사회체계, 사람과 사회체계 간의 교류일 수도 있으며, 개인, 가족단위, 소집단, 조직, 지역사회가 될 수 있다. 모든 목적과 목표에 맞는 적합한 관심단위를 규정하는 일이 중요하다(김혜영 외, 2015).

2) 계 약

(1) 계약의 개념 및 기능

목표가 설정되면 서로의 의무와 과업, 구체적 실천활동을 상호 약속하는 계약단계로 들어간다. 계약(contract)이란 목표달성과 그것을 달성하기 위한 전략, 역할, 개입, 평가방법 등을 구체적인 활동용어로 기술한 계획에 대해 사회복지사와 클라이언트가 서로 동의하는 것을 말한다(양옥경 외, 2005). 다시 말해, 계약이란 사회복지실천활동에서 클라이언트와 사회복지사, 그 외 관련 체계가 성취할 목적 및 목표와 이를 달성하기 위한 실천활동을 누가(행동주체), 무엇(과업)을, 언제(시간적 조건), 어떤 방법(실천방법)으로 할 것인지, 그 외 전반적인 운영사항(회합시간, 장소, 비용, 평가)에 대해 구체적으로 계획하여 상호 합의하는 과정을 의미한다(김혜영 외, 2015).

계약이라는 용어는 여러 학사들에 의해 다양하게 정의되고 있다. 계약이라는 용어가 사회복지실천에서 사용하기 시작한 때는 명확하지 않으나 대략 1940~1950년대에 집단사회사업실천에서 계약의 뜻을 암시하는 말이 사용된 것으로 추정된다(Compton et al., 1984).

사회복지실천에 있어서의 계약에 대해 콤튼과 갤러웨이(Compton & Galaway, 1984)는 표적문제, 개입의 목표와 전략, 참여자들의 역할과 과업에 대한 사회복지사와 클라이언트 사이의 동의라 하였고, 저메인과 기터만(Germain & Gitterman, 1980)은 원조과정에서의 목표, 과업, 참여자들의 역할, 원조기간 등에 대한 사회복지사와 클라이언트의 명백한 상호 동의라 하였다. 또한 바커(Barker, 1987)는 계약이란 개입과정에서 이행하게 될 목표, 방법, 약속시간, 의무 등에 대한 사회복지사와 클라이언트 간의 서면이나 구두로 이루어지는 동의라고 하였다(남연희 외, 2012).

계약을 중요하게 여기는 것은 사회복지실천이 사회복지사와 클라이언트 사이의 일종의 계약관계이며, 개입활동의 성공 여부는 클라이언트가 자신이 해야 할 일과 역할을 분명하게 인식하고 적극적인 참여가 요구된다는 사실을 인정하는 데에 달려있다고 해도 과언이 아니기 때문이다. 또한 계약은 클라이언트로 하여금 문제해결과정에서 자신이 수동적인 존재가 아니라 중심적인 역할을 하며, 사회복지사와 동등한 인격으로 대우받는다는 사실을 일깨워 줄 수 있다.

계약은 상호 동의, 개입과정에서의 상이한 참여, 상호 책임성과 의무, 그리고 명확성이라는 특성을 지닌다. 상호성과 명확성을 지닌 계약은 클라이언트와 사회복지사 간 힘의 불일치를 어느 정도 감소시킨다. 즉, 클라이언트와 사회복지사 사이에 존재할 수 있는 간격을 이어주는 교량역할을 함으로써 계약은 일종의 권위부여를 만들어 내기도 한다(Fox, 1993).

계약은 사회복지실천과정 동안 초점과 지향점을 제공하고, 문제해결을 촉진시키며, 실천목표 및 활동에 대한 계획을 사회복지사와 클라이언트가 분명하게 의사소통하게 하고, 클라이언트-사회복지사 관계에 초점을 유지시키며, 협력을 증가시키기 위한 도구로서의 기능을 한다(Hepworth et al., 2010).

(2) 계약의 형태 및 요소

계약의 형태는 크게 서면계약, 구두계약, 암묵적 계약으로 구분할 수 있다.

서면계약(written contract)은 가장 공식적인 형태이다. 사회복지사, 클라이언트, 그 외 관련 체계가 합의하고 동의한 사실을 분명하게 문서화하는 것을 말한다. 사회복지실천 계획으로 구성된 목적 및 목표, 참여자의 역할과 시간적 조건에 대해 문서자료를 만들어 참여자들이 서명하는 형태로 구성된다. 서면계약의 장점은 목표를 명료화하고, 우선순위를 정하며, 역할과 책임을 분명히 하고, 클라이언트와 사회복지사의 오해(갈등)를 줄일 수 있다는 점을 들 수 있다. 자발적이고 적극적인 클라이언트는 물론, 비자발적인 클라이언트라 하더라도 클라이언트에게 분명하지 않은 상태에서 클라이언트 모르게 처리되지 않음을 보장해 준다는 점에서 유용하다. 서면계약의 단점은 계약과정이 복잡하고 문서를 준비하는 데 시간이 많이 걸린다는 점과 클라이언트가 처벌의 두려움으로 계약에 동의할 위험성이 있다는 점, 사소하지만 쉽게 개념화된 목표에 집중하면서 복잡하거나 성취하기 어려운 목표를 회피할 가능성, 클라이언트에 따라서는 서면내용을 목표를 달성해 주어야 하는 사회복지사의 의무인 것처럼 인식하여 달성되지 않았을 경우 잘못된 개입(malpractice)으로 소송할 수도 있다는 점 등을 들 수 있다(김혜영 외, 2015; 양옥경 외, 2004; Sheafor et al., 2008).

구두계약(verbal contract)은 모든 목표와 책임을 분명하게 한다는 점에서는 근본적으로 서면계약과 유사하지만 목표와 실천활동, 역할, 시간 등을 서면으로 하는 대신 말로 계약한다는 차이가 있다. 구두계약의 장점은 서면계약보다 실용적이기 때문에 쉽고 편리하며, 계약내용이 유동적이므로 융통성 있게 조정할 수 있어 거부감 없이 이루어질 수 있다는 점이다. 즉, 신속하고 비교적 쉽게 할 수 있으며, 서면서류에 서명하기를 거부하거나 불신감을 가진 클라이언트와 일할 때 유용할 수 있다는 것이다. 그러나 단점은 서면계약처럼 합의한 내용의 세부적인 사항을 클라이언트에게 제공하지 않기 때문에 구체적인 내용을 잊어버리거나 공식적이지 않다는 점이다. 따라서 구두계약이라도 계약내용을 간략하게 기록해 놓거나 클라이언트와 사회복지사 외 주위의 주요 인물에게 그 내용을 공언하는 것이 좋다.

암묵적 계약(implicit contract)이란 계약내용을 문서화하거나 분명하게 언급하지는 않지만 암묵적으로 개입의 목표에 대한 합의가 이루어진 것을 의미한다. 가장 비공식적이며, 사회복지현장에서 자주 사용되기도 한다. 하지만 클라이언트가 실제 동의하지 않은 부분에 대해 잘못 생각할 수 있고, 클라이언트가 계약의 모든 조건과 책임을 이해한다고 가정하지만 그렇지 않을 수도 있다는 단점이 있다. 이러한 위험성이 내포되어 있으므로 가능하면 사회복지실천현장에서는 서면계약이나 구두계약을 활용하는 것이 좋다.

계약의 요소에 대해 존슨(Johnson, 1989)은 클라이언트가 합의한 목표와 시간제한, 구체적인 개입기법이 포함된다고 하였고, 헵워스 등(Hepworth et al., 2010)

은 성취할 목표, 참여자의 역할, 사용되는 개입방법 및 기법, 시간조건(세션의 빈도와 길이), 과정평가 수단, 계약조정 관련 조항, 비용 등과 관련된 관리사항이 포함되어야 한다고 하였다. 아울러 계약은 실행활동을 위해 계획한 내용을 합의하는 과정으로, 목적과 목표, 행동전략에 관한 사항이 계약의 주요 요소가 되며, 행동전략으로서의 접근방법(개입기법), 참여자의 역할 및 과업, 시간적 조건, 평가방법이 구체적으로 기술되어야 한다. 계약서에 포함할 내용을 정리하면 〈표 13-1〉과 같다.

〈표 13-1〉 계약서에 포함되어야 할 내용

포함사항	구체적 내용
1. 구조적 요인	• 사례번호, 참석자 • 날짜, 시간 • 장소
2. 문제	• 클라이언트가 규정한 문제 • 사회복지사가 규정한 문제 • 개입활동을 위한 합의된 문제 개요 • 최종 목표
3. 최종 목표	• 명확하고도 구체적으로, 목표달성 정도가 측정될 수 있도록 기술
4. 계획	• 접근방법 • 클라이언트의 과제 • 사회복지사의 과제 • 세션 내의 과제 • 평가계획(목표와 과정에 대한 평가)
5. 비용	• 합의된 목표를 달성하기 위하여 사용될 비용
6. 서명날인	• 사회복지사 서명날인 • 클라이언트 서명날인

3. 통합적 개입

사회복지실천과정에서 개입단계는 핵심적 단계로서 초기단계에서 설정되었던 개입의 목표를 달성하기 위한 구체적인 실천기법들이 구체적으로 적용되는 시기이며, 초기단계의 끝 무렵부터 시작해서 실천의 목표가 어느 정도 달성되기까지의 전체 과정으로 문제해결 단계로 불리기도 한다.

개입과정은 초기단계에서 설정된 목표를 달성하기 위해서 클라이언트와 클라이언트를 둘러싼 주변 환경에 변화를 가져오기 위한 개입활동이 수행되는 시기를 가리키며, 사회복지사가 기본적인 사회복지실천기술을 활용하여 실행한다. 또한 클라이언트의 가치와 신념체계, 평소 일상생활에서의 대처방법 등을 잘 파악하고 있어야 효과가 있다.

이 단계에서는 사회복지사와 클라이언트가 상호 합의하여 클라이언트의 변화노력을 지원하기 위해 문제해결을 위한 구체적인 변화전략을 수립해야 하며, 사회복지사는 계획대로 문제해결 과정이 진행되고 있는지를 끊임없이 점검하면서 잘 될 수 있도록 도와주며, 지지와 환류를 제공하여야 한다.

개입과정에서 적용되는 실천기법은 사회복지사의 이론적 배경이나 클라이언트가 호소하는 문제의 성격에 따라 다양하고, 실천이론과 모델의 개입방향에 기초하여 다르게 적용되는데, 클라이언트의 목표달성을 위해 가장 적절한 개입방법을 선택하여 문제해결을 시도하는 것이 바람직할 것이다.

개입단계의 목표는 클라이언트의 욕구충족과 문제해결을 위해 긍정적인 변화를 이끌어 내는 것이다. 이러한 개입단계의 목표를 달성하기 위해 사회복지사가 수행하는 과제는 다음과 같다(엄명용 외, 2011).

첫째, 구체적인 변화전략을 수립해야 한다. 변화전략의 내용은 상담, 지역사회와의 자원 연계 및 새로운 자원의 개발, 사회적 지지를 위한 집단활용, 교육, 정보제공, 역할극 등 다양하게 구성할 수 있다.

둘째, 사회복지사는 다양한 개입방법과 기술을 적용하여 클라이언트와 그를 둘러싼 환경체계에서 긍정적인 변화가 나타날 수 있도록 원조하여야 한다.

셋째, 사회복지사는 지속적 점검(monitoring)을 통해 클라이언트의 변화 정도를 유지하고 평가하여야 한다.

그리고 개입단계에서 고려되어야 하는 사항들은 다음과 같다(정원철, 2005, 김혜영 외, 2015 재인용).

첫째, 문제를 명확히 정의한다.

둘째, 문제해결을 위한 방향과 가능한 방안을 정한다.

셋째, 문제해결 방안에 관련된 정보를 수집한다.

넷째, 수집된 자료를 바탕으로 대처행동을 의논한다.

다섯째, 검사와 심리진단 자료 등을 참고로 바람직한 행동절차 및 의사소통의 실제 계획을 수립한다.

여섯째, 계획된 것을 실제 생활에서 실천해 본다.

일곱째, 실천결과를 평가하고 행동계획을 수정·보완한다.

사회복지실천과정에서 사회복지사의 개입은 클라이언트의 욕구충족과 문제해결을 위해 목표를 달성하려는 일련의 전문적인 활동을 의미하는데 이때 사회복지사가 염두에 두어야 할 원칙은 다음과 같다(이종복 외, 2006).

첫째, 경제성의 원칙이다. 사회복지실천과정에서 선택된 활동은 사회복지사와 클라이언트의 시간과 비용을 최소화할 수 있는 것이어야 한다. 클라이언트가 스스로 할 수 있는 일은 사회복지사가 관여하지 말아야 하며, 도움이 필요한 일에는 요구되는 도움만을 제공하고, 클라이언트가 혼자서 할 수 없는 일만 사회복지사가 한다.

둘째, 클라이언트의 자기결정의 원칙이다. 개입의 전 과정을 통해 가능하면 클라이언트가 스스로 의사결정을 하도록 해야 한다.

셋째, 개별화의 원칙이다. 도움을 필요로 하는 특정 클라이언트 체계의 특성과 욕구에 맞도록 개입활동을 조정해야 하는데, 클라이언트의 능력과 상황에 맞는 접근이 필요하다.

넷째, 발달적합의 원칙이다. 개입의 전체 방향은 클라이언트 체계의 발달적 단계에 적합한 것이어야 한다.

다섯째, 상호 의존성의 원칙이다. 사회복지사 활동의 일부는 클라이언트의 활동에 달려있다. 클라이언트의 활동과 클라이언트의 변화능력을 고려한 후 개입이 출발되어야 한다. 사회복지사와 클라이언트의 활동은 서로에게 의존하고 있으므로 양측의 활동은 상호보완적이어야 한다.

여섯째, 서비스 목표에 초점의 원칙이다. 사회복지사와 클라이언트의 모든 활동은 어떤 식으로든 두 사람의 합의한 계획의 목표에 부합되어야 한다.

개입과정은 크게 클라이언트에 대한 직접적 개입(중재)과 클라이언트의 욕구에 반응하도록 환경을 변화시키는 간접적 개입(중재)방법이 있다.

1) 직접적 개입

직접적 개입은 클라이언트의 심리 내적인 측면의 욕구나 문제 등에 초점을 두며, 개입을 통하여 클라이언트가 생활에서 필요한 대처능력을 향상시키는 데 그 목적이 있다. 구체적으로 보면 클라이언트 체계가 과업을 수행할 때 지지를 제공하고, 계획된 변화가 일어나도록 클라이언트 체계를 원조하고, 클라이언트 체계가 상호 간 도움을 얻을 기회를 조성하고, 클라이언트 체계에 자원, 문제해결, 행동실행에 관한 교육을 함으로써 클라이언트의 역량을 강화시키는 것이다(Timberlake et al., 2002).

이처럼 개인에 대한 개입활동을 해밀턴(Hamilton, 1940)은 직접치료라고 하였으며 심리적·내적 측면에 대한 개입이라고 하였다. 일대일 관계를 기반으로 개인의 욕구와 문제해결을 도우려는 개인수준의 직접적 개입의 초점은 변화인데, 주로 클라이언트의 생각, 감정, 행동을 변화시키는 데 있으므로 면접과 상담기술이 필수적이라고 할 수 있을 것이다(Zastrow, 1989). 즉, 개인수준의 직접적 개입을 통하여 이와 같은 변화를 일으키려면 치료적 면접의 기술이 필요하다는 것이다. 치료적 면접의 목적은 클라이언트가 변화하도록 돕거나 사회적 환경이 클라이언트의 필요에 보다 적합하게 변화하도록 돕는 것이다.

개인에 대한 개입활동이 필요한 경우는 욕구의 성격에 달려있는데 주로 다음과 같은 경우라고 할 수 있다(엄명용 외, 2006).

첫째, 문제가 주로 클라이언트의 내적·주관적 원인에서 비롯된 경우

둘째, 대인관계에 문제가 있는 경우
셋째, 문제의 초점이 애매하여 문제해결에 어려움이 있는 경우
넷째, 위기상황에 처하여 감정이 복잡하고 갈등을 겪고 있는 경우
다섯째, 자원을 이용할 수 있는 클라이언트의 능력이 손상된 경우이다.

그리고 개인에 대한 개입활동은 다음과 같은 범주에 속할 수 있다(Johnson, 1986; 엄명용 외, 2006).

첫째, 클라이언트의 사회적 기능을 지원하는 활동
둘째, 클라이언트와 다른 사람의 사회적 기능을 조정하기 위해 취하는 활동
셋째, 관계를 발전시키기 위한 활동
넷째, 상황 속에서 개인에 대한 이해를 가능하게 하기 위한 활동
다섯째, 문제상황을 분석하고 대안을 창안할 수 있게 하는 활동
여섯째, 계획과정에 필요한 활동
일곱째, 클라이언트로 하여금 가능한 자원을 인식하고 이용할 수 있게 해주는 활동
여덟째, 위기상황에서 필요한 활동

직접적 개입에서 공통적인 개입활동으로는 위기반응에서의 행동, 지지적인 행동, 클라이언트가 자원을 활용하도록 하는 활동, 정보 및 의뢰활동 등이 있다. 개인에 대한 개입활동에서는 주로 개인의 문제가 대개 내·외부로부터의 스트레스에 대한 대처능력의 부족에서 비롯된다는 가정에서 출발한다(전재일 외, 2016). 따라서 클라이언트 스스로 문제를 해결할 수 있도록 문제해결능력을 향상시키며, 미래의 위기를 막기 위한 적절한 방법을 개발하기 위해 의사소통기술을 사용하고, 바람직하지 않은 행동, 사고 또는 감정을 변화시키기 위해 행동변화기술 등을 사용한다. 이러한 기술들은 문제가 되는 클라이언트의 사고와 감정 및 행동을 변화시키는 기법으로 활용된다. 또한 클라이언트가 자신 또는 상황에 대한 이해를 명료화하고 객관화하며, 통제력을 갖도록 도움으로써 클라이언트의 변화를 이끌어 낸다(엄명용 외, 2006).

사회복지실천현장에서 직접적 개입활동으로 다양한 기술이 활용되는데, 특

히 클라이언트의 대처능력을 증강시키기 위해서는 강점관점에서 클라이언트가 필요로 하는 대처기술 계발에 기술훈련프로그램이 자주 활용된다.

헵워스(Hepworth), 루니(Roony) 그리고 라슨(Larsen, 2002)은 이러한 기술훈련프로그램의 주 내용으로 문제해결기술, 사회기술, 자기주장, 스트레스 관리 등을 꼽았다(김기태 외, 2012). 그 외에도 클라이언트를 위한 직접적 개입활동에서는 의사소통기술, 행동변화기술 등이 포함된다.

(1) 문제해결기술

문제해결기술은 일상생활에서 발생되는 여러 문제에 대처하는 능력이 적절하지 못하여 어려움을 겪고 있는 클라이언트에게 좀 더 나은 수준의 기능을 하도록 체계적으로 도와주고, 하나의 원칙을 여러 상황에 적용할 수 있도록 한다. 클라이언트는 자신의 문제해결을 위해 체계적으로 접근하는 방법을 배우는 과정에서 사회복지사와의 관계를 통해 타인의 욕구에 반응하고 타인의 입장을 이해하며 그들과 협력하는 과정을 배우게 된다.

문제해결을 돕는 원조과정에서 클라이언트는 합리적인 의사결정 방법을 익혀 충동적이고 비합리적인 결정을 내리지 않게 되고, 해결되지 못한 문제로 인한 스트레스나 역기능적 행동을 감소할 수 있게 된다. 그리고 클라이언트가 실제 생활로 전환할 수 있는 기술을 점차 습득해 감에 따라 사회복지사에 대한 의존도는 점차 줄고 자신감, 자기효능감, 그리고 자존감을 향상시키는 결과를 가져오게 된다.

성공적인 결과를 얻기 위해서 사회복지사가 지켜야 할 지침으로는 다음과 같다(Hepworth et al., 2002, 김혜영 외, 2015 재인용).

첫째, 관련된 문제를 구체화시키고 문제를 자세하게 언급한다.

둘째, 과거의 어려움보다 현재의 문제에 초점을 둔다.

셋째, 한 번에 한 가지 문제에만 초점을 맞춘다.

넷째, 개인의 문제를 나눌 때에는 경청한다.

다섯째, 문제를 긍정적으로 건설적인 방법으로 재구조화한다.

(2) 사회기술훈련(SST : Social Skills Training)

사회기술훈련은 클라이언트가 자신이 속한 환경 속에서 순기능을 하는 데 필요한 다양한 기술 습득에 도움이 된다. 사회기술들은 실천현장과 대상에 따라 그 내용을 달리하기는 하지만 일반적으로 예방과 교정을 위한 폭넓고 다양한 기술을 가르친다. 따라서 사회기술훈련은 클라이언트에게 현재의 환경 속에서 기대되는 역할수행이나 관계문제, 그리고 생활주기상의 문제에 효과적으로 기능하도록 필요한 기술을 습득할 수 있는 기회를 제공한다.

(3) 자기주장훈련(AT : Assertiveness Training)

자기주장훈련은 타인과의 관계에서 클라이언트 자신이 긍정적인 주장이나 부정적인 주장을 원활히 할 수 있도록 훈련을 시키는 행동치료의 일종인데 스스로 행동을 변화시켜서 자신에 대한 태도와 감정을 변화시키는 것을 말한다.

역기능적 대응방식과는 상반되게 자기주장훈련은 타인의 권리와 감정을 존중하면서 구체적인 행동요소를 표현하는 것으로 다른 사람과 깊이 있는 커뮤니케이션을 하는 방법, 삶에 적극적으로 대처하는 방법 그리고 자기 자신을 이겨내는 방법 등을 알려준다. 특히 가정폭력피해자나 가해자를 위한 프로그램 등에서는 그 효과가 큰 것으로 나타났다.

(4) 스트레스 관리기술

스트레스 관리는 특히 만성 스트레스 수준을 통제하는 것을 목표로 하는 기법과 심리요법으로 목적은 일상의 기능을 개선하는 것이다. 즉, 스트레스가 많은 상황에 대해 클라이언트의 생체학적 · 인지적 · 지각적 · 행동적 요소가 어떻게 반응하는지에 대한 구체적인 기술을 의미한다. 과도한 불안이나 분노로 스트레스 상황에서 고통받는 클라이언트에게 광범위하게 활용될 수 있는데, 특히 긴장완화훈련은 스트레스로 인해 신체적 증상이 있을 때 심호흡과 근육이완 운동이 효과적이다.

(5) 의사소통기술

의사소통기술이란 관계형성의 기술이기도 하다. 사회복지사와 클라이언트 사이에 변화를 가져올 수 있는 대화기술을 의미하는데 구체적으로는 클라이언트의 감정과 사고에 대한 개입에 초점이 맞추어진다. 즉, 클라이언트의 정서적 안정과 인지구조의 변화, 클라이언트 자신과 문제상황, 자원 등에 대한 상황인식능력의 향상이 그 내용이 된다(엄명용 외, 2014).

① 정서적 안정

정서적 안정이란 낙담, 좌절, 의기소침과 무기력, 자신감 결여 등의 심리적 상태를 건강하고 자신감 있는 상태로 회복시키고 불안, 분노, 죄의식 등의 불합리하고 불건전한 정서를 적절히 해소하도록 도와 자아기능을 회복시키는 것을 말한다. 사회복지사가 사용할 수 있는 기술로는 격려, 재보증, 일반화와 환기법 등이 있다.

격려(encouragement)란 클라이언트의 문제해결능력을 향상시키려는 기법의 하나로 클라이언트의 행동, 태도, 감정을 칭찬하거나 인정해 주는 언어적 표현인 것이다. 클라이언트의 가능성에 대한 확신을 표현하는 사회복지사의 진술형태를 띠고 있으며, 클라이언트의 강점을 인정하고 지지하는 수단이 된다.

재보증(reassurance)이란 클라이언트의 능력에 대해 사회복지사가 신뢰를 표현함으로써 클라이언트를 안심시키는 것으로 합리적이고 현실적인 생각과 결정에 대해 클라이언트가 의구심을 가지고 있을 때 사용한다. 이 기술은 클라이언트가 실제로 현실적이며 건전하게, 그리고 사회적으로 수용될 수 있는 결정과 사고방식, 느낌을 가지고 있음에도 불구하고 자신을 믿지 못하거나 합리적인 결정에 대해 의구심을 갖는 클라이언트에게 효과적으로 적용된다.

일반화(universalization)는 클라이언트가 자기만이 이런 문제가 있다고 괴로워하는 것에 대해 클라이언트와 비슷한 상황에 놓인 다른 사람들의 그것들과 동일하거나 거의 같다고 말해줌으로써 클라이언트가 다른 사람에 대해 가질 수 있는 이질감, 일탈감, 소외감 등을 해소하고, 자신에 대한 신뢰감과 자신감을 회복시키기 위해 사용되는 기술이다.

환기법(ventilation)이란 클라이언트의 문제 또는 억압되어 있는 감정, 특히 부정적인 감정인 분노, 증오, 슬픔, 죄의식, 불안 등이 문제해결을 방해하거나 감정 자체가 문제가 되는 경우 이를 표출하도록 하여 감정의 강도를 약화시키거나 해소시키려고 하는 기술이다

② 인지구조의 변화

인지구조의 변화란 클라이언트의 왜곡되거나 부정적인 사고구조를 변화시켜 자신과 상황을 좀 더 현실적으로 인식하도록 돕는 것이다. 주로 초점화, 직면, 재명명 기법 등이 쓰인다.

초점화(focusing)란 클라이언트가 자기 문제를 언어로 표현할 때 혼돈되거나 산만한 것을 점검해 주고 내용이 모호할 때 클라이언트의 논의 속에 감추어진 선입견, 가정, 혼란된 개념 등이 드러나도록 도와주는 기술을 말한다.

직면(confrontation)이란 도전(challenge)이라고도 불리는데, 주로 클라이언트가 자신의 문제를 부정하거나 회피하고 합리화하여 변화를 거부하고 개입을 피하려고 할 때 사용되는 기술로, 특히 클라이언트의 사고나 행동 중에서 변화에 장애가 되는 부분에 대한 인식력을 향상시키기 위해 사용하는 기술이다.

재명명(reframing)이란 어떤 문제에 대해 클라이언트가 부여하는 의미를 수정해 줌으로써 클라이언트의 시각을 긍정적인 방향으로 변화시키려는 전략이다.

③ 상황인식능력의 향상

상황인식능력의 향상이란 클라이언트 자신의 정서상태와 인지구조 및 행동, 문제와 이를 둘러싼 상황, 동원 가능한 자원에 대한 클라이언트의 통찰력을 높이는 것을 말한다(김융일 외, 1995). 사용되는 기술로는 정보제공과 조언 등이 있다.

정보제공(informing)이란 의사결정이나 과업수행에 필요한 정보를 제공하는 것을 말한다. 즉, 클라이언트가 어떤 결정을 내리고 과제를 수행하는 데 필요한 정보를 제공하는 기술이다. 정보제공에서 중요한 것은 제공되는 정보의 사용 여부가 클라이언트의 자유의사에 달려있다는 것을 클라이언트가 느끼도

록 분위기를 조성하는 것으로 사회복지사는 특히 클라이언트의 현재 심리상태를 고려한 후 정보를 제공하는 것과 클라이언트의 교육수준에 맞게 정보를 제공하는 것 등에 주의해야 한다. 또한 클라이언트가 정보를 수용할 준비나 의지가 있는지 확인 후 정보를 제공해야 하며, 이해 정도를 확인해 볼 필요가 있다.

조언이란 사회복지사가 클라이언트에게 해야 할 것을 추천하거나 제안하는 것을 말한다. 조언이 적당하다고 느끼면 클라이언트는 사회복지사의 선호를 분명히 알아차릴 수가 있으며, 조언은 반드시 클라이언트가 요구할 때 주어야 한다. 조언을 주는 것에는 많은 함정이 있으므로 이 기술을 사용할 때는 매우 신중해야 한다(김혜영 외, 2015).

(6) 행동변화기술

클라이언트의 행동을 변화시키는 것이 목적일 때 사용하는 기술들은 주로 행동수정이론에 기초하고 있다. 행동결과의 조작기법은 바람직한 행동을 새로 형성하는 경우에는 강화, 그리고 문제행동을 제거하고자 하는 경우에는 벌 또는 소거가 대표적이다.

강화(reinforcement)란 특정한 행동이 보상을 받으면 그 행동이 다시 일어나기 쉽다는 원리에서 사용하는 것이며, 처벌(punishment)이란 특정한 행동이 불유쾌한 결과를 초래하면 그 행동은 약화되거나 없어진다는 원리에서 도입된 것이다. 한편 소거(extinction)는 벌을 사용하는 대신 특정 행동에 대한 강화를 해주지 않음으로써 자연스럽게 그 행동이 소멸되도록 하는 것이다(엄명용 외, 2006).

행동변화의 또 다른 기술로는 모델링(modeling), 토큰(token)강화, 행동시연(behavior rehearsal) 등이 있다.

모델링이란 타인이 하는 행동을 보고 그대로 모방하도록 하는 방법으로 복잡하거나 새로운 행동을 가르치는 데 사용하는 기술로, 클라이언트에게 이 기법을 적용하여 의도하는 행동을 학습시키기 위해 비디오테이프 같은 자료 등을 활용하기도 한다.

토큰강화(토큰경제)에서는 표적행동이 정해지며, 그 행동발생에 대한 유관으로 토큰을 지급한다. 토큰은 나중에 정해진 교환율로 토큰강화물과 교환할 수 있다. 토큰강화는 내담자의 바람직한 행동을 강화하는 것을 목적으로 하며, 행동이 일어난 즉시 제공할 수 있고, 모은 토큰을 통해 자신의 행동이 개선되고 있다는 사실을 알게 됨으로써 동기유발 효과가 크다는 장점을 가지고 있다.

행동시연은 주어진 문제상황을 어떻게 다룰지 반복적으로 미리 연습하는 것을 말한다. 클라이언트가 특정의 상황에 놓이게 될 경우 그 상황에 맞추어 다른 사람과의 상호작용에서 적절한 행동을 할 수 있도록 미리 준비하여 연습시키는 기법이다(김혜영 외, 2015).

2) 간접적 개입

간접적 개입은 클라이언트의 행동, 인지, 정서 등에 직접 개입하는 것은 아니지만, 클라이언트를 둘러싼 환경체계에 개입함으로써 클라이언트의 문제를 해결하는 데 긍정적인 도움을 제공한다(Sheafor et al., 2002). 즉, 클라이언트의 사회적 기능을 향상하기 위해 환경의 변화를 시도하는 전략이다(엄명용 외, 2014).

사회복지사는 클라이언트를 원조하기 위해 클라이언트 이외의 개인, 집단, 가족, 조직 또는 지역사회 등 클라이언트의 환경에 대한 개입으로 사회적 지지체계의 개발, 서비스의 조정 및 프로그램의 개발, 클라이언트를 위한 옹호활동과 같은 간접적 개입활동을 수행하는데(김혜영 외, 2015), 목표달성에 필요하다고 믿을 때만 수행할 수 있다.

간접적 개입을 선택할 경우 사회복지사는 환경변화를 위한 개입, 영향력 있는 인사들과의 관여활동, 서비스 조정, 조직체 내부 변화를 위한 활동, 옹호활동 등의 구체적 전략을 통해 보다 세부적 활동을 추구할 수 있다(남연희 외, 2012).

사회복지사는 클라이언트를 적극적으로 원조과정에 참여시키고 변화하도록 돕기 위하여 관련 체계들을 관리할 수 있는 전문적인 기술이 필요하다. 간접적 개입은 환경에 대한 개입활동과 기술을 포함한다.

(1) 서비스 조정(Service Coordination)

서비스 조정은 클라이언트(개인이나 가족)에게 초점이 맞추어지거나 또는 특정 범주에 속한 사람들에게 맞추어질 수도 있다. 조정이 효과적이려면 바람직한 목표를 향해 공동의 작업을 한다는 마음가짐이 있어야 한다.

조정에서는 클라이언트에게 서비스를 제공할 때 서비스 간 조정을 하는 것이 서로에게 이롭다는 것을 관련된 모든 사람들이 이해할 수 있도록 하는 것이 중요한 요소이므로 생산적인 관계를 위해서는 개방적인 상호교환과 만족감이 보장되도록 해야 한다(Johnson, 1989). 사회복지사는 조정에 관여하는 여러 전문직들 간의 차이점을 이해하는 것이 중요하며, 이들 사이에 있을 수 있는 잠재적 긴장감을 알고 균형성을 유지하는 데 초점을 두어야 한다. 이러한 점에서 조정에서의 의사소통은 무엇보다 중요한 부분임을 간과할 수 없다.

서비스 조정 중에도 최근 관심을 받고 있는 중요한 접근은 사례관리(case management)와 연계망 형성(networking)이다. 이 중 사례관리는 서비스를 전달하기 위한 조정접근으로서, 특히 아동복지 영역이나 만성 정신장애인 대상의 정신보건 영역, 장애인복지 및 노년학 등에서 그 유용성을 인정받고 있다(김기태 외, 2012).

(2) 프로그램 계획 및 개발

클라이언트의 욕구를 충족시켜야 하지만 재정적인 문제 등으로 필요한 자원이 제공되지 않고 있음을 발견할 때, 사회복지사는 자원봉사자나 자조집단과 같은 새로운 자원이나 프로그램을 계획하고 발전시켜 나가야 한다. 자원봉사 프로그램은 자원봉사자들을 모집하고 선발한 후 이들을 적합한 업무에 배치시키고 훈련하며, 지도·감독하는 일을 포함한다. 자조집단 프로그램을 운영하는 것은 현대사회에서 소외되고 고립되기 쉬운 개인들이 유사한 상황이나 문제로 고통을 겪고 있을 때 자발적으로 서로 지지하고 상호부조할 수 있도록 클라이언트를 조직・연결하는 것이다.

새로운 프로그램은 기관 내에서 계획될 수도 있고 지역사회 차원에서 추진될 수도 있다. 지역사회 내에서 프로그램을 개발하기 위해서는 지역사회 주민들에게 관련 정보를 제공함으로써 문제를 인식시키고 욕구조사를 통해 지역주민들의 욕구는 물론 프로그램 개발의 필요성과 방향을 포괄할 수도 있어야 한다(김혜영 외, 2015).

(3) 환경조정(Environment Manipulation)

존슨과 얀카(Johnson & Yanca, 2007)는 환경조정을 클라이언트의 사회적 기능을 향상시키는 수단으로 클라이언트의 환경에 변화를 일으키는 전략이며, 공간, 시간, 관계라는 환경의 세 가지 요소가 변화대상의 초점이 된다고 하였다.

헵워스와 라슨(Hepworth & Larsen, 1993)은 환경을 개선시키기 위한 개입의 구체적 전략들을 제시하였는데 요약하면 다음과 같다(남연희 외, 2012).

① 가정 내 관계의 증진
② 가족환경 내의 자원의 보충
③ 지지체계의 개발과 강화
④ 클라이언트를 다른 환경으로 이동시킴
⑤ 시설환경의 개선
⑥ 지역사회 환경의 활용
⑦ 새로운 자원의 개발
⑧ 해석을 통한 태도 변화
⑨ 대중매체의 활용

(4) 옹호(Advocacy)

클라이언트의 욕구충족을 방해하는 원인은 다양하다. 사회복지사들은 사회환경, 즉 사회제도와도 관련이 있음을 인식하고 사회제도의 변화에 관심을 가져야 한다. 옹호는 클라이언트의 생활, 지역사회, 그리고 서비스에 있어서 그 자신의 통제와 관여를 증진시키려는 사회복지실천의 다른 중요한 요소이다. 옹호활동은 사회복지를 다른 전문직과 차별화해 주는 것으로서 전통적으로 매우 높게 평가된 활동이며, 의사결정자에게 설득이나 강제력을 동원해 개인이나 집단의 영향력을 행사하는 것이다. 클라이언트는 상대적으로 사회 내에서 약자인 경우가 많기 때문에 사회복지정책이나 절차, 서비스에 있어서 불리하게 적용될 수 있는 가능성이 크다. 따라서 옹호활동은 의사결정의 유형을 변화시킴으로써 클라이언트의 권익을 보호하는 특정한 결정이 내려질 수 있도록 하는 것이다(McCormick, 1970).

콤튼과 갤러웨이(Compton & Gallaway, 1989)는 옹호내용의 결정주체를 사회복지사, 사회복지사와 클라이언트의 공동계획, 그리고 클라이언트의 세 가지로 나누었다. 옹호활동에서 사회복지사는 자기결정권(self-determination)을 주의 깊게 살펴야 한다. 때로는 클라이언트 스스로 결정하도록 하는 것도 중요하다는 것이 클라이언트의 자기결정권 주장인데, 결국 클라이언트의 능력과 상황, 문제의 성격을 고려해서 결단을 내려야 할 것이다.

옹호활동은 두 가지 접근법으로 전개될 수 있다. 첫째, 정치과정에 영향력을 행사하는 방법이며, 둘째, 문제 영향력하에 있는 사람들을 조직해서 사회행동을 추진하는 것이다.

옹호활동을 진행하기 전 사회복지사에게 상황에 대한 총체적 사정은 필수적이며, 이 과정에서 난관을 줄여나갈 다른 어떤 대안은 없는지, 옹호활동의 결과로 발생할 수 있는 잠재적 위험요인은 무엇인지, 활동을 완수하는 데 필요한 자원은 확보되었는지 등을 충분히 검토하여야 한다. 이 모든 정황에 대한 파악이 끝나면 사회복지사는 정치체계에 영향력을 행사할 것인지 아니면 문제와 연관된 사람들을 조직할 것인지를 결정할 수 있다(김기태 외, 2012).

3) 점 검

사회복지실천의 과정 중 중간단계에서 해야 할 활동 중의 하나는 개입활동의 전개과정이 설정된 목표에 비추어 볼 때 올바른 것인가의 여부를 점검(monitoring)하는 것이다. 개입의 초기단계에서 맺은 계약은 문제의 우선순위와 목표, 그리고 사회복지사와 클라이언트의 개입활동의 구체적 내용을 포함하고 있다. 그러나 이러한 계약의 내용은 개입활동이 진전되는 과정에서 클라이언트 자신이나 주변 환경의 변화에 따라 달라질 수 있는데 이러한 변화를 감지하고 적절히 대처하기 위해서는 진전과정에 대한 끊임없는 점검과 지속적인 평가가 요구되는 것이다(엄명용 외, 2006).

헵워스와 라슨(Hepworth & Larsen, 1993)은 점검의 목적에 대해 다음과 같이 설명하고 있다.

첫째, 점검은 개입전략의 효과성을 평가하기 위한 것으로, 만약 개입 결과 예상한 효과가 나타나지 않는다면 사회복지사는 그 원인을 찾아내어 제거하거나 대안을 강구해야 한다.

둘째, 점검은 개입전략의 효율성을 평가하기 위한 것으로 목표를 달성하려는 클라이언트의 노력을 평가하여 개입활동의 초점을 지속시켜야 한다.

셋째, 점검은 개입의 진전과정에 있을 수 있는 장애요인을 발견하여 대처하기 위한 것으로 점검을 통해 클라이언트의 반응을 평가하여 진전이 부진할 때 클라이언트가 보이는 부정적인 태도와 정서에 즉각적으로 대처해야 한다.

넷째, 점검을 통해 개입의 효과를 지속적으로 평가하여 원조과정에 대한 클라이언트의 동기와 자신감을 고양시킨다.

결국 점검은 이미 수립된 개입계획이 차질 없이 수행되도록 하는 것인 동시에 변화나 문제가 생기면 이를 클라이언트의 최선의 이익이라는 원칙하에 계획을 수정할 수 있는 융통성을 발휘하기 위한 것이라 할 수 있다.

14

사회복지실천의 과정 : 종결 및 평가

14 CHAPTER

사회복지실천의 과정 : 종결 및 평가

학습목표

- 사회복지사와 클라이언트 간의 전문적 원조관계를 마무리하는 단계에서 종결의 유형과 사회복지사의 과업 등에 대해 살펴보고 이를 이해한다.
- 종결단계에서 사회복지실천에 대한 평가의 필요성과 중요성, 의의와 목적, 유형, 그리고 지식 및 기법에 대해 살펴보고 이를 이해한다.

사회복지실천과정의 최종 단계는 종결 및 평가이다. 종결 및 평가의 단계는 설정목표가 사회복지사의 역할 수행에 의하여 달성되었든 그렇지 않든 간에 사회복지사와 클라이언트 간의 전문적 관계를 마무리하는 것으로 클라이언트는 이제부터 스스로 문제에 대처하는 등 새로운 시작을 경험하는 것이 중요하다.

사회복지실천의 과정을 마무리하는 단계인 종결과정은 클라이언트에게 필요한 심리사회적 서비스를 제공하기 위해 애썼던 과정을 마무리하는 시기이며, 사회복지사와 클라이언트 사이의 인간관계를 일단락짓는다는 면에서 다양한 인지적·정서적·행동적 이슈들이 제기될 수 있다. 그리고 사회복지실천과정을 통해 초기에 설정되었던 목표가 잘 성취되었는가를 과학적 방법을 사용하여 객관적으로 검증하고 판단하는 평가는 개인, 가족, 집단, 지역사회의 안위와 사회문제의 해결, 사회복지 기관 및 시설의 사회적 개입을 지원하는 조직 및 단체, 그리고 전체 사회 입장에서 그 중요성을 더해가고 있다. 종결과

평가는 각기 독립적인 과업으로 구분될 수도 있고 서로 밀접히 연관되는 측면도 있다(최혜지 외, 2014).

1. 종 결

종결은 개인, 집단, 가족과의 실천 모두에서 클라이언트의 문제해결을 위해 함께 노력해 왔던 사회복지사와 클라이언트 간의 원조관계를 끝내는 것을 말하며, 일반적으로 계획된 개입기간이 종료되었거나 개입의 목적이 달성되었을 때 일어난다.

지금까지 사회복지사와 클라이언트의 합동노력이 원만하게 이루어져 왔다면 원조관계는 정서적인 친밀감과 신뢰로 구성되어 있을 것이다. 클라이언트 입장에서는 지금까지 자신의 일에 관심을 갖고 경청하며, 자신과 함께 노력해 왔던 사람, 그리고 믿고 의지할 수 있었던 사람과 헤어지는 것을 의미하고 사회복지사의 입장에서는 지금까지 자신의 도움으로 문제해결 노력을 해왔던 클라이언트가 사회복지사의 도움 없이 혼자 독립적인 생활을 영위할 수 있도록 돕는 이별의 과정이다(엄명용 외, 2006).

사회복지실천에서 발생되는 다양한 상황에서의 종결의 사유에 대해 코울세드(김기태 외, 2012; Coulshed, 1991)는 다음과 같이 제시하고 있다.

첫째, 사전에 합의된 목표들이 정해진 기간 내에 성취된 경우

둘째, 클라이언트가 그동안의 원조가 충분했다고 결정한 경우

셋째, 사회복지사가 전근, 이직 등의 사유로 해당 지위를 떠나거나 클라이언트가 타 지역으로 이사한 경우

넷째, 법정 요청이 만료된 경우

다섯째, 기관의 정책이 일정한 시간제한을 둔 경우

여섯째, 지원의 한계상황에 발생했을 경우

일곱째, 시간의 부족과 업무 부담감으로 인한 경우

여덟째, 슈퍼바이저로부터 충고가 있을 경우
아홉째, 타 기관의 영향력으로 인한 경우
열째, 클라이언트가 사망한 경우 등

클라이언트가 긍정적 성과를 얻게 한 다음에 적절한 시점에서 돕는 관계를 끝내는 일은 상당한 기술과 계획이 필요하다. 그 이유는 클라이언트가 종결단계에서 사회복지사와의 관계를 종결하는 것에 대해 불안과 긴장감, 상실의 두려움 등 혼합된 감정을 경험할 수 있기 때문이다(김융일 외, 1995).

종결단계가 잘 이루어지면 이 종결은 클라이언트에게 성취한 사실에 대하여, 그리고 자율성이 증가한 데 대하여 즐거운 감정을 가질 수 있게 하고, 적응 및 성장의 기회를 제공하기도 한다. 하지만 종결의 경험과 그 의미가 무시되거나 잘못 조정되면 지금까지 성취되었던 이득이 상실 또는 감소될 수 있고, 슬픔과 두려움 등으로 장차 좋지 않은 결과를 가져올 수 있다(김기태 외, 2012).

여기에서는 종결의 유형과 종결단계에서의 사회복지사의 과업 위주로 살펴보고자 한다.

1) 종결의 유형

대체로 종결은 계획되거나 그렇지 않은 경우, 클라이언트에 의하거나 사회복지사 측의 사유에 의한 경우, 상호 동의가 되었거나 아니면 어느 한쪽의 일방적 결정에 의해서 일어나는 경우 등으로 분류해서 설명될 수 있다.

헵워스 등(Hepworth et al., 1986)은 종결의 유형을 '계획된 종결'과 '계획되지 않은 종결'로 나누어 설명하고 있는데 구체적으로 살펴보면 다음과 같다(양옥경 외, 2010; 조학래, 2016).

(1) 계획된 종결

① 목표달성에 성공한 종결

최상의 종결은 클라이언트와 사회복지사가 목표를 달성하였고 충분한 진전이 이루어졌다고 믿거나, 제시된 상황이나 문제에서 벗어났을 때 진행된다. 따라서 개입의 목표가 정해진 기간 내에 달성되었기 때문에 종결하는 경우는 가장 이상적인 종결유형이다(최해경, 2009).

이러한 경우에도 사회복지사와 클라이언트 관계가 친밀감이 높거나, 개입기간이 길어질수록 종결에 대한 두려움과 관계를 지속시키고 싶은 욕구를 나타낼 수 있다. 따라서 원조과정의 종결이 다가오면서 사회복지사는 클라이언트와의 접촉빈도를 조금씩 줄이는 것이 바람직하다. 목적달성에 의한 종결을 하는 경우에도 정서적 반응을 다루는 것은 중요하다.

② 일정 기간만 개입이 제공되는 계획된 종결

일정 기간만 서비스나 개입이 제공되는 계획된 종결은 주로 학기 중이나 실습기간에만 활동하는 실습생의 경우가 해당한다. 이러한 종결은 미리 알려진 것이기 때문에 클라이언트로서는 갑작스럽게 종결하는 것보다 덜 충격이고 이에 대해 대비할 수 있어 종결에 따르는 감정을 해소할 시간이 있다. 이러한 점에도 불구하고, 그 기간 내에 문제가 해결되지 않았을 때 클라이언트는 원조과정 중에 서비스가 중단되었다고 생각할 수 있다. 사회복지사도 종결에 대한 감정처리와 함께 클라이언트의 다루지 못했거나 해결하지 못한 문제를 해결하기 위해 다른 기관으로 의뢰해야 하는 등 이중 부담이 생길 수 있다. 이런 경우 사회복지사는 기관의 특성으로 인한 한계를 클라이언트에게 잘 설명하여 신뢰관계가 손상되지 않도록 노력하는 동시에 클라이언트를 적절한 사회복지사나 기관으로 의뢰하여야 한다.

③ 시간제한적인 개입으로 인한 종결

시간제한적인 개입으로 인한 종결은 원조과정 시작부터 사회복지사와 클라이언트가 상호 합의하여 개입의 기간을 미리 설정하고 시작하는 것이다. 대부분의 사회복지기관은 한 사례에 대한 개입에 일정한 시간제한을 두고 이를 실천의 초기단계부터 클라이언트에게 통보한다. 시간제한에 의해 계획된 종결은 클라이언트가 더 이상 원조를 필요로 하지 않는 때를 기다린다는 의미가 아니라 목표달성이 미진하더라도 사회복지사와 클라이언트가 종결의 시기를 정해진 시간에 맞추도록 계획하는 것이다. 사회복지실천기관은 한정된 자원이나 기금, 규칙 등에 의해 시간제한적 개입이 현실적으로 필요할 뿐 아니라 시간제한이 없는 장기개입에 비해 효과성 측면에서도 별 차이가 없는 것으로 알려져 있다(Reid et al., 1978).

이렇게 서비스나 개입시간을 제한하는 방식은 클라이언트의 정서적 애착과 의존뿐만 아니라 종결에 따른 상실감도 줄여준다. 물론 시간적 제한이 없는 종결보다 상대적으로 클라이언트의 애착과 상실감이 적다는 것이지 전혀 없다는 것은 아니다. 이러한 시간제한적 종결에도 종결에 따른 반응은 나타난다. 사회복지사는 이러한 반응에 민감하게 대처하여 적절히 다루어야 하는데 시간적 제한이 있는 종결에서 사회복지사의 업무는 다음과 같다. 첫째, 클라이언트가 원조과정을 통해 얻은 것을 분명히 한다. 둘째, 지속적인 개입이 필요한 경우 또 다른 계획을 세운다. 셋째, 개입기간에 배운 것을 클라이언트가 일상생활에 어떻게 적용할 것인지를 확인한다. 넷째, 사후 회기를 계획한다.

④ 시간적 제한이 없는 종결

시간적 제한이 없는 종결에서 사회복지사가 언제 종결할 것인가를 결정하는 일은 매우 중요하다. 일반적으로 사회복지사와의 만남을 통해 클라이언트가 얻는 것이 줄어들 때, 즉 원조과정에서 얻는 이득이나 효과가 점차 줄어들어 중요성이 없어질 때가 종결시점이다. 원조관계의 효과가 없다는 말은 클라이언트의 시간과 노력보다 의미 있는 변화가 나타나지 않았으며, 앞으로도 의미 있는 변화를 기대할 수 없는 상태를 말한다. 이런 경우에 사회복지사는 종결시점을 고려하는 것이 바람직하다. 그러나 이런 경우에도 클라이언트는 매우 강한 정서적 반응을 보일 수 있다. 특히 장기간의 개입과정으로 클라이언트의 의존심이 증가하고 전문적 원조관계를 통해 얻는 이득에 만족하는 경우에 종결은 어려워진다.

(2) 계획되지 않은 종결

① 클라이언트의 일방적인 종결

클라이언트의 일방적 종결은 다음과 같은 경우에 일어날 수 있다. 즉, 클라이언트가 약속한 회기에 아무런 연락 없이 오지 않거나, 갑자기 약속을 어기거나 이런저런 이유로 올 수 없다는 핑계를 대고 다시는 자신의 문제를 노출하지 않으면서 종결을 원할 때 등이다. 이처럼 클라이언트는 종결에 대한 의사를 언어로 표현하기보다는 행동화를 통해 간접적인 방법으로 표시한다. 이때 사회복지사는 종결이 클라이언트에게 매우 중요한 문제이므로 신중히 생각할 것을 권하지만 결국에는 클라이언트의 자기결정권을 존중하는 것이 바람직하다.

클라이언트가 일방적으로 종결을 선언한 경우는 대부분 해결되지 못한 저항 때문이거나 문제가 이미 해결되었다는 비현실적인 믿음 때문일 수 있다. 따라서 이런 것들은 직면하여 토론하는 것이 좋다. 그러나 클라이언트에게 원조과정을 계속하도록 강요해서는 안 되며, 언제든지 다시 올 수 있는 여지가 있음을 분명히 알려야 한다. 이렇게 할 경우 클라이언트는 부가적인 서비스 때문에 다시 올 수 있고, 다시 올 때는 이전보다 더 많은 동기부여가 되어 참여할 수 있다.

② 사회복지사의 이동으로 인한 종결

계획되지 않은 종결은 사회복지사의 상황 때문에 발생할 수도 있다. 만약 사회복지사가 원조과정을 지속할 수 없는 사정이 생겼다면 종결할 수밖에 없다. 예를 들어, 사회복지사의 이직, 휴직 등으로 원조관계에 참여할 수 없는 경우 등 개인적인 사정으로 이루어진 종결은 클라이언트와 사회복지사 모두에게 힘든 일이다. 특히 이전에 중요한 관계에서 거부당한 클라이언트는 상처받기 쉽고 자존감이 약해지며, 배신감을 느낄 수 있다. 사회복지사도 자신으로 인해 급하게 종결하므로 죄책감을 보상하기 위해 지나치게 잘 대해주거나 재보증함으로써 클라이언트가 부정적인 감정을 표현하지 못하도록 만들 수 있다. 따라서 사회복지사는 클라이언트가 자신의 감정을 적절하게 처리하도록 도와주고 다른 사회복지사와 함께 일할 수 있도록 준비시키거나(Hepworth et al., 2010), 다른 기관으로 원활하게 의뢰가 이루어지도록 도와야 한다.

2) 종결단계에서의 사회복지사의 과업

성공적인 종결을 위해서 사회복지사는 클라이언트의 감정을 표현하게 하고 토론하는 시간을 가질 필요가 있다. 또한 클라이언트가 개입과정에서 성취하였던 긍정적인 변화결과를 인식하고, 자기효능감(self-efficacy)을 가질 수 있도록 돕는 것이 필요하다(김혜영 외, 2015).

종결단계에서의 과제로는 첫째, 적절한 종결시기의 결정, 둘째, 클라이언트와 사회복지사의 이별과정 중 공통적으로 경험되는 정서적 반응의 정리, 셋째, 제공된 서비스의 목표달성 정도를 평가하고, 넷째, 얻어진 이익(gain)을 유지하며, 계속적 성장계획을 수립하는 것이다(Hepworth et al., 1986; 엄명용 외, 2014). 그리고 필요한 경우에는 클라이언트를 다른 자원으로 의뢰하는 것이라 할 수 있다.

(1) 종결시기의 결정

종결단계에서 사회복지사의 과업은 적절한 종결시기를 결정하는 것이다. 사회복지실천과정에서 계획했던 목표를 달성하고 클라이언트가 스스로 욕구충족과 문제해결을 할 수 있을 만큼 충분한 도움을 받았다고 느꼈을 때, 혹은 더 이상의 진전이 없을 때 종결하는 것이 바람직하다.

사회복지사는 서비스의 종결시기를 결정하기 위해 다음과 같은 몇 가지 요소를 고려해야 한다(Sheafor, 1997).

① 개입목적의 달성 정도

② 서비스의 시간 내 제공 완료 여부

③ 클라이언트 문제상황의 해결 정도

④ 사회복지사와 기관의 투자 노력

⑤ 이득 체감에 대한 사회복지사와 클라이언트의 합의 여부
⑥ 클라이언트의 의존성
⑦ 클라이언트에 대한 새로운 서비스의 적합성 여부

사회복지사는 이러한 요소들을 충분히 고려하여 종결의 시기를 결정해야 한다. 또한 종결과정 자체가 클라이언트에게 긍정적인 경험이 될 수 있도록 노력해야 한다.

(2) 정서적 반응의 처리

종결단계에서 또 다른 과업은 종결에 대한 정서적 반응을 처리하는 것이다. 종결은 공식적으로 도움과 서비스를 주고받던 관계를 단절하게 되는 것이므로 목표가 제대로 잘 달성되었다면 당연히 종결에 대해 만족스러워할 것이다. 그러나 계획되지 않은 조기 종결이 이루어질 경우 미해결된 일이 적체됨에 따라 클라이언트의 인지적·정서적·행동적인 반응이 나타날 것이다(Johnson et al., 2007). 개입과정을 통해 사회복지사와 클라이언트 사이에는 필연적으로 특별한 인간관계가 생겨나는데 이러한 안전하고 우호적인 관계를 떠난다는 것은 클라이언트에게는 예사롭지 않은 감정적 부담이 될 수 있다. 따라서 종결 시기에 일부 클라이언트는 긍정적 감정을 나타내는 경우가 있는가 하면 어떤 클라이언트는 부정적인 반응을 보이기도 한다. 긍정적 태도를 보이는 클라이언트는 실천과정을 통해 성취감과 자신감을 갖게 된 것에 만족스러워한다. 예를 들어, 클라이언트가 수강명령 등에 의해 본인의 의지와 무관하게 서비스를 받는 경우에도 종결은 해방을 의미한다(Johnson et al., 2007). 이들은 대처기술을 익힌 것에 대해 기뻐하고, 종결 이후에 사회복지사의 도움 없이 생활해 나갈 수 있다는 것에 대해 흡족해한다.

종결에 따른 클라이언트의 부정적인 정서적 반응은 이별에 대한 상실감, 분노, 슬픔 등이다. 많은 클라이언트는 살아오는 동안 의미 있는 사람과의 관계에서 거절당하거나 상실과 고통, 유기를 경험하였다. 따라서 상실의 두려움이

나 고통을 회피하고자 사회복지사와의 관계를 지속시키고 싶어 할 수도 있다.

사회복지사는 종결에 대한 클라이언트의 부정적 감정을 직접적으로 표현할 수 있도록 돕고 이에 대해 함께 토론해야 한다. 종결에 대해 강한 거부감을 느끼는 클라이언트의 경우, 다음과 같은 전형적인 종결반응을 나타낸다(Levinson, 1977).

① 사회복지사에게 계속 만나달라고 매달린다.
② 과거의 문제가 재발했다고 말한다.
③ 종결단계에 들어와 새로운 문제가 발생했다고 보고한다.
④ 현재의 사회복지사를 대체할 새로운 대상을 찾는다.

이와 같은 종결반응을 다루는 방법은 다음과 같다.

첫째, 사회복지사는 클라이언트가 자신의 감정을 수용하고 두려움, 불안 등의 감정의 원인이 되는 과거 경험을 검토해 보도록 돕는 것이 중요하다. 감정을 점검해 봄으로써 클라이언트가 경험하는 힘든 감정상태를 거쳐나갈 수 있도록 돕는다.

둘째, 실천과정을 돌이켜 보고 클라이언트가 함께 했던 일에 대해 긍정적 측면을 볼 수 있도록 돕는다.

셋째, 새로운 문제를 왜 제기하였는지를 검토하고 서비스를 계속 제공할 타당한 이유가 있는지를 살펴보아야 한다.

넷째, 클라이언트의 강점을 인식하게 하면서 스스로 할 수 있다는 것을 강조한다.

(3) 개입을 통해 획득한 효과의 유지와 강화

개입은 문제를 해결하기 위해서라면 단기적인 목표에서 시작된다. 그런데 개입을 통해서 문제를 해결하는 방법과 과정을 체험하면서 앞으로 또 다른 문제가 닥쳤을 때 개입을 통해 학습한 문제해결능력을 발휘할 수 있어야 하고, 이러한 능력이 점점 더 강화됨으로써 사회관계를 넓히고 적응이 순조로워야 한다(엄명용 외, 2014). 즉, 사회복지사는 개입과정에서 획득한 바람직한 변화를 안정화하고 계속적인 성장을 할 수 있도록 돕는 것이 중요하다. 변화의 안정화를 위한 한 가지 방법은 개입의 전 과정을 다시 점검하면서 함께 진행해 온 단계들이 삶의 과업에 좀 더 잘 대처할 수 있도록 하는 성장의 단계라는 것을 되새겨 주는 것이다.

그리고 클라이언트의 계속적인 성장을 도모하여야 한다. 사회복지사와 클라이언트는 종결 후의 단계를 논의하면서 필요한 지지와 자원을 획득할 수 있는 방법을 계획해 보고 삶의 다양한 상황에 대처할 수 있도록 한다. 클라이언트가 처음에 제기했던 문제상황과 비슷한 상황이나 혹은 다른 상황에 대처할 수 있는 가능한 방법들을 찾아보도록 한다(Johnson et al., 2007).

개입과정에서 획득한 이득을 유지·강화하기 위해 시도되는 또 다른 방법은 사후관리(follow-up services)이다. 사후관리는 종결이 이루어진 후 일정 기간이 지나서 클라이언트가 잘 적응하고 있는지를 점검하고 원조과정을 통해 얻은 효과와 변화를 유지하고 있는지 확인하기 위해 진행하는 과정이다. 사후관리를 통해 클라이언트는 자기의 노력에 대한 확인과 격려를 받을 수 있어 강화를 경험하게 되고 사회복지사는 필요한 경우 추가적 원조를 제공할 수도 있는 것이다. 또한 종결 시에 사후관리를 언급하는 것은 클라이언트에게 종결의 충격을 완화시켜 주는 이득도 있다(Hepworth et al., 1997).

(4) 의뢰

종결단계에서 클라이언트에게 새로운 서비스가 필요하거나 해결하지 못한 문제가 있다면 다른 자원으로 의뢰(referral)하는 것이 사회복지사의 과업이다. 의뢰란 클라이언트가 기관에서 규정하고 있는 서비스 기준 외의 상황에 사회복지사가 관여하도록 요청할 경우나 사회복지사가 문제를 자신의 전문적 능력이나 서비스 기관의 서비스 기준을 넘어선 것으로 규정할 경우에 취해지는 과정이다. 즉, 사회복지사가 도움을 청하러 온 클라이언트에게 사회복지사 자신이 탐구하는 것보다 다른 기관으로 가보라고 제안하는 것이다(Compton et al., 1984). 종결이 서비스의 완전한 중단을 뜻하는 것이 아닐 때도 종종 있다. 개입과정은 한시적인데 그 제한된 기간 동안 클라이언트의 문제나 욕구가 충분히 해결되기를 기대하기도 어렵고 한 기관이 클라이언트가 요구하는 서비스를 전부 제공하지 못하는 경우도 많다. 이러한 경우 의뢰는 적절한 다른 기관이나 외부자원들과 연결시켜 주는 것을 의미한다(엄명용 외, 2014).

클라이언트를 위해 의뢰가 필요한 경우, 즉 다른 자원과 연결시켜 줄 경우가 자주 있으므로 이 과정에서 몇 가지 주의사항을 유념할 필요가 있다(엄명용 외, 2014).

첫째, 클라이언트에 대한 배려이다. 의뢰로 인해 클라이언트는 거부당했다는 느낌과 새로운 서비스에 대한 불신감, 불안 등을 가지지 않도록 배려하고 의뢰의 필요성에 대해 잘 설명해 주어야 한다.

둘째, 클라이언트의 자기결정권이 존중되어야 한다. 클라이언트에 대해 사회복지사가 최선의 결정을 내려줄 수 있다고 생각하기 쉬운데, 사회복지사는 클라이언트에게 어떤 것이 가장 도움이 될 것인지를 추천하되 결정해 줄 수는 없다. 의뢰의 여러 가지 대안들을 검토한 후 어느 대안이 가장 도움이 될 것인지를 추천하고 클라이언트의 선택을 원조하는 것이다.

셋째, 클라이언트의 욕구에 적합한 자원을 제안할 수 있어야 한다. 사회복지사는 지역사회 내의 다양한 자원과 서비스에 대한 지식을 충분히 갖고 유용한 정보를 제공하여 클라이언트가 잘 알고 판단할 수 있도록 해야 한다.

2. 평 가

사회복지실천과정의 최종단계인 종결에서 사회복지사의 개입활동 전반에 대한 평가가 병행된다. 평가는 개입활동의 결과를 측정함으로써 클라이언트의 목적이 성취되었는가를 확인하고 실행에 효과적이었던 반응과 전략들을 밝혀냄으로써 책무성(accountability)의 검정뿐 아니라 평가 결과에 기반을 둔 향후 서비스의 질 관리에 대한 의사결정에 이바지하게 된다(Gabor et al., 1994).

평가를 통해 사회복지사와 클라이언트는 의도한 바대로 서비스 계획을 이행

했는가의 여부와 목적들이 성취되었는가를 결정짓고 이를 토대로 문제나 목표, 서비스 계획 등이 수정될 수 있으며, 동일한 서비스 계획을 다른 방식으로 수행할 수도 있다. 또한 서비스를 받는 클라이언트뿐 아니라 실천가, 프로그램 관리자, 재원제공자, 정책수립자 등에게 서비스의 질에 관한 정보를 줄 수 있다.

콤튼과 갤러웨이(Compton & Galaway, 1999)는 평가에서 다루어야 할 구체적 내용에 대해 다음과 같이 제시하고 있다.

첫째, 클라이언트와 함께 개입계획의 효율성 및 효과성을 사정한다.

둘째, 사회복지사와 클라이언트가 의도한 대로 서비스 계획을 수행하였는가를 결정한다.

셋째, 해당 기관에서 제공된 프로그램과 서비스들을 동료들과 함께 사정한다.

넷째, 프로그램 평가를 통해 산출되는 지식을 사회복지사와 클라이언트가 효과적 접근들을 선택하도록 돕는 데 사용한다.

다섯째, 의도하지 않았던 결과들에 대해 주의를 기울여야 하며, 개입이 지닐 수 있는 해로운 영향력을 차단시키는 데 적절한 조치를 취한다.

여섯째, 서비스 계획을 평가하는 데 기록을 항상 활용한다.

평가는 사회복지실천과정 동안 지속해서 시행되지만 종결단계에서의 평가가 매우 중요하다. 이는 사회복지사와 클라이언트가 변화되기를 기대했던 결과들이 실제로 나타났는가를 확인하는 과정이기 때문이다. 이러한 평가를 위해서 사회복지사는 계획수립 단계부터 평가계획을 세우는 것이 바람직하다(조학래, 2016).

1) 평가의 의의와 목적

일반적으로 사회복지사와 클라이언트는 사회복지실천이 성공적으로 진행되었는가, 개입의 목적과 목표가 달성되었는가, 그리고 바람직한 결과가 성취되었는가를 알고 싶어 한다. 이러한 궁금증은 일상생활의 상식적인 차원에서도 일어날 수 있는 것이지만 하나의 과학으로서 사회복지실천은 이러한 요구에 대하여 보다 체계적이고 전문적인 차원에서 접근할 것을 필요로 한다.

사회복지실천의 평가는 이러한 의문에 매우 구체적으로 응답하려는 과학적인 시도이다. 흔히 사회복지실천이 사회복지사와 클라이언트가 공통으로 추구하는 바람직한 결과의 도출에 일차적인 목표를 두고 있는 반면 사회복지실천 평가는 그러한 구도에서 의도된 목표가 달성되었는가를 과학적으로 판단하는 것이라 하겠다. 그러한 평가는 문제해결과정의 마지막 단계라고도 할 수 있다(Compton & Galaway, 1999).

사회복지실천에 있어서 평가는 사회복지실천의 과학성과 전문성을 강화해 주고 클라이언트에 대한 책임성을 높여준다는 면에서 매우 중요한 의미를 지니고 있다. 사회복지사는 서비스 전달과정에서 사회복지전문직의 윤리와 가치를 지키면서, 클라이언트와 계약한 내용대로 서비스를 제공하고, 기관의 정책 및 지침에 적합한 서비스를 제공할 책임이 있다(Johnson et al., 2007).

사회복지실천에서 평가는 나음과 같은 측면에서 중요하다(최해경, 2009).

첫째, 클라이언트의 욕구충족이나 문제해결의 목표를 달성했는가를 측정(효과성)할 수 있다.

둘째, 평가를 통해 사회복지실천이 얼마나 효율적이었는가를 측정할 수 있다.

셋째, 평가를 통해 자원이 적절하게 사용되었는가를 보여줌으로써 사회복지사의 책무성을 입증할 수 있다.

넷째, 클라이언트의 변화나 사례의 진행 정도에 대해 클라이언트와 지역사회에 알려줄 책임성을 이행할 수 있다.

다섯째, 사회복지실천과정에서 클라이언트가 어떻게 반응했는가, 계획했던 변화가 나타났는가 등 변화과정에 대한 점검을 할 수 있다.

여섯째, 클라이언트에게 긍정적인 변화가 나타났다면 변화에 영향을 미친 변수들에 대한 지식을 얻을 수 있을 뿐만 아니라 원조과정을 점검하고 평가함으로써 사회복지사의 능력을 향상할 수 있다.

특히 프로그램 평가를 해야 하는 이유를 존슨과 얀카(Johnson & Yanca, 2001)는 다음과 같이 제시하였다(김기태 외, 2012).

첫째, 프로그램이 목적을 어떻게 효과적으로 충족시키는가를 확인해야 하기 때문이다.

둘째, 프로그램을 재구성하거나 더욱 효과적으로 관리하기 위한 정보를 얻기 위해서이다.

셋째, 다른 사람들이 따라야 할 모델을 파악하거나 문제에 대한 이론이나 접근법을 시험해야 할 필요성이 있기 때문이다.

넷째, 효과성을 위해 스텝구성원들이 무엇을 필요로 하는가를 발견하기 위해서이다.

다섯째, 클라이언트의 관점에서 프로그램이 어떻게 잘 시행되고 있는가, 그리고 더욱 효과적이 될 수 있는가에 대하여 확인해야 하기 때문이다.

여섯째, 공공기관과의 관계 및 기금마련 노력을 개선하기 위해서이다.

일곱째, 재원의 요구사항들을 만족시키기 위해서이다.

2) 평가유형

사회복지 기관 및 시설은 한정된 자원과 서비스를 전문직의 가치에 적합한 방식으로 배분하는 것이 중요하다. 다시 말해, 서비스의 효율성과 만족도를 최대화하여 사회복지실천의 책임을 다하는 것이 필요하다. 이러한 책무성은 곧 사회복지실천의 전문성을 입증하는 것이기도 하다. 이를 위해 실천과정에서 개입의 효과성 및 효율성에 대한 검증과 그 평가방법이 중요하다고 하겠다(김혜영 외, 2015).

헵워스 등(Hepworth et al., 1993)은 평가를 실천과정 중의 세 가지 다른 차원에서 이루어져야 할 활동으로 설명하면서 결과평가, 과정평가, 그리고 사회복지사 평가의 영역으로 구분해서 설명하였다. 결과평가는 성취된 결과들에 대한 사정을 의미하며, 과정평가는 원조과정에 대한 클라이언트의 인식과 관련해서 이루어진다고 하였다. 사회복지사에 대한 평가는 사회복지사 자신의 행동, 태도 및 속성들이 원조과정에 어떠한 방식으로 긍정 혹은 부정적 영향을 미쳤는가에 대한 피드백을 통해 이루어진다고 하였다.

콤튼과 갤러웨이(Compton & Galaway, 1999)는 프로그램 평가 영역들의 구체적 설명을 통해 욕구사정, 평가 가능성 사정, 과정분석, 결과분석, 프로그램 모니터링으로 평가유형을 구분하였다.

재스트로(Zastrow, 2007)는 평가유형을 사례평가와 프로그램 평가로 구분하여 설명하였는데, 사례평가는 사회복지사가 개입한 특정한 사례를 대상으로 평가하는 것이고, 프로그램 평가는 기관의 서비스나 프로그램을 평가하는 것이라 하였다(김혜영 외, 2015). 구체적인 내용은 다음과 같다.

(1) 사례평가

사례평가의 내용은 실천기술의 효과성을 측정하는 것이고 평가대상은 서비스를 제공받은 개인 혹은 집단이 된다. 특정 사례에 대한 평가는 결과평가와 과정평가, 클라이언트의 만족도로 구성된다.

① 결과평가

결과평가(outcome evaluation)는 클라이언트의 욕구충족이나 문제해결을 돕기 위해 서비스 계획 수립 시에 사회복지사와 클라이언트가 함께 설정하였던 목표가 원하는 바대로 달성되었는가에 초점을 둔다. 총괄평가(summative evaluation)라고도 불리는 이 방법은 개입방법의 효과성과 효율성을 평가한다. 따라서 현재의 결과가 사회복지사의 개입으로 인한 것이라는 점을 입증해야 한다.

결과평가는 주로 실험조사 설계를 활용하여 인과관계를 파악하고 그 결과에 초점을 둔다. 예를 들면, 문제의 빈도(정시에 일하러 가기, 처방된 약물을 구하기, 과제완성 등), 문제의 심각성(불안, 우울점수 등), 혹은 과업달성(직업 구하기, 과제완성 등)과 같은 변화를 측정하게 된다. 이와 같이 측정 가능한 항목들은 클라이언트가 서비스를 제공받기 이전인 원래 상태와 비교할 때 변화 정도를 파악하기 쉽도록 도움을 준다(Hepworth et al., 2006).

② 과정평가

과정평가(process evaluation)는 실천의 과정을 살펴보는 것으로 서비스 제공의 여러 단계에서 진행한 활동들이 목표달성에 어떻게 기여했는가에 초점이 맞추어진다. 즉, 결과평가에서 간과되기 쉬운 개입이나 프로그램의 준비, 진행, 종결과정 등이 계획대로 시행되고 있는지를 분석하는 평가이다. 필요할 경우 개입계획을 수정·보완하는 지침으로 활용될 수도 있다. 이러한 의미에서 과정평가는 원조과정의 점검이라고 할 수 있다(조학래, 2016). 과정평가는 "어떤 서비스를, 누가, 누구를 위해, 얼마나 많은 이용자에게, 얼마 동안, 얼마의 비용으로 제공했는가?"라는 질문에 대한 답을 찾는 것이다(이봉주 외, 2012).

실천과정에서 진전(progress)에 도움이 되거나 방해가 되었던 방법과 기술에 대한 피드백은 사회복지사로 하여금 특정한 기술을 연마하고, 미래에 보다 차별화된 기법을 활용하도록 돕는다.

형성평가(formative evaluation)라고도 불리는 이 방법은 프로그램의 요소들이 원하는 변화를 가져오는 데 효과적이었는지, 사용했던 기법이 기관의 일반적인 규준에 맞는 것인지를 평가한다. 예를 들어, 자기주장적인 클라이언트에게 사용했던 기법은 우울한 클라이언트에게는 오히려 역효과를 가져올 수 있다(Hepworth et al., 2006).

과정평가의 도구는 변화를 달성하는 데 도움이 되었던 실천과정의 측면을 구체적으로 측정하기 위해 사용된다. 개입과정의 효과성을 정확하게 측정하기 위해서는 면담기록, 클라이언트의 자기 모니터링, 관찰 등 여러 가지 방법을 병행하는 것이 바람직하다.

③ 클라이언트의 만족도

사회복지사가 제공했던 서비스에 대한 클라이언트의 만족도를 알아보는 것으로 종결단계나 사후관리 기간에 설문지에 답변하게 한다.

사회복지사의 서비스에 대해 "앞으로 가족 혹은 친구에게 이 서비스를 추천하고 싶은가?", "제공되지 않은 서비스 중 추가적으로 필요한 것이 있다고 생각하는가?" 등의 내용을 포함한다(Hepworth et al., 2006). 그 외에도 사회복지실천 현장 구성원의 친절도, 시설의 편리성 등에 대해서도 조사할 수 있다.

(2) 프로그램 평가

프로그램 평가(program evaluation)는 다수의 클라이언트나 전체 지역사회 단위에 제공되는 가족상담, 사례관리, 위탁가정보호 등과 같은 프로그램의 효과성과 효율성을 평가하는 것이다. 기관은 지속적으로 기관의 소명, 목적, 프로그램의 필요성에 대하여 평가해야 할 의무가 있다. 이 평가는 서비스 공급의 효율성을 검토하는 것으로도 볼 수 있다. 프로그램 평가의 목적은 첫째, 새로운 서비스가 필요하다는 점을 기금제공자와 일반 대중에게 증명하고, 둘째, 지역사회의 승인과 재가를 위해, 셋째, 클라이언트 입장에서 볼 때 프로그램이 얼마나 좋은 것이었는지, 또는 개선되어야 할 점은 무엇인지를 알기 위해, 넷째, 사회복지사의 능력 향상에 필요한 정보제공을 위한 것이다.

프로그램 평가의 내용은 임상적 치료기법에 대한 것이 아니라, 정책이나 프로그램에 대한 것이다. 따라서 평가의 대상은 프로그램을 실시한 표적집단이 된다(Zastrow, 2007).

3) 평가에 요구되는 지식 및 기법

일반적으로 사회복지실천에서는 기본 요소인 가치, 지식, 기술 등을 강조한다.

바틀렛(Bartlett, 1970)은 『사회복지실천의 공동기반(The Base of Social Work)』에서 사회복지활동은 확고한 지식을 기반으로 이루어져야 하고, 지식이 실천을 이끌어 나가야 한다고 주장하였다.

또한 마타이니와 로워리(Mattaini & Lowery, 2007)는 2007년에 발간한 『사회복지실천의 기반(Foundations of Social Work Practice)』 중 '지식기반'에 대해 다루는 부분에서 사회복지실천이 개인(생리적 · 정서적 · 행동적 · 사회적 존재)과 가족, 집단, 지역사회, 조직(사회문화적 실재), 개인과 사회적 실재와 물리적 세계 사이의 관계를 다루며, 이들이 실천의 '원재료(raw materials)'가 되기 때문에 이에 대한 지식을 갖추는 것이 필요하고, 아울러 사회문제나 실천에 대한 지식뿐 아니라 이를 뒷받침하는 생리학, 유전학, 생태학, 행동과학과 큰 체계를 조사하는 원리들인 사회학, 인류학, 문화분석을 포함하는 기초과학에 대한 지식을 갖추는 것이 필요하다고 하였다(김혜영 외, 2015).

클라이언트와 함께 일하는 사회복지사는 개인의 변화 및 사회변화의 실천과정에서 사회복지실천을 위한 기반으로서의 실천지식을 갖추고 구체적인 실천방법과 기술들을 익히고 훈련하는 것이 필요하다.

평가단계에서도 사회복지실천 지식은 다양하게 활용되어 이해도를 높이는 데 도움을 주는데, 클라이언트의 원조 및 선택과 관련하여 개별화와 자기결정의 원칙, 행동 및 감정과 태도 변화 조사와 관련해서는 사회복지사의 의도적 감정표현을 장려하게 된다. 만약 의도되었던 진전이 없을 경우 사회복지사는 클라이언트 체계에 대해 비심판적 태도를 견지하면서 그 원인과 계획의 재형성에 초점을 두어야 할 것이다. 이와 함께 평가에서는 개인적 요인과 환경적 요인을 동시에 고려하는 '환경 속의 인간(person in environment)'을 이해할 수 있기 위해 인간에 대한 이해, 환경에 대한 이해, 이들의 교류에 대한 이해와 개선할 수 있는 실천방법에 관한 내용을 포함하여야 한다. 아울러 사회복지사는 '환경 속의 인간' 관점을 유지하며, 클라이언트 체계와 상호작용하고 영향을 미치는 여러 복합적인 요소들에 민감해질 필요가 있다.

이상과 같은 지식들 이외에도 평가과정을 촉진시키는 기술(기법)들도 중요한데 존슨과 얀카(Johnson & Yanca, 2001)는 특히 기록과 조사상의 기법들이 평가과정에서 중심적으로 활용되어야 한다고 강조했다. 사회복지사의 전문적 발전에 있어 중요한 수단이 되는 기록에는 과정기록을 비롯하여 요약기록, 문제중심 기록, 변화중심 혹은 욕구중심 기록 등이 있으며, 이 외에도 직접적 관찰이나 비디오, 오디오를 통한 녹화 및 녹음 등의 모든 형태로 대체될 수 있다(김기태 외, 2012 재인용).

콤튼과 갤러웨이(Compton & Galaway, 1999) 또한 평가과정에서 기록의 중요성을 강조하면서 사회복지사들이 준수해야 할 몇 가지의 기록지침을 제시했다(김기태 외, 2012).

첫째, 미루지 말고 항상 그때그때마다 기록한다.

둘째, 날짜, 장소 및 접촉한 사람 등과 같이 접촉 시의 모든 사항들을 기록한다.

셋째, 보고 들은 관찰에 기초해서 사실성을 유지한다.

넷째, 예민한 단어나 어구의 사용을 피한다.

다섯째, 중요한 정보를 빠뜨려서는 안 되지만 가능한 한 간략하게 기록한다.

여섯째, 사후관리가 요구되는 어떠한 형태의 동의들을 기록해야 한다.

일곱째, 기록은 어떠한 목적과 직접적 연관성이 있어야 한다.

또한 평가단계에서는 다양한 조사기법이 활용되는데 이에 대한 이유를 존슨과 얀카(Johnson & Yanca, 2001)는 다음과 같이 설명했다. 사회복지사는 실천에서 첫째, 서비스의 성공이나 실패를 평가하기 위해, 둘째, 실천가로서의 사회복지사 자신과 스스로의 강점 및 한계점 등을 평가하기 위해, 셋째, 다양한 접근법들과 기법들의 잠정적 사용을 평가하기 위해 조사기법에 익숙해야 한다.

그리고 클라이언트 체계의 변화를 측정하는 데 사용할 조사절차 및 기법들을 선택할 때 사회복지사는 다음의 사항들을 준수해야 한다(Timberlake et al., 2002, 김기태 외, 2012 재인용).

첫째, 구체적 측정도구들은 반드시 타당성을 지녀야 한다. 즉, 선택된 도구가 측정하고자 하는 것만을 측정한다는 점을 확실히 해야 한다. 표준화된 도구를 사용할 경우 명시된 타당도를 살펴보아야 할 것이다.

둘째, 선택된 도구들은 반드시 신뢰성을 지녀야 한다. 즉, 측정도구는 같은 상황에서 측정이 반복되더라도 유사한 결과를 산출해야 할 것이다.

셋째, 측정절차는 클라이언트가 사용하기에 쉽고 간략해야 한다. 대개 15분에서 20분가량이 소요되는 분량의 측정도구가 적당하다.

넷째, 측정절차는 변화유형의 차이점뿐만 아니라 다소 미미한 변화수준 또한 발견할 수 있어야 할 것이다.

다섯째, 측정절차는 비반응적(nonreactive)이어야 하며, 현재 측정되고 있는 현상을 변화시키거나 영향을 미치지 않으면서 차이점들을 발견할 수 있어야 한다.

여섯째, 단일체계 디자인을 사용할 경우 측정디자인은 변화를 추적하고 모니터링하며 평가하는 데 적합해야 한다.

평가는 검정된 평가도구 및 설문검사지, 문제상황의 변화 정도에 대한 평가, 참여자의 피드백 등을 활용한 객관적 자료가 요구된다. 사회복지사는 클라이언트와의 면접 시 개입과정에서 무엇을 했고, 어떻게 느꼈으며, 무슨 생각을 했는지 등을 파악한다. 여기서 클라이언트의 변화에 따라 개입을 조정한다. 더불어 특정한 문제영역이나 강점에 초점을 둔 간단한 표준화된 질문지 혹은 척도로 구성되어 신속하게 사정·평가할 수 있는 도구가 개발되어 클라이언트와의 직접면접 혹은 클라이언트를 대신해서 얻을 수 있는 정보의 신뢰성, 타당성 및 유용성을 증진시켰다(남연희 외, 2012).

(1) 사례연구

사례연구는 사회복지실천과정의 결과를 평가하는 가장 오래된 방법으로 클라이언트의 변화를 평가하기 위해 이야기, 도표, 그림 등을 사용하는 질적 평가 방법 중의 하나이다.

사례연구에서 사회복지사는 측정도구, 행동변화의 기록, 모니터링, 과정기록, 이론적 틀에 대한 비판, 각각의 실천요소 수행에 대한 철저한 검토, 클라이언트의 만족도 등 여러 가지 평가수단을 활용한다(Bisman, 1994).

(2) 단일사례설계

사회복지실천 중 직접적 서비스에서 가장 많이 사용되는 평가기법은 단일사례설계이다. 이 기법은 개입 전에 기준선을 설정할 수 있어야 하고, 빈도, 강도, 지속기간 등으로 손쉽게 측정 가능한 구체적 행동이 있거나 개입의 초점이 명확할 때 적용할 수 있다. 예를 들어, 폭력행동, 과식, 아동의 야뇨증, 산만함 등 행동문제나 우울, 불안과 같은 정서문제 등의 변화를 측정할 때 광범위하게 활용할 수 있다(김혜영 외, 2015).

단일사례설계(SSD : Single-Subject Design)는 문제해결이나 변화결과를 평가하는 데 적합한 조사방법이다. 어떤 규모의 클라이언트 체계에도 적용 가능하며, 개인, 가족, 집단, 프로그램, 조직 또는 지역사회를 대상으로 할 수 있다. 단일사례설계는 무엇보다 사회복지사의 개입 전과 개입 후 클라이언트의 상태를 비교함으로써 개입의 효과를 과학적으로 증명할 수 있다. 클라이언트의 변화를 그래프를 통해 표현하기 때문에 클라이언트의 치료동기를 높일 수 있다. 특히 개입으로 인한 변화가 없더라도 사회복지사와 클라이언트가 문제를 점검하여 즉각적이고 실제적인 환류를 주고받을 수 있다. 또한 개입 중에도 언제든지 자료를 검토할 수 있어 개입방법을 수정하거나 개입을 보완하는 것도 가능하다(조학래, 2016).

평가는 사회복지실천과 마찬가지로 문제해결과정에 기초를 둔다. 그러나 실천과 평가의 차이점은 강조점을 어디에 두느냐에 달려있다. 즉, 사회복지실천의 복석이 원하는 결과를 이끌어 내는 것이라면, 평가의 목적은 실제로 결과가 달성되었는지를 검토하는 것이다.

재스트루(Zastrow, 2007)는 단일체계설계에 있어서 실행절차를 다음과 같은 단계로 분류하고 있다.

첫째, 사회복지사가 클라이언트와 함께 일해야 할 목적을 구체화해야 한다. 클라이언트의 욕구와 바람을 반영해야 하고, 무엇보다도 현실적으로 달성할 수 있는 것이어야 하며, 목표달성의 결과를 구체적으로 정의하고, 측정할 수 있어야 한다.

둘째, 알맞은 측정도구(방식)를 선택해야 한다. 클라이언트가 변화하길 원하는 결과를 측정하기 위해 신뢰성 있는 도구가 필요한데, 측정이란 결과를 수량화하는 것으로 변화가 일어났는지 아닌지 여부를 알아보는 것이다. 클라이언트의 원래 상태로부터 변화된 결과를 측정하는 세 가지 방식으로는 직접관찰, 자기보고식 척도, 설문지와 같은 표준화된 척도를 들 수 있다.

셋째, 기초선 자료를 기록해야 한다. 기초선(기준선)이란 개입 전에 사전조사를 통해 클라이언트의 원래 상태를 파악해 두는 것이다. 즉, 표적행동이 일어나는 빈도, 강도 그리고 기간 등을 1~2주에 걸쳐 관찰하여 기록한 내용이 된다. 이때 2단계에서 선택한 측정도구를 활용하여 기준선을 설정한다. 기준선 측정의 목적은 개입 전 상태와 개입 중간 또는 개입 후의 결과를 비교하기 위한 기준을 제공하는 것이다.

넷째, 개입방법을 선택해야 한다. 효과적 실천을 위해서는 최선의 개입모델을 선택해야 하는데, 선택한 개입방법이 효과적일 것이라는 경험적 근거가 뒷받침되어야 한다.

다섯째, 개입을 실행하며 모니터링을 계속해야 한다. 계획에 의해 사회복지사는 개입이 진행되는 과정 일체를 일일이 점검하고 기록하며, 필요에 따라 그래프를 작성할 수도 있다.

여섯째, 변화를 사정해야 한다. 즉, 개입이 이루어진 후에 어떠한 변화가 일어나게 되었는지를 살펴보아야 하는데 기준선 설정에 사용하였던 측정도구를 활용하여 변화를 측정한 다음, 기준선과 변화결과를 비교해 볼 수 있다.

일곱째, 효과를 추론한다. 즉, 개입이 효과적이었다는 것을 추론하기 위해 클라이언트에게 일어난 변화가 개입에 의한 것임을 논리적으로 보여줄 수 있어야 한다. 개입과 변화된 결과 간의 인과관계는 개입이 시작된 직후부터 일어나기 시작한 변화에 의해서만 성립될 수 있다. 만일 개입 후 지나치게 오랜 시간이 지난 후에 변화가 일어났다면 다른 추가적인 설명이 필요할 것이다.

(3) 목표달성평가

목표달성척도(GAS : Goal Attainment Scaling)는 개입과정 동안 클라이언트의 목표가 달성된 정도를 점수화하는 방법으로 개발되었고, 주로 구체적 과업의 완수를 측정할 경우 활용이 된다(Sheafor et al., 2008). 목표는 바라는 결과에 도달하기 위해 필요한 클라이언트 혹은 사회복지사의 행동이나 결정을 말한다.

이 평가방법은 정신건강, 약물남용 프로그램, 보호관찰 등 많은 실천현장에서 사용되어 왔다. 목표달성평가는 서비스가 상대적으로 단기적이고 활동들이 구체적일 때 특히 유용하다. 목표달성평가의 형식은 각 세부 목표에 대한 성취 정도를 서열척도로 평가한다. 각 목표에 대한 평가점수들을 합계해서 최고점수 합계로 나누면 성공률이 계산된다. 예를 들면, 대인관계, 직무수행, 양육행동 등 클라이언트의 주요한 기능수행 영역에 관한 것으로 개입에 의해 영향을 받을 것으로 예상할 수 있다(서울대사회복지실천연구회 역, 1998).

이 척도는 단일사례설계로 클라이언트에 대한 개입의 효과성을 평가하는 것이 적합하지 않을 때 사용할 수 있고, 특히 클라이언트의 문제가 아니라 바람직한 상태에 초점을 둔다는 점에서 긍정적이라 할 수 있다.

(4) 클라이언트 만족도 평가

클라이언트 만족도 조사는 사회복지기관이 제공한 서비스에 관한 클라이언트의 의견을 구하는 것이다(Sheafor et al., 2008). 개입기간 동안 클라이언트에게 제공된 서비스의 만족도를 묻는 기법으로 가장 단순하지만 자주 사용된다. 사회복지사는 클라이언트에게 기관의 인상, 개입의 성공 정도, 담당자의 역량 등 원조과정의 중요한 측면들에 대한 만족도를 평가하도록 한다.

일반적으로 클라이언트의 만족도를 평가할 때는 다음과 같은 사항을 고려할 필요가 있다(Royse, 2011).

첫째, 신뢰도와 타당도가 검증된 도구를 사용한다.

둘째, 기초선과 자료의 추세를 파악하기 위해 같은 도구를 반복해서 사용한다.

셋째, 평가조사는 정기적으로 실시한다.

넷째, 평가도구는 최소한 한 문항 이상의 개방형 질문을 포함하여 충분한 정보를 수집해야 한다.

그러나 클라이언트 만족도 평가의 한계점도 있다. 먼저 만족도 평가는 인식과 다를 수 있으며 시간이 지나면서 인식이 변화할 수 있음에도 불구하고 개입의 결과로 일어난 것에 대한 클라이언트의 인식만을 파악한다는 점과 평가도구가 대체로 기관에서 제작된 경우로 신뢰도와 타당도를 알 수 없다는 점(황성동, 2015), 그리고 참여자 선정의 오류, 즉 원조과정에 적극적으로 참여했거나 좋은 인상을 받은 클라이언트만 응답하는 경향 때문에 결과가 긍정적인 방향으로 편향되어 나타날 수 있다는 점이다(엄명용 외, 2016).

〈표 14-1〉 사회복지서비스 이용자 만족도 척도

응답 범주	1-전혀 그렇지 않다 2-그렇지 않다 3-보통이다 4-그렇다 5-매우 그렇다
요인	문항
전문성	1. 나는 도움이 필요할 때마다 이곳의 직원에게 도움을 요청할 수 있다. ( ) 2. 이곳은 내가 가진 불만이나 이의사항을 적절하게 해결하여 준다. ( ) 3. 나는 이곳의 직원에게 속마음을 털어놓을 수 있을 것 같다. ( ) 4. 이곳의 직원은 나를 도울 수 있는 전문적인 지식과 기술을 가지고 있다. ( ) 5. 나는 이곳에서 진정으로 내가 필요로 하는 도움을 받았다. ( ) 6. 이곳의 직원은 내 문제를 진지하게 듣고 진지하게 다룬다. ( ) 7. 주위 사람들은 내가 이곳에서 긍정적으로 변화되었다고 말한다. ( ) 8. 이곳은 내 이야기에 대해 비밀보장을 잘 지킨다. ( ) 9. 이곳의 직원은 나와 한 약속을 정확하게 지킨다. ( ) 10. 이곳에서는 내가 문제를 해결할 수 있도록 적극 지지해 주고 도와준다. ( ) 11. 이곳은 문제를 해결할 때 나의 결정을 우선시하고 존중한다. ( ) 12. 이곳의 직원은 언제나 긍정적이고 좋은 면을 이야기해 준다. ( ) 13. 이곳의 직원은 내가 무엇을 원하고 필요로 하는지 안다. ( )
상호 작용	14. 이곳의 직원은 서비스 내용과 이용자의 권리에 대해 자세히 설명해 준다.( ) 15. 이곳의 직원은 서비스를 제공할 때 나를 존중하고 예의 바르게 대한다. ( ) 16. 이곳에서 받은 서비스는 나에게 큰 도움이 된다. ( ) 17. 이곳의 직원과 면담이나 통화하는 것이 편리하다. ( ) 18. 이곳의 직원은 서비스 이용절차를 이해하기 쉽게 친절히 설명해 준다. ( ) 19. 이곳의 직원은 내 심정을 진심으로 이해하고 나를 도와주는 것 같다. ( ) 20. 만일 다시 도움이 필요하면 이곳을 이용할 것이다. ( ) 21. 나는 이곳의 직원과 이야기하면서 편안함을 느꼈다. ( )

출처 : 김용석(2009). 사회복지서비스 이용자 만족도 척도의 개발과 평가. 한국사회복지행정학, 11(3), 160.

(5) 동료 검토

동료 검토는 사회복지사의 원조과정을 동료 사회복지사가 공식적으로 평가하는 것으로 기관의 클라이언트, 정책, 절차 등을 이해하고 있는 동료 사회복지사가 정기적으로 검토하는 품질관리활동의 한 형태이다. 동료 검토는 개입의 결과보다 과정에 초점을 두며, 좋은 실천활동이란 어떤 것인지에 대한 기준과 원칙을 논의하면서 발전시키는 것이다. 이때 평가기준은 10개를 넘지 않는 것이 좋으며, 참여하는 동료 검토자는 검토할 사례를 선정하는 절차에 동의할 필요가 있다. 일반적으로 한 달에 한 번 정도 정기 평가회를 시행하는데 30분 정도를 넘어서는 안 된다(조흥식 외, 2009). 이 방법의 목적은 사회복지사 개인의 개입과정에서 나타나는 문제점을 수정하고 개선을 도모하며, 필요하다면 기관의 정책이나 절차에 대한 수정을 요구하려는 것이다(엄명용 외, 2011).

15

사례관리

1. 사례관리 철학 및 개념
2. 사례관리의 등장배경
3. 사례관리의 과정
4. 사례관리의 적용사례

15 CHAPTER 사례관리

학습목표

- 사례관리의 개념을 정의하고 이를 말로 설명할 수 있다.
- 사례관리의 등장배경 일곱 가지를 제시하고 각각의 의미를 말로 설명할 수 있다.
- 사례관리의 과정 여섯 가지를 제시하고 각각의 의미를 말로 설명할 수 있다.
- 어떤 사례를 제시하면 사례관리의 과정에 따라 사례관리자의 역할을 수행할 수 있는지 이해할 수 있다.

사회복지실천에서 사례관리란 다양하고 복합적인 문제를 지닌 클라이언트의 문제를 해결하기 위해서 클라이언트의 개별적인 상황에 맞추어서 원조계획을 수립하고 관계된 여러 공공과 민간의 제반 서비스를 적절하게 연결하고 조정하는 서비스 혹은 서비스 체계를 의미한다.

사례관리는 보건 및 사회서비스 분야의 다양하고 복잡한 문제에 대한 해답으로 폭넓게 받아들이고 있다. 특히 만성 정신장애인, 지체 및 발달장애인, 그리고 만성질환을 가진 노인복지 영역에서 유용한 접근방법으로 널리 사용된 사회복지실천의 방법이다.

사례관리의 주된 대상인 집단(즉, 정신장애인, 만성질환을 갖고 있는 노인 등)에 대한 서비스는 기관의 범주에 한정된 서비스를 제공하기보다는 클라이언트의 개별적인 욕구에 초점을 두고, 기관은 물론이고 지역사회의 다양한 서비스 자원들을 연결하고 조정할 필요성이 높다.

복합적인 욕구를 지닌 클라이언트의 증가와 사회복지서비스의 확대 및 지역사회 중심의 사회복지서비스의 확대와 같은 사회환경 변화에 따라 사회복지사들에게 사례관리에 대한 이해와 활용능력이 매우 높게 요구되고 있다. 최근에는 공공기관의 서비스를 민간과 협력하여 효율적이고 효과적인 서비스를 제공하려는 움직임이 활발하게 일어나고 있는바 향후 사례관리전문가의 수요는 크게 확대될 가능성이 있으므로 사회복지사들은 사례관리에 대한 전문적인 능력이 요구되고 있다.

이 장에서는 사례관리 실천에 대한 기본적인 지식과 활용능력을 갖추도록 하는 데 필요한 내용을 사례관리 철학 및 개념, 사례관리의 등장배경, 사례관리의 과정, 그리고 사례관리의 적용사례 등을 중심으로 살펴보고자 한다.

1. 사례관리 철학 및 개념

1) 개 념

사례관리가 본격적으로 등장하게 된 것은 1970년대이지만 이미 1960년대부터 그 단초는 마련이 되었다. 즉, 1960년대 미국에서 정신질환자의 시설중심 서비스를 지양하고 탈시설화를 진행하면서 시설중심에서 지역사회 중심의 각종 서비스를 제공하고 조정 및 보호하려는 시도가 있었다. 그리고 인구사회학적으로 노인과 장애인과 같은 복합적인 욕구를 지닌 만성질환자의 서비스 대상이 증가하면서 사례관리의 필요성이 대두되었다. 그리고 1980년대 미국의 신보수주의 정부가 등장하면서 사회복지서비스의 공급주체가 연방정부에서 지방정부로 분권화가 시작되면서 서비스 제공의 효율화 문제가 제기되었다. 한정된 복지자원의 효율적 배분과 새로운 서비스 전달방식에 대한 관심이 고조되면서 사례관리가 본격적으로 시작되었다.

위와 같은 시대적 배경을 통해 사례관리가 시작되었고 급속히 성장하게 된 것은 1980년대 초반 이후부터이다. 인구통계학적 배경과 지방분권을 통한 서비스망의 다양화가 시작되었고 학문적으로도 사회적 관계망과 지지체계의 중요성이 강조되면서 새롭고 효과적인 사회복지실천방법론의 필요성이 요구되면서 사례관리가 본격적으로 자리를 잡게 되었다. 현재 대구광역시 같은 경우는 민관합동사례관리 체계를 구축하고 대구의 27개 종합사회복지관을 거점으로 하여 효과적인 사례관리를 통해 복지서비스의 사각지대를 해소하고 서비스 배분의 효율성을 향상시키고자 시도하고 있다.

그러나 사례관리는 한 가지 단일한 개념으로 정의를 내리기는 매우 어렵다. 즉, 사회복지실천의 역사에서 사례관리는 대상자의 욕구, 서비스의 목적 및 서비스 제공자의 역할에 따라 다양하고 포괄적인 형태로 적용되어 왔기 때문이다. 여기에서는 사례관리에 대한 여러 학자들이 정의를 정리해 보고 이러한 관점들을 요약해서 사례관리의 개념을 정리해 보고자 한다. 여러 학자들의 사례관리에 관한 다양한 견해들을 정리해 보면 다음과 같다.

존슨과 루빈(Johnson & Rubin, 1983)의 견해에 따르면, 사례관리란 "사례관리자가 클라이언트를 복잡한 서비스 전달체계와 연계시켜 적절한 서비스를 받을 수 있도록 책임을 지는 것"으로, 바커(Barker, 1991)는 사례관리란 "사례관리를 클라이언트나 클라이언트의 집단을 위해 모든 원조활동을 조정하는 절차"로 정의하면서 한 기관 혹은 다양한 기관의 사회복지사들이 전문적인 팀워크를 통해 클라이언트에게 제공될 서비스를 조정하고 필요한 서비스를 확대하며 전문적인 서비스 제공과정을 점검하고 평가하여 재사정하는 과정이라고 하였다.

목슬레이(Moxley, 1986)는 사례관리란 "복합적 욕구를 가진 사람들의 기능화와 복지를 위해 공식적·비공식적 지원과 활동의 망을 조직·조정·유지하는 것"으로 개념 정의를 하고 있으며 그 구체적 내용으로는 서비스와 지원들을 이용하고 접근하는 데 있어서 가능한 한 클라이언트 자신의 생활기술을 증진시키도록 하는 것, 클라이언트의 복지와 기능화를 증진시키기 위해 사회적 망과 관련 대인복지서비스 제공자들의 능력을 발전시키도록 하는 것, 그리고 가능한 한 가장 효율적인 방법으로 전달되는 서비스 및 지원이 되도록 하고, 동시에 서비스의 효과성을 증진시키도록 하는 것으로 개념을 정의하고 있다. 목슬레이의 정의는 여러 가지 정의 중에서 가장 고전적이고 널리 인정받는 정의에 해당한다.

마에다(前田大作, 1990)는 사례관리란 "허약하고 장애가 있는 노인 등 중복욕구를 가진 사람들 그리고 정신적이고 신체적인 장애 때문에 현대사회의 고도로 전문화된 각종 서비스나 민간단체, 친구, 이웃 사람들의 지원을 스스로 적절하게 활용할 수 없는 사람들에게 욕구에 맞는 서비스를 받게 하고 민간단체, 친구, 이웃으로부터 가능한 범위의 지원을 받을 수 있도록 하는 것"으로 정의하고 있다.

전미사회복지사협회(NASW, 1984)에 따르면, 사례관리란 "클라이언트의 다양한 욕구를 충족시키는 포괄적인(package) 서비스를 제공하기 위해 클라이언트와 가족의 욕구를 사정하고 서비스를 준비·조정·점검·평가·옹호하는 사회복지사에 의한 서비스 제공방법이며, 사회복지사는 사례관리의 중요한 서비스 제공자"이다(백은령 외, 2008 재인용).

미국사회사업 백과사전(1987)에 따르면, 사례관리란 "복잡한 여러 가지 문제와 장애를 가지고 있는 클라이언트가 적합한 형태로, 적절한 시기에, 그들이 필요로 하는 모든 서비스를 제공받을 수 있도록 보장하는 것으로서 포괄적 서비스를 제공하기 위한 방법"이다.

랩과 챔버린(Rapp & Chamberain, 1985)에 따르면, 사례관리란 "탈시설화의 영향으로 인해 나타나는 서비스 전달체계상 서비스의 단편성, 분산성, 불연속성, 비접근성, 중복성 등의 문제를 극복하기 위한 해결책"이다.

오코너(O'Conor, 1988)는 사례관리란 "클라이언트의 욕구에 맞는 서비스의 제공을 위하여 지역자원을 효과적으로 조직하고 조정하는 행정적·관리적 특성과 개별사회사업에서 진보된 실천방법으로 전문적 관계 속에서 지속적 보호와 상담 및 치료를 제공하는 직접적 개입의 특성을 지닌 것"으로 정의하고 있다.

이상의 다양한 개념 정의들을 종합해 보면, 사례관리란 생태체계적 관점을 기반으로 만성적이고 복합적인 문제를 가진 클라이언트와 그들의 가족과 함께 클라이언트의 개별적인 욕구에 맞는 서비스를 계획하고 제공하기 위한 서비스 제공과 주요 서비스 제공자(기관 혹은 사람)들을 서로 연계하여 네트워크를 형성하고 효과적인 서비스를 제공하기 위해 서비스를 조정·점검·평가하는 체계적이고 통합적인 사회복지실천의 접근방법으로 요약할 수 있다.

이를 위해 사례관리자는 크게 두 가지 측면에 관심을 갖는다. 즉, 임상 및 치료적 측면과 행정, 특히 조정 및 옹호 측면이다. 따라서 사례관리자는 클라이언트나 가족을 대신하여 필요한 임상서비스를 제공함은 물론, 그들의 사회적 기능 수행을 향상시키기 위해 필요한 자원을 획득하고자 그들과 함께 탐색적 활동에 종사하게 된다.

2. 사례관리의 등장배경

사례관리가 본격적으로 등장하게 된 것은 1970년대이지만 이미 1960년대부터 미국에서 그 단초는 마련이 되었다. 즉, 1960년대 미국의 인간봉사 프로그램의 성장과 관련이 있다. 미국에서 당시 서비스에 대한 막대한 정부지원이 시행되었으나 서비스들은 개별적인 기관중심으로 이루어지면서 서비스가 분파적으로 제공되고 서비스의 중복의 문제가 발생하게 되었다. 서로 다른 많은 프로그램들이 클라이언트들의 단편적인 문제에 집중되어 서비스가 제공됨에 따라서 복잡한 문제와 욕구를 가진 개인들에게 적절한 서비스를 제공하지 못한다는 문제인식이 싹트게 되었다.

이러한 문제인식을 바탕으로 미국에서는 시설중심의 서비스를 지양하고 지역사회 중심의 서비스를 제공하며 각종 서비스를 조정하려는 변화가 시작되었다. 그리고 인구사회학적으로 노인과 장애인과 같은 복합적인 욕구를 지닌 만성질환자의 서비스 대상이 증가하면서 사례관리의 필요성이 본격적으로 대두되었다.

그 결과 1970년대 초에 이르러서 보건 교육 및 복지부에서는 연방서비스 프로그램을 통합하고 조정해서 제공하려는 일련의 시범 프로젝트를 시행하게 되었다. 서비스 통합 프로젝트는 클라이언트 추적 체계, 정보 및 의뢰 체계,

One-stop 서비스센터, 상호 기관연계 체계 구축과 같은 특징을 지닌다. 새로운 형태의 통합 프로젝트를 효과적으로 운영하기 위해서는 전문적인 사례관리자를 필요로 하게 되었으며 사례관리자를 통해서 클라이언트에 대한 서비스 자원들을 조정하도록 하고, 효과적이고 효율적인 서비스 전달에 대한 책임을 갖도록 하였다.

사례관리가 자리를 잡게 되고 성장하는 데 기여한 또 다른 중요한 요인 중 하나는 정신건강 분야에서의 탈시설화 운동이었다. 즉, 정신장애인과 지적장애인을 시설보호에서 탈피하여 지역사회에 정착하도록 하려는 탈시설화 정책이 시작되었다. 그러나 지역사회 정신건강센터가 퇴원한 정신장애인들을 적절히 추후 지도하는 데 실패하였고 정신장애인의 가족들은 돌봄의 부담이 더욱 커지게 되었다. 탈시설화는 정신장애인들이 적절한 지원(주거, 수입, 직장, 정서적 지원)을 적절히 받지 못하게 하였으며, 가족들의 돌봄부담을 가중시키는 부정적인 결과를 초래하게 되었다. 이러한 문제를 해결하기 위한 시도가 바로 정신장애인을 위한 서비스를 통합하고 조정하는 역할을 수행하는 데 필요한 사례관리가 사회복지실천의 중요한 영역으로 자리를 잡게 된 하나의 원인이 되었다. 즉, 사례관리는 미국 정신 보건국립연구소(NIMH)의 지역사회 프로그램(Community support program)의 핵심이 되었다.

사례관리의 등장배경으로 목슬레이(Moxley, 1989)가 제안한 사회복지실천의 대인복지서비스 영역에서 사례관리가 등장하게 된 배경을 중심으로 정리해 보면 다음과 같은 일곱 가지가 있다. 즉, 탈시설화, 서비스 전달의 지방분권화, 클라이언트와 그 가족에게 부과되는 과도한 책임, 복합적인 욕구를 가진 클라이언트의 증가, 기존 서비스의 단편성, 사회적 지지체계와 지원망의 중요성에 대한 인식의 증가, 그리고 서비스 비용 억제의 필요성이다.

1) 탈시설화

탈시설화는 기존의 원조대상자들을 시설중심으로 보호하던 전통에서 탈피하여 가족과 함께 지역사회 내에 함께 생활하면서 서비스를 제공받는 형태의 지역사회 복귀를 의미한다. 기존의 시설중심 서비스가 제한된 시설체계 안에서 행정적 관료주의에 치우쳐 있으며 경우에 따라서는 시설보호를 통한 서비스가 공적 부담비용을 증가시키는 문제를 해결하고자 지역사회 중심의 재가복지서비스 정책으로 전환하게 되었다.

그러나 이러한 지역사회 중심의 재가서비스의 문제점으로는 클라이언트의 다양한 욕구에 대하여 각기 다른 여러 기관에서 원조가 이루어짐으로써 서비스가 단편화되고 분산되므로, 클라이언트의 욕구에 대응하는 사회서비스 자원의 이용체계가 제대로 확립되지 못해서 서비스를 제공받기가 어려운 점, 만성적 질환(정신질환자, 치매노인, 요양이 필요한 노인 등)으로 인해 의존성이 매우 높은 클라이언트에 대한 가족의 돌봄부담의 증가 및 돌봄기피현상 초래로 인한 원조기관의 부담 증가와 같은 세 가지 문제가 발생하게 되었다. 그 결과 기관 단위의 서비스 제공의 문제를 해소하기 위해 통합적이고 포괄적인 관리체계로서 사례관리가 등장하게 되었다.

2) 서비스 전달의 지방분권화

1970년대 미국에서는 사회복지서비스 제공을 연방정부 중심에서 주정부나 지방정부로 이관하였다. 시설중심의 문제를 해소하고 재가중심의 지역사회서비스로 전환하게 되면서 발생하게 된 문제가 지역사회 내의 여러 서비스 기관들이 다양한 서비스를 제공하는 과정에서 서비스가 중복되어 제공되었다. 즉, 서비스가 분산되고 단편적으로 제공되면서 서비스 중복의 문제가 발생하게 된 것이다. 이런 문제를 해결하기 위해서 서비스를 조직화하고 통합하여 효율적으로 서비스를 제공할 수 있는 전달체계로서 사례관리가 등장하게 되었다.

3) 클라이언트와 그 가족에게 부과되는 과도한 책임

탈시설화를 통해서 만성적이고 복합적인 욕구를 지닌 클라이언트가 재가서비스 중심의 지역사회 보호 서비스로 전환되면서 클라이언트와 그 가족들은 지역사회 내의 적절한 환경자원의 미비로 많은 책임을 안게 되었고, 이로 인해 클라이언트를 보호해야 할 가족들에게는 돌봄의 부담이 매우 커지게 되었다. 예를 들면, 주거시설 같은 환경자원의 미비는 부랑인들을 양산하는 결과를 가져왔다. 따라서 클라이언트와 그 가족들을 위해 환경자원을 개발하고 다양한 서비스 자원들을 연결할 수 있도록 돕는 서비스 기능이 필요하게 되었다.

4) 복합적인 욕구를 가진 클라이언트의 증가

다양한 사회문제가 발생하고 인구사회학적 요인의 변화에 따라 복합적인 문제와 욕구를 지닌 클라이언트가 증가하였다. 대표적인 집단이 장애인과 노인이며 이들 집단의 클라이언트가 증가하게 되었다. 이들은 소득, 주택, 사회화, 재활, 의료 등의 서비스 영역에서 적어도 두 가지 이상의 서비스를 필요로 하는 클라이언트들에 해당한다. 이와 같이 복합적인 욕구를 가진 클라이언트는 자신들의 욕구를 지원해 줄 전달체계가 제대로 확립되지 못하면 지역사회에서의 보호와 서비스 제공이 제대로 이루어지지 못하면서 생활이 어려움에 처하는 경우가 빈번하게 일어난다. 이들에게 제공되는 한정된 범위의 특정한 대상자에게만 제공되는 단편적이고 세분화된 서비스 제공을 지양하고 관련된 모든 서비스를 조직화하고 통합하여 상호 연계하여 클라이언트의 복합적인 문제를 해결하기 위한 서비스 전달체계로서 사례관리가 필요하게 되었다.

5) 기존 서비스의 단편성

복합적이고 만성적인 문제를 지닌 클라이언트는 증가하는 반면에 기존의 서비스는 주요한 영역들로 범주화하여 분류하게 되고, 이를 기준으로 서비스를 제공함으로써 서비스 제공의 단편성 문제를 지니고 있다. 두 가지 이상의 욕구를 가진 클라이언트인 경우 서비스 공급기관 간의 상호조정과 연계를 통한 통합적인 서비스 전달이 이루어지지 못하는 경우가 빈번하게 발생하게 된다. 따라서 서비스 공급자들이 서비스의 편파성과 범주적인 분류에서 벗어나 상호 연계하고 통합하는 서비스 전달체계로서 사례관리가 필요하게 되었다.

6) 사회적 지지체계와 지원망의 중요성에 대한 인식의 증가(사회적 지원망의 중요성 강조)

대인복지서비스에서 클라이언트의 삶의 질 향상을 위해서 사회적 지원체계와 지원망의 영향이 매우 크다는 인식이 확산되었다. 사회적 지지체계(social support system)와 지원망(support network)의 중요성에 대한 인식의 증가는 가족, 친족 및 친구, 이웃 등의 비공식적인 지지체계와 사회적 서비스 제공의 중요성에 대한 필요성의 인식을 의미한다. 실제로 대인복지서비스에서는 클라이언트의 삶의 질을 높이기 위한 사회적 지원체계와 지원망의 영향이 매우 크나. 따라서 공적인 서비스와 비공식적 지원체계와 지원망을 조정하고 통합하는 사례관리가 필요하게 되었다.

7) 서비스 비용 억제의 필요성(서비스 비용 절감의 필요성)

사회복지서비스가 정부의 개입을 점차 줄이고 이를 지방자치정부와 민간기관으로 이양하는 혼합적 형태의 복지가 주류를 이루게 되었다. 대규모 사회복지시설을 통한 서비스 제공은 많은 비용이 들기 때문에 정부의 입장에서는 불필요한 시설입소를 줄이고 상대적으로 비용이 저렴한 지역사회 중심의 재가서비스를 확대하게 되었다.

정부의 입장에서 비용효과에 대한 인식의 증가는 대인복지서비스에 있어서 결핍된 자원을 두고 서비스의 효과를 최대화하고 서비스 전달에 소요되는 비용을 억제할 필요성을 갖게 된다. 이런 인식을 바탕으로 정부에서는 사례관리를 통해서 복지서비스의 효과성, 책임성에 기초하여 서비스의 중복을 점검하고, 서비스 계획을 관리하며, 서비스 전달의 효과성을 최대화할 수 있는 서비스 전달체계를 필요로 하게 되었다.

3. 사례관리의 과정

사례관리의 과정은 사회복지실천과 동일하다. 사례관리도 역시 사회복지실천의 하나의 방법이기 때문이다. 사례관리의 과정에 대해서는 다양한 견해들이 존재한다. 그러나 사례관리의 핵심요소와 기능에 대해서는 일반적인 합의가 존재하므로 사례관리의 과정에 대한 내용은 거의 유사하다.

대표적인 견해를 살펴보면, 목슬레이(Moxley, 1989)는 사정, 서비스 계획, 실행, 점검, 검토와 평가의 다섯 가지 단계로 구분하였다. 그리고 화이트(White, 1986)는 사례발견, 사정, 보호 혹은 서비스 계획, 조정, 사후지도, 재사정으로 제안하고 있다. 사례관리과정의 다양한 견해들을 표로 정리하면 다음 〈표 15-1〉과 같다(백은영 외, 2008 : 405 재인용).

〈표 15-1〉 사례관리과정의 주요 과정에 대한 견해들

Steinberg & Carter(1983)	Weil & Karls (1985)	White (1986)	Moxley (1989)	Challis & Davies (1989)	Rothman (1991)	장인협·우국희 (2001)
가입 (사례발견, 사전적격 심사)	클라이언트의 확인과 출장원조	사례발견		사례발견	기관에의 접근, 접수	인테이크
사정	개별적 사정과 진단	사정	사정	사정	인테이크 사정과 목표수립	사정
목표설정, 서비스 기획, 능력조정	서비스 기획, 자원 확인	보호 혹은 서비스 계획	서비스 계획	사례계획 및 서비스 배정	개입계획, 자원 확인과 목록 만들기	계획수립
보호계획의 실행	서비스 연결, 서비스 실행과 조정	조정	실행		클라이언트 연결	실행
재사정	서비스 전달의 점검 및 옹호	사후지도, 재사정	점검	점검 및 재평가	점검과 재사정	점검 및 재평가
종결, 관계유지	평가		검토와 평가	종료	결과평가	평가 및 종결

위 표에서와 같이 장인협과 우국희(2001)는 인테이크, 사정, 계획수립, 실행, 점검 및 재평가, 평가 및 종결로 구분하여 과정을 제안하고 있다. 이러한 사례관리과정에 따른 사례관리모형은 【그림 15-1】과 같다.

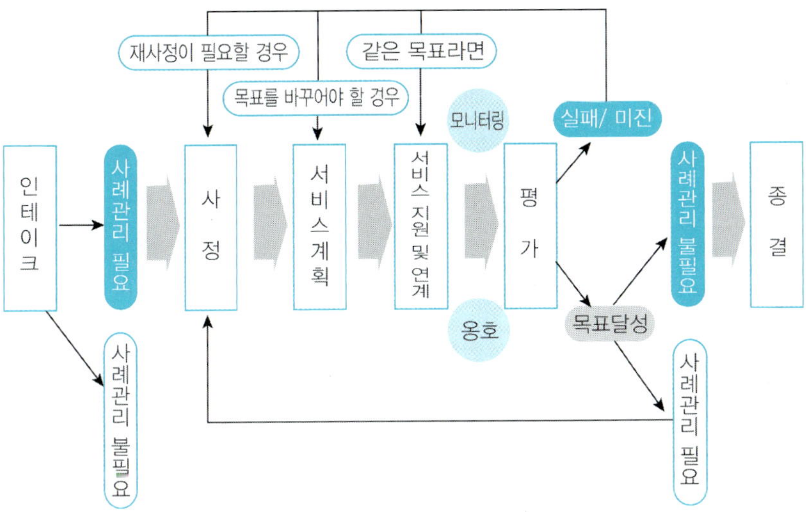

【그림 15-1】 주민생활지원서비스 업무 매뉴얼

출처 : 행정자치부 주민서비스혁신추진단(2006).

다양한 사례관리 과정들을 요약해서 정리해 보면 일반적으로 사례관리의 과정은 인테이크, 사정, 계획, 개입, 점검, 평가 및 종결의 여섯 가지로 나뉘어 있다. 여기에 사례별로 또는 학자별로 의견이 첨가되기도 한다. 사회복지실천 현장의 대표적인 사례관리과정에 따라 그 내용을 정리해 보면 다음과 같다.

1) 인테이크(Intake)

이 단계에서는 사례를 발견하는 과정으로서 아웃리치(outreach)와 의뢰 및 스크리닝(screening)하는 모든 과정을 포함하는 것으로 이해해야 한다. 이 단계에서는 서비스 요청에 대한 정보를 수집하고 이를 바탕으로 기관의 사례관리 대상으로서의 적합성을 판단하는 과정이다. 이때 초기 면접지를 작성하여야 한다.

기관의 사례관리 대상으로 적합한가를 판단하기 위해서는 정해진 기준에 적합한 대상자인지를 확인하고 이에 따라서 클라이언트를 사례관리서비스 대상자로 결정하는 과정이다. 이를 통해서 부적절한 의뢰나 서비스 대상자로 적합하지 않는 사람을 미리 스크리닝하여 실제로 서비스가 필요한 클라이언트에게 신속한 서비스가 제공되도록 하여야 한다.

면접지 작성은 원칙적으로 대상자를 직접 면접하여 작성하여야 하지만 의뢰인 또는 후견인과 함께 면접을 실시할 수 있다. 해당 기관의 사례관리자가 작성하여야 하지만 반드시 초기 면접을 사례관리자가 해야 하는 것은 아니다. 그러나 사례관리자로 판정이 되고 난 이후에는 운영규정에 따라서 사례관리자를 배정하여야 한다. 그리고 적절한 사례관리 대상이 아니라고 판정이 되는 경우에는 적절한 기관으로 의뢰하여야 한다. 사례관리의 초기에는 아웃리치가 매우 중요하다. 즉, 잠재적 클라이언트를 적극적으로 발견하고 서비스를 빠르게 제공하는 아웃리치가 매우 중요하다. 예를 들면, 가출 청소년이 많이 발견되는 시내 중심가의 적극적인 Out-reach를 통해 조기에 문제를 발견하고 적절한 서비스를 제공하는 것은 청소년 복지서비스에서 매우 중요한다.

2) 사정(Assessment)

사정이란 클라이언트의 현재 기능에 관한 광범위하고 구조화된 평가의 과정을 의미한다. 따라서 클라이언트의 복합적인 욕구와 문제, 기능, 강점과 잠재력, 공식적・비공식적 지원체계 등에 관한 자료를 수집하고 종합적으로 이를 분석하는 과정이 필요하다.

사정을 통해서 클라이언트의 문제상황을 이해하고 이를 바탕으로 개입을 위한 계획을 수립하게 된다. 사정을 기초로 목표를 설정하고 개입을 하게 됨으로써 개입의 효과는 사정의 정확도에 달려있다. 따라서 사정단계에서 사례관리자는 클라이언트와 그 가족이 제시한 문제는 물론이고 신체적・인지적・사회적・정서적 욕구뿐만 아니라 재정적 및 환경적 욕구를 파악해야 한다. 또한 클라이언트와 클라이언트의 환경에 내재하는 장단점 모두를 사정대상으로 하여야 한다.

사정의 구체적 내용에 대한 대표적인 학자들의 견해를 몇 가지 살펴보면 다음과 같다(백은령 외, 2008 : 318-319 재인용).

존슨(Johnson, 1998)은 사정활동에 포함해야 할 과업활동을 다섯 가지로 제안하였다.

- 클라이언트의 문제 또는 욕구의 확인
- 클라이언트의 강점과 자원의 규명
- 문제나 욕구를 심층적으로 이해하기 위해 필요한 정보의 확인
- 이러한 욕구와 문제를 다루기 위한 적절한 수단의 결정
- 정보의 수집과 분석

콤튼과 갤러웨이(Compton & Galaway, 1999)는 사정과정을 다음과 같이 제안하고 있다.

- 클라이언트의 문제를 확인한다.
- 문제상황에 대한 주요 요소를 이해한다.
- 클라이언트의 성격적 요인을 분석한다.
- 클라이언트가 처한 환경의 강점 및 사회적 상황의 역동성을 분석한다.
- 개입목표를 설정한다.
- 과제와 전략을 결정한다.
- 클라이언트의 변화노력을 예측한다.

위와 같은 여러 견해들을 종합해서 사정단계의 대표적인 영역을 다음과 같이 요약 정리해 볼 수 있다.

- 클라이언트의 능력과 대인서비스 욕구에 대한 사정영역
- 클라이언트의 사회적 관계망과 관계망 속의 구성원들의 클라이언트 욕구에 부응하는 능력에 대한 사정영역
- 대인서비스 제공자와 이러한 제공자가 클라이언트의 욕구에 부응하는 능력에 대한 사정영역

3) 계획(Planning)

계획은 사정단계에서 수집된 정보를 바탕으로 달성하고자 하는 클라이언트의 변화목표를 분명히 하고 정해진 목표를 달성하는 데 필요한 전략, 방법으로서의 서비스를 구성해 가는 논리적 과정에 해당한다. 즉, 사정에서 얻어진 자료들을 근거로 작성된 욕구목록을 실행으로 옮기기 위한 전략을 수립하는 것이다.

목표를 성취하고자 하는 계획은 사례관리자의 실천을 위한 지침이 되며 서비스의 책임성과 개입에 대한 평가의 근거가 된다. 목표의 성취를 위해서는 이용 가능한 서비스 자원을 정확히 파악하여야 구체화가 가능하다. 그럼으로 이 단계에서 사례관리자는 클라이언트의 능력과 기술의 개선을 위한 목표, 필요한 서비스들의 활용을 위한 목표, 사회망을 통한 개입의 목표들을 설정하고, 그 목표들을 달성하기 위한 구체적인 개입계획을 수립하여, 서비스 전달에서 나타날 수 있는 장애요인 등을 명확하게 분석하여야 한다(Wood & Middement, 1989).

목슬레이(Moxley, 1989)는 이 단계에서 점검과 평가를 할 수 있도록 서비스 효과성에 대한 지침을 정확히 설정해야 한다고 하였으며 그 기본 원칙을 다음과 같이 제안하였다(Schneider, 1988).

- 보호계획은 클라이언트의 기능을 포괄적으로 측정한 결과를 바탕으로 수립한다.
- 클라이언트와 보호자를 계획과정에 참여시킨다.
- 구체적 보호기간을 정한다.
- 공식적 서비스와 비공식적 서비스를 모두 계획한다.
- 비용을 의식하고 있어야 한다.
- 보고서를 꼭 작성한다.

4) 개 입

개입은 사정 및 계획 단계에서 작성된 목적달성을 위해 수립된 계획들을 실천하는 과정이다. 사례관리자는 계획을 현실화하기 위해 필요한 모든 서비스를 제공하기 위해 노력하면서 클라이언트와 자원망과의 접촉도 빈번해지고 다양해지면서 원활한 소통을 위한 조정의 역할도 수행하여야 한다. 개입단계는 사례관리 전체의 성공 여부를 판가름할 수 있는 중요한 과정이다.

사례관리의 성공을 위해서는 다음의 세 가지 주체 간의 활발한 상호작용이 있어야 하며, 사례관리자는 활발한 상호작용과 적절한 조정하는 역할이 요구된다.

- 클라이언트 : 문제해결 과정을 주체적으로 추진해야 하는 주체
- 실행역할을 분담한 자원망 : 클라이언트에게 정해진 서비스를 제공하고 다른 자원망과의 원활한 소통이 필요하며 사례관리자의 점검과 조정에 협력해야 하는 주체
- 사례관리자 : 클라이언트와 자원망에 대해 각각이 계획실행이 원만하게 이루어지도록 관리하고 활발한 상호작용이 일어나도록 조정하는 주체

서비스 조정에 있어서의 사례관리자의 역할을 구체적으로 살펴보면 다음과 같다.

- 가족과의 연계 : 문제해결을 위해 가족의 참여를 유도하고 설정한 목표를 향한 주도적인 역할을 제시하여야 한다.
- 기존의 유대 강화 및 유지 : 클라이언트가 가지고 있는 기존 사회적 지원망에 대해 긍정적 인식을 유지하도록 교육 및 관계기술 등의 노력을 해야 한다. 유대강화를 통해서 문제해결을 위한 타 지원망에 대한 거부감을 방지하여야 한다.
- 전문가와의 연계 : 문제해결에 필요한 전문가와 연계를 통한 효과적인 사례관리를 추구해야 한다. 전문가는 직접적이고 전문적인 기술을 가지고 있으므로 타 지원망과 구분된다.
- 지역사회 자원을 이용한 새로운 사회적 지원망 구축 : 서비스 자원제공자와 사례관리자와의 관계를 클라이언트와의 서비스 자원제공자 관계로 이전 혹은 재형성하는 것이다. 사례관리자는 연결개입을 통해 비공식적 자원체계를 개발하는 자원제공자, 비공식적 자원체계와 공식적 자원체계를 연결하는 연계자, 그리고 지역사회와 기관과의 새로운 관계의 수립 등을 통해 조직화하는 지역사회 조직가로서의 역할을 담당하여야 한다.

개입은 직접개입과 간접개입 두 가지 유형으로 구분된다. 구체적인 내용은 다음과 같다.

① 직접개입

직접개입은 개인, 가족, 소집단 등의 클라이언트 체계 자체를 변화시켜서 문제를 해결될 수 있도록 원조하는 개입방법에 해당한다. 구체적으로 클라이언트에게 정보를 제공하거나 교육을 수행하는 것 혹은 직접적으로 상담을 하는 것이 직접개입에 해당한다. 직접개입에서 사례관리자는 상담가, 교육자, 정보제공자 혹은 훈련가 등의 역할을 수행한다.

② 간접개입

간접개입은 직접개입과는 다르게 클라이언트의 주변 체계의 변화를 유도하여서 문제가 해결되도록 원조하는 개입방법에 해당한다. 클라이언트와 직접 접촉을 통한 서비스를 제공하지는 않지만 클라이언트의 자원획득을 위한 중개 혹은 의뢰하기, 외부 서비스 제공자와 클라이언트의 연결, 서비스의 중복과 누락방지를 위한 조정역할, 그리고 클라이언트의 옹호활동 등이 간접개입에 해당한다.

5) 점검(모니터링, Monitoring)과 재사정(Re-assessment)

점검이란 클라이언트의 계획에 따른 서비스와 자원의 전달과정이 제대로 잘 이루어지고 있는지를 확인하고 추적하기 위해서 사례관리자가 활동하는 과정을 의미한다. 즉, 제공되고 있는 서비스에 관한 것으로 제공되는 서비스가 적절한가, 서비스의 질은 높은가, 서비스가 클라이언트의 욕구를 충족하고 있는가를 평가하는 과정이다. 사례관리자는 이 목적을 달성하기 위해서 클라이언트 점검, 자원망 점검, 클라이언트와 자원 간의 상호작용 점검과 같은 세 가지 차원의 점검을 포함하여야 한다. 점검영역별 구체적인 점검내용은 다음과 같다.

① 클라이언트 점검

서비스 대상인 클라이언트에 관한 점검으로서 사례관리자의 주요 초점은 클라이언트 스스로의 노력, 서비스와 지원계획의 지속 여부, 클라이언트의 목표달성에 필요한 활동의 이행 여부, 계획의 성취를 위해 정해진 자기 관리활동의 적정성 등 이러한 제반 활동들이 클라이언트의 욕구를 충족시키고 있는지의 여부에 관해서 모니터링을 실시한다.

② 자원망 점검

사회적 지원망과 구성원들이 클라이언트에 대한 서비스와 지원목표의 달성을 위해 기여하고 있는 정도에 초점을 둔다. 따라서 사례관리자는 사회적 지원망과 구성원들이 정해진 목표의 충족을 위해 적절하게 자신들의 과업을 이행하고 있는지를 모니터링한다. 이때 지원의 적절성 여부도 평가한다.

③ 클라이언트와 자원망 간의 상호작용에 관한 점검

사례관리자는 클라이언트에게 서비스를 제공하는 다른 전문가의 활동의 적절성을 점검한다. 즉, 전문가가 계획된 활동에 근거해서 서비스를 수행하고 있는지(노력요인), 이러한 활동이나 서비스가 환자의 욕구충족을 위해 필요한 것인지의 여부(적정성), 전문가의 서비스는 얼마나 적절하게 잘 제공되고 있는지(질적인 요소), 그리고 전문가의 서비스가 클라이언트의 욕구충족에 공헌하고 있는지(산출요소)에 초점을 두고 모니터링하는 과정이다.

6) 평가 및 종결

사례관리의 효과성을 판단하고 이를 제시하는 단계에 해당한다. 점검을 통해서 과정의 적절성을 평가하고 나아가 결과적으로 사례관리 과정과 사례관리자의 활동이 클라이언트의 삶에 어떤 변화를 가져왔는지 그 성과를 판단하는 과정이다. 이러한 평가는 일반적으로 3개월 단위로 이루어진다.

평가는 네 가지 영역으로 구분되며 다음과 같다.

- 클라이언트에 대한 서비스와 지원계획의 평가

- 목적달성 여부의 평가
- 사례관리서비스의 전반적인 과정에 대한 평가
- 클라이언트의 만족도 평가

종결은 사례관리자와 클라이언트의 관계가 끝나게 된 것을 의미한다. 종결은 클라이언트에게 더 이상 서비스가 필요 없는 상황이 되었을 때, 자원의 한계로 더 이상 클라이언트의 조건을 개선하기 어려운 상황이 되었을 때 혹은 클라이언트와 사례관리자 간의 문제가 발생함으로써 더 이상 서비스 제공이 어렵게 된 경우에 종결이 된다. 종결은 클라이언트와 관계된 모든 서류가 정리되고 이를 서비스 제공자들에게 공지함으로써 완료된다.

4. 사례관리의 적용사례

1) 사례개요

ct는 장애인 세대로 학습지 교사로 일을 하고 있으나 류마티스 질환으로 인해 현재 일을 계속하기가 매우 어려운 상태에 있으며 기초생활수급자였으나 시아버지의 유산이 아들에게 상속되면서 차상위계층으로 전환되면서 경제적으로 매우 어려운 상황이다. 또한 두 아들의 학교생활과 가정생활이 힘든 상황이며 향후 생활비, 아들의 교육지원, 생활지도 등과 같은 경제적·교육적 문제가 더욱 어려울 것으로 예상된다.

2) 접수 및 사정

(1) 인적사항

<table>
<tr><td>대상자명</td><td colspan="2">김○○</td><td>성별</td><td>여</td><td>나이</td><td>37</td><td>종교</td><td>무</td></tr>
<tr><td rowspan="3">대상자 분 류</td><td colspan="8">아동·청소년( ), 노인( ), 장애인(✓), 가족구성 형태(한부모 세대)</td></tr>
<tr><td colspan="8">일반수급( ), 조건부수급( ), 자활특례( ), 차상위(✓), 저소득( ), 일반( )</td></tr>
<tr><td>의료보장</td><td colspan="7">의료보호 1종( ), 2종(✓), 직장의료보험( ), 지역의료보험( )</td></tr>
<tr><td>주 소</td><td colspan="8">대구광역시 수성구 황금동</td></tr>
<tr><td>전화번호</td><td colspan="3">010-1234-5678</td><td>의뢰 경위</td><td colspan="4">주민센터 사회복지전담공무원</td></tr>
<tr><td rowspan="5">가족사항</td><td>관계</td><td>성명</td><td>생년월일</td><td>직업</td><td>종교</td><td>동거 여부</td><td colspan="2">비 고</td></tr>
<tr><td>본인</td><td>김○○</td><td>1981</td><td>유</td><td>무</td><td>유</td><td colspan="2">류머티스(베제트병)</td></tr>
<tr><td>자</td><td>박○○</td><td>2005</td><td>학생</td><td>무</td><td>유</td><td colspan="2">성기비내증</td></tr>
<tr><td>자</td><td>박○○</td><td>2008</td><td>학생</td><td>무</td><td>유</td><td colspan="2"></td></tr>
<tr><td></td><td></td><td></td><td></td><td></td><td></td><td colspan="2"></td></tr>
</table>

3) 가계도/ 생태도

가계도	생태도
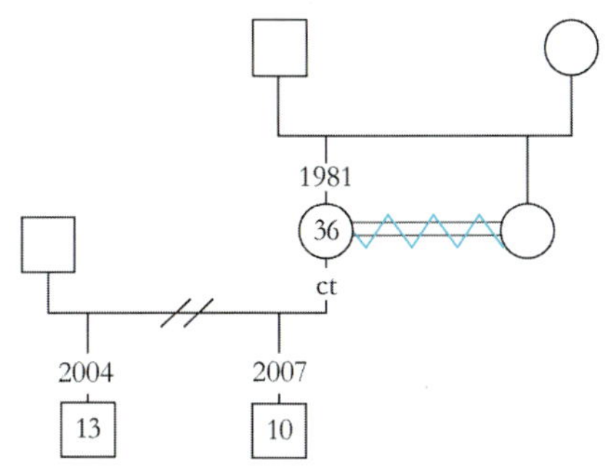	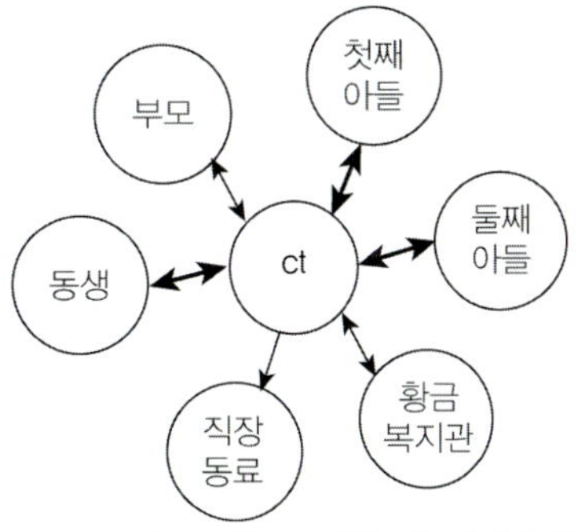

• ct의 친정 부모님들이 대구에 거주하고 계시며 한번씩 아이들을 돌봐주시기 위해 집에 오시고 관계도 좋음 • ct의 여동생이 대구에 살고 있어 2주에 한 번씩 만날 정도로 아주 사이가 좋다고 함 • 남편과는 5년 전에 이혼하였고 아이들과도 연락은 하지 않으며, 전혀 왕래가 없음	• ct는 아들 둘과 거주하고 있으며 아들과 친밀도가 매우 높고 애정과 관심이 많음 • 오후 시간에 혼자 집에 있는 둘째 아들이 황금복지관 내 방과 후 공부방을 이용하게 되면서 복지관과의 관계가 지속적으로 이루어지고 있고 적응도 잘 하고 있음

4) 개인력 · 가족력

① 개인력

1981년 2월 16일 대구에서 출생. 24살이 되던 해에 결혼을 하고 25살 때 첫째 아들을 출산함. 그 당시 남편이 사업을 하였는데 사업이 번창하면서 많이 바빠졌고 가정에 소홀하게 되면서 부부관계까지 나빠졌으며 큰 아들이 8살이 되던 해에 남편과 이혼을 하였다고 함. 이혼 후 남편과 시댁과는 전혀 왕래나 연락을 하지 않고 있음. 대구에 친정 부모님과 여동생이 살고 있어 종종 만나고 관계도 좋음

2년 전에 황금동으로 이사를 왔고 전세로 빌라에 살고 있음. 1년 전쯤 기초수급에서 탈락하고 차상위본인부담경감으로 변경되었다고 함. 그 이유가 시아버지의 땅이 남편한테로 상속되면서 ct의 큰아들이 상속승계인이 되게 되어 재산이 잡히게 되었고 그 이유로 기초수급자에서 탈락하게 되었다고 함. 현재 학습지 교사로 생계를 이어가고 있긴 하나 자가면역기전에 의해 발생하는 질환인 류마티스 중 베체트병을 앓고 있어 몸에 무리가 많이 가게 되면 지속적으로 일을 하기가 힘들다고 함

② 가족력

- ct의 친부, 친모 : 대구 대명동에 거주하고 있고 아이들을 돌봐주기 위해 간간히 집에 오시고 관계가 좋다고 함
- ct의 동생 : 대구 침산동에 살고 있으며 2주에 한 번씩은 만나고 있으며 관계가 아주 좋다 고 함
- ct의 첫째 아들 : 초등학교 6학년에 재학 중이며 ct와 사이가 매우 좋음. 성기비대증으로 인해 대학병원에서 수술을 해야 하는 상황인데 수술비가 부담이 되어 못하고 있는 상황임
- ct의 둘째 아들 : 초등학교 3학년에 재학 중이며, ct와 형과 매우 친밀도가 높음

5) 가족 및 사회적 관계

- 남편과 이혼하고 두 아들과 생활하며 아들과의 관계는 좋으며 아들에 대한 관심과 애정이 매우 높음
- 현재 직장의 동료들과는 일상적인 관계는 유지하고 있으나 친밀한 관계의 사람은 없음
- ct의 친정 부모와는 관계가 매우 좋지는 않으며 동생과의 관계는 매우 좋게 유지함
- ct의 두 아들의 형제관계는 매우 좋음

6) 사회적 상황

경제상황	• 수입 : 150만 원 이하(학습지 교사 월급) • 생활비 : 식비, 공과금, 세금 등 • 저축 : 무 • 부채 : 2,000만 원(매월 78만 원씩 상환 중) • 법정기준 : 차상위본인부담경감 대상자
건강상황	• 희귀성 질환인 류머티스 중 베체트병을 10년째 앓고 있으며 지속적으로 약을 복용 중임 • 자가면역기전에 의해 발생하는 질환인 만큼 오랜 시간 일을 하거나 스트레스가 많은 경우 몸에 무리가 많이 가게 되면 기운이 없어 움직이기 힘들고 잠을 제대로 자지 못한다고 함 • 베체트병는 삼을 잘 자아지 증상이 호전이 된다고 하지만 밤에 수면제 없이는 잠이 들지 않을 정도로 잠이 잘 오지 않고 혹여나 수면제를 먹으면 다음 날 오전까지 약 기운으로 인해 오전 내내 계속 멍한 상태라고 함 • 매일 먹고 있는 베체트병의 약에 스테로이드가 들어있어 오랜 기간 복용할 경우 골다공증이 진행될 수도 있어 걱정이 많음
주거상황	• 정리상태 : ct의 집은 황금1동에 위치하고 있으며 방 2개와 주방 겸 거실로 이루어져 있음. ct의 집은 아이들의 책과 물건들이 많이 있는 편이고, 수납공간이 부족해 거실에 물건들이 쌓여 있음
사회 심리적 상황	• 대구에 친정 부모님과 여동생이 살고 있어 왕래가 많은 편이고 관계도 좋음 • 현재 학습지 교사로 일을 하며 직장 동료들과 관계를 가지기는 하나 특별히 친밀하게 만나는 사람은 없다고 함 • 직장생활로 저녁 늦게 마치는 경우가 종종 있어 저녁시간에 아들 둘만 집에서 시간을 보내는 것에 대한 걱정이 많고, ct의 건강상의 이유와 직장생활의 어려움에 대한 이유로 현재 다니고 있는 회사를 그만두고 싶어 함

7) 일상생활수행능력(ADL, IADL)

- 직장생활을 계속 하려는 의지는 매우 강함
- 두 아들의 교육에 관심이 많고 열의가 매우 높음
- 현재 학습지 교사로 생계를 이어가고 있긴 하나 류마티스 베제트병이 심해 지속적으로 일을 하기가 매우 힘듦

8) 대상자 욕구

- 아들 두 명의 안정된 식생활
- 첫째 아들의 성기비대증에 대한 수술 여부
- 둘째 아들의 오후시간 보호
- 현재 직장을 퇴사 후 새로운 일자리 취업희망

9) 자원활용 상황

공식적 자원	비공식적 자원
• 작년에 국민기초생활수급권자 탈락 후 차상위로 변경되면서 아무런 지원도 받지 않고 있는 상황임	• 황금복지관 아동 석식도시락 지원(주 7회)

10) 클라이언트 태도와 반응 및 사회복지사 의견

- 클라이언트는 자신의 건강상황이 매우 좋지 않지만 자식에 대한 애정이 매우 높으며 아이들의 보호와 교육에 대한 욕구가 매우 높음
- 클라이언트가 직업전환을 통해 새로운 일자리를 제공하면 많은 변화가 기대됨
- 기초생활수급자 지원이 되어야 안정적 생활이 가능하기 때문에 공공기관의 지원과 법률적인 지원이 매우 필요하므로 사회적 지원망의 연계와 적절한 서비스 제공이 중요한 과제임

11) 서비스 계획

문제 및 욕구	서비스 계획
• 아들 두 명의 안정된 식생활 • 첫째 아들의 성기비대증에 대한 수술 • 둘째 아들의 오후시간 보호 • 현재 직장 퇴사 후 새로운 일자리 취업 희망	• 아동 석식도시락 지원을 통해 매일 규칙적인 식생활 지원 • 달구벌주치의를 통한 정밀검사 및 수술 지원 • 복지관 내 방과 후 공부방 이용 • 내년 1월에 계약해지 후 취업패키지 프로그램 이용 및 지속적인 취업상담

12) 과정평가

<table>
<tr><td>대상자명</td><td colspan="2">김○○</td><td>종결일</td><td>2018</td></tr>
<tr><td>종결유형</td><td colspan="4">1. 결과 목표 달성
2. 클라이언트 기능의 변화와 안정화
3. 수용시설에 입소
4. 클라이언트의 서비스 거부
5. 클라이언트의 비협조적 태도
6. 클라이언트의 이사
7. 클라이언트의 사망
8. 타 기관 의뢰
9. 기타 (   )</td></tr>
<tr><td>평가방법</td><td colspan="4">척도 사용(   ) 대상자 면접(○) 기타(   )</td></tr>
<tr><td>평가대상</td><td>평가사항</td><td colspan="3">평가내용
최적의 향상 기대 이상 향상
기대 정도 향상 기대 이하 향상 성과 전혀 없음</td></tr>
</table>

목표 달성 정도	**단기목표** 1. 아들 수술 2. 식생활 지원 3. 방과 후 교육 지원	1. 수성구청생활지원과와 협의 후 달구벌 주치의 사업을 통한 상담 및 수술지원에 관한 지원 약속과 정밀검사 일정을 협의함 정밀검사 결과 수술시기를 결정하고 수술비 지원이 가능한 상태임 2. 클라이언트가 종종 일로 인해 늦은 귀가 시에 안정된 식생활의 문제가 있었으나 저소득 아동 석식지원 대상자로 선정하여 매일 두 개의 도시락을 지원하게 됨 3. 둘째 아들이 방과 후에 학원도 다니지 않고 교류하는 친구도 없는 상황이므로 황금복지관 방과 후 공부방에 다니도록 하여 학습지원과 생활지원 그리고 또래 친구들과 사회적 관계를 형성하도록 지원함
	장기목표 1. 직업전환 2. 기초생활수급자 선정지원	1. 직업전환을 위해 취업지원패키지를 이용하도록 지원하고 직업전환을 위한 상담을 지속하기로 함. 직업훈련원 등과 연계하여 직업교육 참여도 유도할 예정임 2. 부양의무자 규정에 의한 수급자 탈락에 따른 경제적 문제의 해결을 지원하기 위해 구청의 담당자와 협의하고 법률적인 지원은 구청 법률지원단 소속 변호사와 협의하도록 함
클라이언트	서비스 만족도	둘째 아들이 복지관 내 방과 후 공부방 이용에 대해 매우 만족함 첫째 아들이 정밀검진을 받고 결과에 따라 수술을 하게 되면 수술비 지원이 되도록 연계하여 매우 만족함
	신체적 기능의 향상	만성적인 질환인 베체트병에 대해서는 뚜렷한 기능 향상이 어려움
	정신적 기능의 향상	두 아들에 대한 지원을 통해서 정신적으로 많이 안정화됨
	생활수준의 향상	기초생활수급자가 될 수 있도록 법률적인 지원을 할 예정이므로 상당한 희망을 지님
서비스	서비스의 적절성	두 자녀의 식생활 지원, 성기비대증에 대한 정밀검사 및 수술 지원, 방과 후 교실을 통한 학습지원이 매우 적절하였음
사례 관리	서비스 제공자들의 협력 정도	성기비대증에 대한 전문의의 상담과 지원 학습지원 및 식생활 지원에서 매우 협력이 잘 이루어짐
	자원활용의 적절성	기초생활수급자 대상이 계속 유지될 수 있도록 지원하는 문제와 직업교육을 통한 적절한 취업처 제공에 필요한 자원의 활용에 한계가 있음
	보호계획의 적절성	두 아들에 대한 보호와 지원은 매우 적절하였음 클라이언트의 욕구에 대한 해결이 매우 어려운 상황
<사회복지사의 의견> · 가장 시급한 문제는 클라이언트가 현재 하는 일을 그만두고 새로운 일자리를 구할 수 있도록 취업을 위한 직업교육이 필요함 · 기초생활수급자가 유지될 수 있도록 법률적 자문과 공공기관의 협력을 위해 자원연계 및 상호작용의 필요성이 매우 큼 · 클라이언트가 가장 힘들어하는 부분의 자녀의 보호와 식생활 지원 및 학습지원 문제가 잘 해결되어서 향후 지속적인 서비스 제공이 이루어지도록 관리 및 조정의 역할이 필요함		

참고문헌

강병철 외(2013). **최신 사회복지실천의 이해**. 서울 : 동문사.

고기홍(2014). **통합적 자기관리 모형을 통한 개인상담**. 서울 : 학지사.

곽병선・김희숙(2009). 다문화가족의 지역사회 적응 지원방안 고찰 : 전북군산지역을 중심으로. **지역발전연구, 8**(2).

국가인권위원회(2003). 기지촌 혼혈인 인권실태조사. 서울 : 국가인권위원회.

권진숙(2007). **사례관리 이론과 실제**. 경기 : 공동체.

권진숙 외(2014). **사례관리 전문가 교육-실무자 기초과정**. 한국사례관리학회 편. 서울 : 학지사.

권진숙 외(2014). **사례관리론**. 한국사례관리학회 편. 서울 : 학지사.

권진숙 외(2014). **정신보건사회복지론**. 경기 : 공동체.

김기태・김수환・김영호・박지영(2012). **사회복지실천론**. 경기 : 공동체.

김명성(2009). 사회통합 차원에서의 다문화가족 지원정책의 현황과 개선방안에 관한 연구. **사회복지실천, 8**.

김상곤(2013). 민관협력을 위한 통합사례관리 운영체계 구축방안. **사례관리연구, 4**(1), 51-87.

김상균(1987). **현대사회와 사회정책**. 서울 : 서울대학교출판부.

김수이(2012). 최근 한국에서 나타난 문화다양성. 한국문예창작학회 국제학술대회. 중국연변대학교 2012년 8월 11일 학술대회자료집.

김승권・황성철・김연우(2013). 한국형 통합사례관리모형에 대한 소고. 2013년 한국사회복지행정학회춘계학술대회자료집, 65-93.

김예랑・우수명(2012). 국제 사회복지사업 실무자의 다문화 감수성 증진을 위한 국제교류업무교육방안에 대한 탐색적 연구. **한국사회복지교육, 17**(31), 122-144.

김용석(2009). 사회복지서비스 이용자 만족도 척도의 개발과 평가. **한국사회복지행정학, 11**(3).

김용석 외(2008). **사회복지실천기술의 이해**. 서울 : 학지사.

김융일・조홍식・김연옥(1995). **사회사업실천론**. 서울 : 나남출판.

김인숙(2005). 한국 사회복지실천의 정체성 : 정치사회적 관점에서. **상황과 복지, 20**, 119-152.

김재열 외(2010). **사회복지실천론**. 서울 : 신정.

김태성(1997). 사회복지학, 사회복지전문직, 그리고 사회복지교육제도. **사회복지연구, 9**.

김통원・김용득(1998). **사회복지실천 사례관리**. 서울 : 지샘.

김통원・김용득・강종식・김미옥・김종범・장정은・이근희・백형의(1998). **사회복지실천 사례관리**. 서울 : 지샘.

김혜경(2016). 지역정신보건사업 기술지원단. https://www.kihasa.re.kr/
김혜영・석말숙・최정숙・김성경(2012). 사회복지실천론. 경기 : 공동체.
________________(2014). 사회복지실천론. 경기 : 공동체.
________________(2015). 사회복지실천론. 경기 : 공동체.
김효진・권진숙・박지영(2011). 사례관리의 이론과 실제. 서울 : 학지사
나동석・서혜석(2008). 사회복지실천론. 경기 : 학현사.
나동석 외(2014). 사회복지실천론. 경기 : 정민사.
나운환(2008). 재활상담과 사례관리. 아산재단 연구총서 제247집. 경기 : 집문당.
남연희・박영국・도기봉(2011). 사회복지실천론. 경기 : 공동체.
____________(2012). 사회복지실천론. 경기 : 공동체.
도광조(2005). 사회복지실천론. 경기 : 양서원.
류상열(2002). 사회복지역사. 서울 : 학지사.
류승용(2011). 강점관점 해결중심 모델을 이용한 통합사례관리. 사례관리연구, 2(1).
류애정(2013). 공공영역 사례관리자의 역할수행에 대한 실증적 분석 : 희망복지지원단을 중심으로. 한국지역사회복지학, 44, 181-201.
류종훈(2004). 쉽게 쓴 사회복지실천론. 서울 : 동인.
문인숙・조성경・김선심・김융일・조흥식・윤현숙 공역(1994). 사회사업방법론 : 통합적 접근. 서울 : 보진재.
미래문화제도정책포럼. http://cafe.daum.net/faclpi
박귀영 외(2015). 사회복지실천론. 경기 : 양서원.
박주현・최경덕(2011). 다문화 사회의 이해와 실천. 서울 : 창지사.
방미진・황영희(2011). 사회복지실천론. 서울 : 나눔의집.
백은령 외(2008). 사회복지실천론. 서울 : 대왕사.
보건복지부(2006). 강점관점 해결중심 사례관리 매뉴얼.
______(2014). 희망복지지원단 업무안내.
______(2017). 사회복지관 운영관련 업무처리 안내.
사회복지교육연구센터(2013). 사회복지사 1급 기본서 사회복지실천론. 서울 : 나눔의집.
__________(2014). 사회복지실천론. 서울 : 나눔의집.
사회복지사 1급 수험서(2017). 사회복지실천론. 경기 : 공동체.
사회복지연구센터(2010). 사회복지실천론 기본서. 서울 : 나눔의집.
생각의마을(2017). 현장감이 묻어나는 사회복지실천론. 경기 : 공동체.
서울대사회복지실천연구회 역(1998). 사회복지실천기법과 지침. 서울 : 나남출판.
설동훈(2005). 외국인노동자와 인권. 민주주의와 인권, 5(2), 39-77.

심진숙(1989). 할당모델에 의한 한국 정신의료사회사업의 전문성 고찰. 이화여자대학교 대학원 석사학위논문.

안혜영(2012). 공공부문의 사례관리 실천 현황과 과제. **사례관리연구, 3**(1), 81-102.

양옥경・김정진・서미경・김미옥・김소희(2005). **사회복지실천론**. 경기 : 나남출판.

양정남 외(2014). **사회복지실천론**. 경기 : 양서원.

양정남・최선령(2007). **사회복지실천론**. 경기 : 양서원.

______(2011). **사회복지실천론**. 경기 : 양서원.

______(2014). **사회복지실천론**. 경기 : 양서원.

______(2016). **사회복지실천론**. 경기 : 양서원.

엄명용・김성천・오혜경・윤혜미(2006). **사회복지실천의 이해**. 서울 : 학지사.

______(2016). **사회복지실천의 이해**. 서울 : 학지사.

엄명용・노충래・김용석(2006). **사회복지실천기술의 이해**. 서울 : 학지사.

엄명용 외(2005). **사회복지실천의 이해**. 서울 : 학지사.

______(2007). **사회복지실천의 이해**(개정판). 서울 : 학지사.

연세사회복지실천연구회 역(2004). **사회복지실천이론의 이해와 적용**. 경기 : 나남출판.

오경석(2007). 어떤 다문화주의인가? : 다문화사회 논의에 관한 비판적 조망. **한국에서의 다문화주의**. 한울아카데미

윤선오 외(2015). **사회복지실천론**. 경기 : 양서원.

윤혜미(2009). 결혼이민자 가족을 위한 임파워먼트 기반의 사회복지실천 연구. **한국사회복지학, 61**(4).

이경남 외(2008). **사회복지실천론**. 서울 : 학지사.

이봉주・이선우・백종만(2012). **사회복지행정론**. 경기 : 나남출판.

이영분・김기환・윤현숙・이원숙・이은주・최현미・홍금자(2001). **사회복지실천론**. 서울 : 동인.

이영실・나임순・임원균・신준옥・조영희・홍성희(2014). **사회복지실천론**. 경기 : 양서원.

이영실・나임순・정연희・황희숙・최정자(2011). **사회복지실천론**. 경기 : 양서원.

이원숙(2007). **가족복지론**. 서울 : 학지사.

______(2008). **사회복지실천론**. 서울 : 학지사.

이윤로(2012). **사회복지실천론**. 서울 : 학지사.

이은주(2003). 사회복지실천의 전문성과 정체성 확립에 대한 고찰 : 간접적 개입과 관련하여. **상황과 복지, 16**, 203-245.

이은희 외(2014). **사회복지실천론**. 경기 : 양서원.

이재선 외(2016). **사회복지실천론**. 경기 : 양서원.

이종복 외(2015). **사회복지실천론**. 경기 : 정민사.

이종복 · 전남련(2006). **인간행동과 사회환경**. 경기 : 양서원.

이혜경(1995). 사회복지학의 정체성. 1995년 한국사회복지학회 춘계학술대회 자료집, 63-74.

이효선 · 정푸름(2012). **사회복지실천론**. 경기 : 정민사.

임형백(2009). 한국과 서구의 다문화사회의 차이와 정책비교. **다문화사회연구, 2**(1).

전재일 · 이종복 · 조운희 · 이준상 · 이애재 · 이성희(2004). **사회복지실천론**. 서울 : 형설출판사.

전재일 · 이준상 · 이성희 · 이선자(2016). **사회복지실천론**. 경기 : 공동체.

정명숙 역(2007). **사회복지와 심리학**. 서울 : 시그마프레스.

정순돌(2005). **사례관리실천의 이해 : 한국적 경험**. 서울 : 학지사.

제석봉 · 이윤주 · 박충선 · 이수용 공역(2006). **사회복지상담심리학**. 서울 : 학지사.

조영희(2014). 공공과 민간의 사례관리실천 비교 : 경기도 무한돌봄센터와 사회복지관 사례관리자의 인식을 중심으로. 성공회대학교 일반대학원 석사학위논문.

조옥라 외(2006). 다문화개방사회를 위한 사회정책연구. 빈부격차차별시정위원회 연구과제보고서.

조학래(2016). **사회복지실천론**. 서울 : 신정.

조현춘 외(2010). **심리상담과 치료의 이론과 실제**. 서울 : 센게이지러닝코리아.

조흥식 · 김연옥 · 황숙연 · 김융일(2009). **사회복지실천론**. 경기 : 나남출판.

최덕경 · 이서영 · 이무영 · 정혜선 · 박경애 · 김민경(2016). **사회복지실천론**. 경기 : 공동체.

최명민 외(2009). **문화적 다양성과 사회복지**. 서울 : 학지사.

최원희 · 최해지 · 최연선(2008). 다문화적 환경변화에 따른 사회복지실천현장의 문화적 유능감 실태. **한국지역사회복지학, 26**.

최해경(2009). **사회복지실천론**. 서울 : 학지사.

최혜지 · 김경미 · 정순둘 · 박선영 · 장수미 · 박형원 · 배진형 · 박화옥 · 안준희(2014). **사회복지실천론**. 서울 : 학지사.

평택대학교다문화가족센터(2007). **한국사회와 다문화가족**. 경기 : 양서원.

한국일보(2008. 11. 3).

한국전문대학사회복지협의회(2005). **사회복지실천론**. 경기 : 양서원.

함철호(2013). 공공전달체계 내 사례관리자의 사례관리 수행과 영향요인. **한국지역복지학, 44**, 1-31.

행정자치부 주민서비스혁신추진단(2006). 주민생활지원서비스 업무운영 매뉴얼.

홍선미(2013). 공공사례관리 도입에 따른 지역복지기관의 사례관리 기능. 2013년 한국사회복지행정학회춘계학술대회 자료집, 95-107.

황금종합사회복지관(2017). 2016년 사례관리보고서.

황성동(2015). **알기 쉬운 사회복지조사방법론**. 서울 : 학지사.

황정미 외(2007). 한국사회의 다민족·다문화 지향성에 대한 조사. 한국여성정책연구원.

Anderson, R. E., Carter, I., & Lowe, G.(1999). *Human Behabior in the Social Environment : A Social Systems Approach*(5th ed.). New York : Aldine De Gruyter.

Bartlett, Harriett M.(1958). Toward Clarification and Improvement of Social Work Practice. *Social Work, 3*(2), 3-9.

__________(1970). *The Common Base of Social Work Practice.* Washington, DC : National Association of Social Workers Inc.

Bhawuk, D. P. S., & Brislin, R.(1992). The measurement of intercultural sinsitivity using the concepts of individualism and collectivism. *International Journal of Intercultural Relations, 16*(4), 413-436.

Biestek, F. P.(1957). *The Casework Relationship.* Illnois : Loyla Univ. Press.

Bisman, C(1994). *Social Work Practice : Cases and Princeples.* CA : Brooks/ Cole.

Bogo, M.(2006). *Social Work Practice : Concepts, Processes, and Interviewing.* New York : Columbia University Press.

Briar & Millar(1971). *Problems and Issues in Social Caseworks.* New York : columbia University Press.

Bronfenbrenner, V.(1979). *The Ecology of Human Development.* Cambridge, MA : Harvard University Press.

Brown, J. A.(1992). *Handbook of Socail Work Practice.* Springfield Ⅲ : Charles C. Thomas Publisher.

Compton, B. R.(1983). Traditional Fields of Practice. *Handbook of Clinical Social Work.* San Francisco : Jossey-Bass, 983-1023.

Compten, B. R., & B. Galaway(1984). *Social Work Practice*(3rd ed.). Homewood, IL : The Dorsey.

__________(1994). *Social Work Processes*(5th ed.). Belmont : Wadsworth.

__________(1999). *Social Work Processes*(6th ed.). CA : Brooks/ Cole.

Compton, B. R., Galaway, B., & Cournoyer, B. R.(2005). *Social Work Processes*(7th eds.). Brooks/ Cole, Thomson Learning, Inc.

Cooper, M., & Lesser, J. G.(2007). *Clinical Social Work Practice : An Integrated Approach*(3rd ed.). Boston : Pearson Education, Inc.

Coulshed, V., & Orme, J.(1998). *Social Work Practice : An Introduction*(3rd ed.). Houndmills, HM : Macmillan Press.

Cowger, C. D.(1994), Assessing client strengths : clinical assessment for client empowerment. *Social Work, 39*(3), 262-268

Cross, T. L., & Bazron, B. J.(Eds.)(1989). *Towards a Culturally Competent System of Care.* Washington, DC : CASSP Technical Assistance Center.

Flexner, A.(1915). IS Social Work a Profession?. *Proceedings of the National Conference of Charities and Correction.* NY : National Conference of Charities and Correction, 576-590.

Fong, Spicard, P. R., & Ewalt, P. L.(1999). A Multiracial Reality : Issues for Social Work(pp. 2-28). In P. L. Ewalr, et al.(Eds.), *Multicultural Issues 1.* Washington, DC : NASW press.

Gabor, P., & Grinnell, R.(1994). *Evaluation and Quality Improvement in the Human Service.* Boston : Allyn and Bacon.

Germain, C. B.(1995). *The Life Model of Social Work Practice.* NY : Columbia Univ. Press.

Germain, C. B., & Gitterman, A.(1980). *The Life Model of Social Work Practice.* NY : Columbia University Press.

Gibelman, M.(1999). The Search for Identity : Defining Social Work－Past, Present, Future. *Social Work,* 44(4), 298-310.

Gitterman, A.(1996). The Life Model of Social Work Practice. In F. Turner(ed.), *Social Work Treatment.* NY : Free Press.

Gobor, P., & Grinnell, R.(1994). *Evaluation and Quality Improvement in the Human Services.* Boston : Allyn and Bacon.

Goldstein, H.(1973). *Social Work Practice : A Unitary Approach.* Columbia : Univ. of South Carolina Press.

Gordon, W. E.(1969). Basic contracts for an integrative and generative conception of social work. In G. Hearn(Ed.), *The General Systems Approach : Contibutions Toward a Holistic Conception of Social Work.* New York : Concil on Social Work Education.

Greenwood, E.(1957). Attibutes of a Profession. *Social Work,* 2(3), 45-55.

Gutierrez, L.(1990). Working with women of color : An empowerment perspective. *Social Work, 35*(2).

Hepworth, D. H., & J. A. Larsen(1993). *Direct Social Work Practice : Theory and Skills*(4th eds.). Pacific Grove, California : Brooks/ Cole Publishing Company.

________________(2006). *Direct Social Work Practice : Theory and Skills*(7th ed.). Pacific Grove, Calif : Brooks/ Cole.

Hepworth. D. H., & Larsen, J. A.(1990). *Direct Social Work Practice : Theory and Practice*(3rd ed.). Pacific Prove, CA Brooks/ Cole Publishing.

Hepworth, D. H., Rooney, R. H., Rooney, G. D., Strom-Gottfried, K., & Larsen, J. A.(2006). *Direct Social Work Practice : Theory and Skills*(7th ed.). Pacific Grove, CA : Brooks/ Cole Publishing.

____(2010). *Direct Social Work Practice : Theory and Skills*(8th eds.). Thomson : Brooks/ Cole.

Hill, C. E., & Knox, S.(2002). Self-disclosure. In J. C. Norcross(Ed.), *Psychotherapy Relationships that Work : Therapists' Contributions Responsiveness to Patients*. New York : Oxford University Press.

Hogan, M.(2012). *The Four Skills of Cultural Diversity Competence*. CA : Books Cole.

Hollis, F.(1972). *Casework : A Psychosocial Therapy*(2nd ed.). NY : Random House.

Ife. J.(2001). *Human Right and Social Work : Towards Right Based Practice*. 김형식 · 여지영 공역(2001). **인권과 사회복지실천**. Cambridge : Cambridge University Press.

Ignatieff, M.(2001). The attack on human rights. *Foreign Affairs, 80*(6)(November~December), 102-106.

Ivey, A. E., & Ivey, M. B.(2003). *Intentional Interviewing and Counseling*. Pacific Grove, CA : Brooks/ Cole.

Johnson, L. C.(1989). *Social Work Practice*(3rd ed.). Massachusetts : Allyn and Bacon.

Johnson, L. C., & Yanca, S. J.(2001). *Social Work Practice : A Generalist Approach*(7th eds.). Boston : Allyn and Bacon.

____________________(2004). *Social Work Practice : A Generalist Approach*(8th eds.). Boston : Pearson Education, Inc.

____________________(2007). *Social Work Practice : A Generalist Approach*(9th eds.). Boston : Pearson Education, Inc.

Kadushin, A.(1990). *The Social Work Interview : A Guide for Human Service Professions*(3rd ed.). New York : Columbia University Press.

Kadushin, A., & Kadushin, G.(1997). *The Social Work Interview : A Guide for Human Service Professionals*. New York : Columbia University Press.

Kirst-Ashman, K, K., & Hull, Jr., C. H.(1999). *Understanding Generalist Practice*(3rd eds.). Brooks/ Cole, Cengage Learning.

____________________________(2008). *Understanding Generalist Practice*(5th eds.). Belmont, CA : Brooks/ Cole Cengage Learning.

Levinson, H.(1977). Termination of psychotherapy : n Some salient issues. *Social Casework*, *58*, 480-489.

Loewenberg, F., & Dolgoff, R.(1996). *Ethical Decisions for Social Work Practice*(5th ed.). Itasca, Ill : Peacock.

Lum. D.(2006). Cultural competence, Practice stages, and Client system A case study approach California State University. Sacramento, Thomson Brooks/ cole.

______(2008). The Case for culturally Competent Prctice in Korea. 다문화사회의 사회복지 전문가 역할과 실천전략. 한국사회복지학회 제19회 춘계워크숍, pp. 87-99.

Mattaini, M. A., & Lowery, C. T.(2007). *Foundations of Social Work Practice*(4th eds.). Washington, DC : NASW Press.

McGoldrick, M., Gerson, R., & Shellenerber, S.(1999). *Genograms in Family Assessment and Intervention*(2nd ed.). New York : W. W. Norton.

McPhatter. A. R.(1997). Cultural Competence in Child Welfare : What Is It? How Do We Achieve It? What Happens Without It?. *Child Welfare, 76*(1).

Miley. K. K., O' Melia, M., & Dubois, B.(2001). *Generalist Social Work Practice : An Empowering Approach*. Allyn & Bacon.

Moxley, D. P.(1989). *The Practice of Case Management*. Thousand Oaks, CA : Sage Publications.

National Association of Social Workers(1984). NASW standards and guidelines for social work case management for the functionally imparied. Silver Spring.

NASW(1999). Code of ethics of the National Association of Social Workers. Washington, DC : Author.

______(2001). NASW standards for the Classification of Social Workers Practice. Washington, D C : Author.

O'Connor, Gerald G.(1989). Case Management : System and Practice. *Social Casework, 69*, 2.

Parnes, S. J., Noller, R., & Biondi, A.(1967). *A Guide to Creative Action*. New York : Charles Scribner's Sons.

Perlman, H. H.(1957). *Social Casework－A Problem Solving Process*. Chicago : The University of Chicago Press, 6.

____________(1970). The Problem-solving Model in Social Casework. In R. W. Roberts and R. H. Nee(Eds.), *Theories of Social Casework*. Chicago and London : The Univ. of Chicago Press.

Pincus, A., & A. Minahan(1973). *Social Work Practice : Model and Method*. Itasca : F. E. Peacock.

Popple, P.(1985). The Social Work Profession : a Reconceptualization. Social Service Review.

December.

Popple, P., & Leighninger(1996). *Social Work, Social Welfare, and American Society*(3rd ed.). Boston : allyn & Bacon.

Reid, W. J.(1978). *The Task Centered System*. NY : Columbia Univ. Press.

_________(1992). *Task Strategies : An Empirical Approach to Clinical Social Work*. NY : Columbia University Press.

Reid, W., & Shyne, A.(1969). *Brief and Extended Casework*. New York : Columbia University Press.

Richmond, M.(1917). *Social Diagnosis*. New York : Russell Sage Foundation.

___________(1922). *What is Social casework?*. New York : Russell Sage Foundation.

Royse, D.(2011). *Research Methods in Social Work*(6th ed.). Belmont, CA : Brooks and Cole, Gengage Learning.

Shapiro, J. M., Ozanne, J. L., & Saatcioglu, B.(2007). An interpretive examination of the development of cultural sensitivity in international business. *Journal of International Business Studies, 39*, 1-17.

Sheafor, B. W., Horejsi, C. R., & Horejsi, G. A.(1997). *Techniques and Guidelines for Social Work Practice*(4th ed.). Boston : Allyn and Bacon.

_______________________________________(2008). *Techniques and Guidelines for Social Work Practice*(8th eds.). Pearson Education, Inc.

Shebib, B.(2006). *Counseling Skills*. Victoria : Province of British Columbia, Ministry od Education, Skills and Training.

Shulman, L.(2005). *The Skills of Helping Individuals, Families, groups, and Communities*(5th ed.). Thomson : Brooks/ Cole.

Simons, R. L., & S. M. Aigner(1979). Facilitating an electric use of practice theory. *Social Casework, 60*, 201-208.

Siporin, M.(1975). *Introduction to Social Work Practice*. New York : Macmillan.

_________(1993). The social worker's style. *Clinical Social Work Journal, 21*(Fall), 257-270.

Skidmore, R. A., Thackeray, M. G., Farley O. W., Smith, L. L., & Boyle(2000). *Introduction to Social Work*(8th ed.). London : Allyn & Bacon.

Smokowski, P. R., Rose, S. D., & Bacallao, M. L.(2001). Damaging therapeutic groups : How vulnerable consumers become group casualties. *Small Group Research, 32*(2), 223-251.

Sue, D. W.(2006). *Multicultural Social Work Practice*. John Wiley and Songs. Inc. 이은주 역(2010). **다문화사회 복지 실천**. 서울 : 학지사.

Sue, D. W., & Sue, D.(2008). *Counselling the Culturally Diverse : Theory and Practice*(5th ed.). New York : Wiley.

Thomas, D. C., et al.(2008). Cultural intelligence : domain and assessment. *International Journal of Cross-Cultural Management, 8,* 123-143.

Timberlake, E. M., M. Z. Farber, & C. A. Sabatino(2002). *the General Method of Social Work Practice : McMabon Generalist Perspective*. Allyn and Bacon.

Turner, F. J.(1996). *Social Work Treatment*(4th ed.). New York : The Free Press.

Tylor(1985). *Primitive Culture : Researches into the Development of Mythology, Philosophy, Religion, Art, and Custom*. Gloucester, Mass : Smith.

UNESCO(2005). Convention on the protection and promotion of the ddiversity cultural expressions 2005. Retrieved Oct 1, 2002 from.

Wilensky, H. L., & C. N. Lebeaux(1965). I*ndustrial Society and Social Welfare*. New York : Free Press.

Young, M. E.(1998). *Learning the Art of Helping*. Upper Saddle River, NJ : Meril.

Zastrow, C. H.(1989). *The Practice cf Social Work*. Chicago : The Dorsey Press.

____________(1995). *The Practice of Social Work*. California : Wadsworth.

____________(2007). *The Practice cf Social Work*(8th ed.). California : Thompson Brooke/Cole Publishing Co.

Zastrow, C. H., & Kirst-Ashman, K. K.(1997). *Understanding Human Behavior and the Social Environment*(4th ed.). Nelson-Hall Inc.

前田大作(1994). ケースマネージメントとは何か. 『月刊福祉, 194(1), 36-37.

찾아보기

ㅅ

ㅇ

ㅈ

저/자/약/력

■ **김효선**
서영대학교 사회복지행정과 교수

■ **김녹현**
가톨릭상지대학교 사회복지과 교수

■ **이경희**
순천제일대학교 사회복지과 교수

■ **이우언**
수성대학교 사회복지과 교수

■ **조성욱**
문경대학교 사회복지서비스과 교수

■ **최영자**
충남사회서비스원 천안종합재가센터장

■ **황동섭**
선린대학교 사회복지심리상담과 교수

사회복지실천론 【제2판】

|공저자| 김효선 · 김녹현 · 이경희 · 이우언 · 조성욱 · 최영자 · 황동섭

|1판 1쇄| 발행 2018년 2월 26일
|1판 2쇄| 발행 2019년 2월 20일
|2판 1쇄| 발행 2022년 2월 25일
|2판 2쇄| 발행 2023년 1월 30일
|2판 3쇄| 발행 2024년 2월 26일
|2판 4쇄| 발행 2025년 1월 15일

|발행인| 김 동 훈
|발행처| 공 동 체

|주소| 경기도 고양시 일산동구 호수로 358-39, 동문타워 I 905호(백석동)
|전화| 031) 814-3000(대표)
|팩스| 031) 814-3100
|홈페이지| http://www.compub.co.kr
|전자우편| compub@naver.com
|출판등록| 2005년 10월 6일
|등록번호| 제396-2005-36호

|ISBN| 979-11-6725-109-1
정가 19,000원